A SAUDADE QUE FICOU DO NADA QUE RESTOU

A SAUDADE QUE FICOU
DO NADA QUE RESTOU

O passado é saudade, o futuro é incógnita. E o homem vai girando no carrossel do tempo: percorrendo na carruagem do destino, cavalgando no corcel da vida, levado na urna do adeus.

NEYSE ROSA

Autor
Neyse Rosa

Título
A Saudade Que Ficou do Nada Que Restou

Capa
Verônica Kettenhofen

Revisão
Cláudia Pessoa
Lycia Maria Epprecht

Preparação de originais
Cláudia Pessoa

Diagramação
Cláudia Pessoa

ISBN-10: 1508944946
ISBN-13: 978-1508944942

Fundação Biblioteca Nacional
Registro do EDA nº 644.718, Livro 1.240, Folha 25

Primeira Edição, Rio de Janeiro, 2015

Charline
Esta história é idílica e singela como você.
Da Bita mendense

Ao longo dessa coleção foi-se desabrochando um buquê de Rosa:
Lycia, Rosa fecunda,
Vero, Rosa escondida,
Cláudia, tenuidade da Rosa,
Maria Regina e Maguy, a presença da Rosa,
Dorval Rosa. In memoriam... Saudade.
A todos a gratidão da

"O NOME DA ROSA"

A rosa é a rainha das flores. É uma flor mágica: antiga e atual, histórica e romântica, poética e misteriosa, mística e mítica, sagrada e profana. É o símbolo de Afrodite, a deusa grega da beleza; de Isis, a suprema deusa dos egípcios; de Lakshmi a deusa hindu do amor e de Maria, a mãe e Jesus.

Ela deu nome à guerra, inspirou as letras, as artes, cobriu-se de enigmas e irrompe-se de júbilo. Tanto enfeita a vida como enfeita a morte. A branca significa amor e a vermelha paixão. Sua beleza e seu suave perfume consagraram-na no mundo inteiro e em todos os tempos.

No entanto, o aforismo declara: "Uma rosa é uma rosa, é uma rosa". Será que expressa um princípio de consolidação, um intuito de identidade ou é apenas o emprego de um nome que evoca o imaginário, as vivências e as emoções do que representa?

***Eu sou Rosa. Herdei este nome. Um dia no passado, uma rosa se desprendeu do seu rosal e veio voando com o vento ao som da valsa Rosas do Sul. Esbarrou com os alegres cantares do Rio de Janeiro e foi cair num jardim lá em Mendes, ao lado de um amor-perfeito. Sonharam a canção poema: Fascinação. Eu sou umas das cinco rosas do buquê que se formou então.

Atravessei o tempo e o espaço. Plantei minha roseira numa lonjura forânea. Fui rosa branca e vermelha. Com espinhos e com rocio. Hoje minhas pétalas se desfolham. Em cada uma deixo um pouco de mim com o perfume do meu amor. São para os brotos que germinaram do meu néctar. Eles perderam o nome, mas os polens dos Rosa persistem para "o nome da rosa" não sucumbir jamais. Ainda que: "Se a rosa tivesse outro nome, ainda assim teria o mesmo perfume". Shakespeare. (Romeu e Julieta).

Uma rosa, só uma rosa, só uma rosa.

PRÓLOGO

Depois da subida da Serra do Mar fluminense, serpenteando-se entre os morros e roubando espaço à Mata Atlântica, foi surgindo a Cidade de Mendes.

Clima ameno e vegetação exuberante, seus arredores apresentam o ambiente mais sedutor àquelas almas ávidas da paz e do esplendor da natureza.

Que admirável aquela floresta subtropical, cheia de relevos que sobe e desce as montanhas cobrindo sua extensão de monocromática nuance verde. Entre suas cúpulas se destacam pontos de contrastes como o das embaúbas prateadas, o roxo das quaresmeiras, o vermelho dos mulungus, o rosado das paineiras, o azulado dos jacarandás, os ipês em suas quatro cores, que colorem segundo seu ciclo de florescência. Isso sem contar com os tufos de diferentes formas de palmeiras querendo ganhar altura para se mostrarem também.

Sobre elas revoam inúmeras espécies de aves e passarinhos para dançar no palco do vento, trinar a liberdade e gorjear nos seus ninhos: Sabiá, sabiá laranjeira, bem-te-vi, sanhaço, cardial, curió, joão-de-barro, viuvinha, rolinha, bandos de maritacas e até coruja e gavião.

Pendentes, um emaranhado de cipós, trepadeiras e bromélias. No solo, arbustos, plantas nativas como vários tipos de heliconias floridas em cores, lírios, samambaias de folhas singulares altas ou rasteiras. São invadidas por todos os lados por trapoerabas e marias-sem-vergonha. Entre elas, caminham ariscos mamíferos como a paca, o tatu, o gambá, a jaguatirica. Os micos, os esquilos e alguns lagartos se reservam às árvores. E, na umidade das folhas mortas, se enviesam as temíveis serpentes.

Os córregos e cascatas que correm se despencam montes abaixo. Fora do habitat dos peixes, servem de berço para os anfíbios anuros.

E em todo esse mundo vivente há também mil insetos para aturdir e incomodar com suas serenatas estridentes, seus zumbidos e picaduras. É, efetivamente, nada é perfeito. No entanto, muitas vezes a magnificência do macro, compensa a minúcia do micro.

Pois foi exatamente nesse cenário vivo, bucólico e inspirador que o estrangeiro escolheu para plantar sua morada, para transferir sua estirpe, sua dignidade, seu clã escocês para o solo brasileiro.

Acompanhando o enredo da história vamos deparar com três ritmos vivenciais que correspondem à maneira de viver e, sobretudo, a postura e o papel da mulher através da transição das diferentes etapas decorrentes nos derradeiros anos de fim de milenio. Eles vão incidir na evolução do pensamento e dos costumes.

A modalidade pausada, poética e romântica que correlata o tempo devagar em que a família era o eixo da sociedade e a mulher se dedicava integralmente ao marido, aos filhos e ao lar.

Na segunda geração, de um modo geral, as mulheres foram estudar, mas ainda não puderam se desligar totalmente dos costumes anteriores. O trabalho doméstico era incompatível com a sua preparação. Porém o trabalho fora de casa era exposto e mal visto. (Lugar de mulher é na cozinha... é à frente do tanque). Não se acreditava na capacidade intelectual da mulher. Ela se tornou vacilante, se viu deslocada e encontrou no entretenimento fora de casa um meio para suprir o ócio. A cadencia da vida foi acompanhando paulatinamente o ritmo requerido.

Por fim, o movimento mais dinâmico equivalente ao estilo de vida ativa, especialmente da mulher que vai à luta e, em parceria com o marido, ganha o sustento da casa. As funções se igualam. Muitas vezes ela é a provedora do lar.

Será esse o inicio do fim da família e do lar? E o amor, onde fica?

Enquanto houver os opostos: homem-mulher, o amor reinará de um ou outro modo. Ele é o fundamento do mundo. O tempo passa, mas o amor fica, ainda que seja em forma de saudade. Hoje, e em todos os tempos.

E foi precisamente o amor que conduziu àquele aventureiro a criar raízes aqui no nosso chão. Ergueu seu tronco, espalhou galhos pelo espaço, deu flores, frutos e sementes. Plasmou nestas terras o seu ideal de vida: morar na casa do amor, rodeada com o jardim da alegria e com o pomar e a horta da abundância. Respirar o ar da felicidade. Viver aqui para sempre. Viver… até morrer.

E deixou um legado de integridade, de prosperidade e da convivência harmônica entre o homem e a natureza... Uma lição de vida, um exemplo de amor.

Mendes de outrora, abrigou aquele anexo como mais um predicado complementário de suas virtudes primordiais. “E viu... (o povo) que era bom”.

Esse foi o começo de um sonho.

CAPÍTULO 1

Quem passa por aquela pequena e pacata cidade encravada na geografia da Serra do Mar fluminense, não pode imaginar o quanto o lugar acumula de histórias. Altos e baixos, auges e decadências, mudanças política e de vocação, de trabalho e de luta, de êxito e de fracasso, de perdas e ganhos, enfim, de todas as eventualidades que Clio despeja sobre aqueles aglomerados urbanos que vão se formando com a pretensão de existir, de se consolidar como povoados, vilas, cidades...

Com certeza Mendes, como tantos outros lugarejos, deu seu primeiro respiro como tal, apenas como uma paragem de tropeiros que trilhavam seus caminhos levando e trazendo mercadorias entre Minas Gerais e o Rio de Janeiro. Também se afirma que a cidade se desenvolveu a partir de uma fazenda de café do barão de Santa Cruz que, logo, foi passada à família Mendes. Por isso respondia ao pomposo nome de Cidade de Santa Cruz dos Mendes. E esse talvez fosse o primeiro momento de progresso do lugar. Não só essa, como outras fazendas cafeeiras, asseguravam o desenvolvimento do povoado que surgia.

No apogeu do café, a inauguração da Estrada de Ferro D. Pedro I, veio consolidar mais ainda o desenvolvimento da região. Porém veio a abolição da escravatura e com ela a quebra dos coronéis e dos barões do café. O povoado teve que absorver o prejuízo.

Por sorte, apareceu outro fator para ajudar a levantar Mendes do tombo: a indústria. Entre elas a Fábrica de Cerveja Teutônica e a Fábrica de Papel Itacolomi.

Outra virtude foi mostrando a possibilidade da região se projetar: seu clima. Considerou-se que ele era aconselhável para a recuperação da tuberculose, enfermidade que assolava não só o Brasil como o mundo inteiro. Para lá começaram a convergir veranistas e sitiantes, mas principalmente, doentes acometidos pela tuberculose. Várias casas de repouso e sanatórios se abriram para abrigar os pacientes que chegavam com a esperança de cura.

Naquela época de desenvolvimento turístico, a cidade ganhou um hotel de importância chamado Hotel Santa Rita que foi, entre outras coisas, palco de grandes festas e recebia artistas de renome. Como era distante do centro do povoado, se conectava através de um bonde puxado por burro. Um cenário devaneador: bucólico, romântico e poético.

Em 1915, o prédio da Cervejaria foi arrendado para a instalação de uma empresa distribuidora de carne para a Europa. Em 1917 chegou ao povoado um cidadão britânico, alto funcionário do Frigorífico Anglo para negociar a compra do prédio da antiga cervejaria para fixar-se definitivamente ali.

Justamente com a chegada desse personagem, se dá o início da nossa história. A história de um sonho. O sonho de George Mac Millan. Escocês, engenheiro de 33 anos, alto, louro, de olhos claros e, se não bonito, porque o nariz protuberante não ajudava, pelo menos tinha uma presença elegante. Simpático? Não, não pareceu assim aos moradores do lugar. Era mais para o lado do sério e retraído.

Hospedou-se no hotel Santa Rita enquanto se faziam as negociações e as instalações. E duas vezes por dia se deslocava do hotel para o trabalho e do trabalho para o hotel no bondinho puxado pelo burro.

Embora, a princípio, seu trabalho fosse um pouco árduo, naquele espaço de tempo no qual ele viajava lentamente entre a paisagem campestre, ele ia apreciando e se encantando com a vegetação, o frescor, a pureza do clima e... pouco depois com uma garota que morava numa casa no trajeto que ele passava e que, muitas vezes estava esperando o bondinho passar. Talvez só mesmo por distração.

O jeito faceiro, um pouco encabulado da mocinha lhe chamou a atenção. Ela também o descobriu e passaram a flertar durante a passagem devagar do bondinho. Ela, então, não faltou mais a espera da condução passar. E ele ansiava por ela estar ali para ganhar um sorriso discreto, porém muito satisfatório. Ele recebia e retribuía o presente e o levava com ele desfrutando pelo caminho e guardando para sonhar com ele à noite.

E ela? Eugênia era mocinha casadoura, tecia mil amores com aquele moço que foi enchendo seu coração de esperança. Ambos sentiam grande desejo de aproximarem-se, porém naqueles tempos o namoro era coisa séria. Era sério na Europa, imagine-se naquele pedaço caipira do Brasil. Por isso aquele flerte durou por tanto tempo, sem chance de passar dali.

Até que chegou a oportunidade da desejada aproximação, de poderem estar perto, falarem-se e até dançarem juntos. Foi num evento social na inauguração oficial do Frigorífico onde as pessoas mais esclarecidas do povoado foram convidadas. Entre elas estavam os pais de Eugênia, ela, claro, o flerte do engenheiro que, se a família não fosse prestante, da mesma forma seria convidada. Entre outras coisas porque a ideia da festa com baile foi dele, justamente para buscar a oportunidade do almejado encontro.

Eugênia tinha uns dezessete anos, estava na flor da juventude. Era bonita, mas naquela noite estava especialmente bela em traje de gala. Pele clara em contraste com os cabelos bem escuros, olhar expressivo, sorriso fácil, jeito suave e delicado, foi o suficiente para que o súdito de Sua Majestade caísse de amores. E ela também sentia a força daquele sentimento que fez os seus sonhos se tornarem desejos.

Eles dançaram todas as vezes que a prudência permitiu para não dar pista dos interesses. Conversaram, se encantaram mais ainda e combinaram encontros secretos. Ao terminar a festa, o engenheiro tinha uma certeza: havia encontrado a mulher com quem queria compartilhar a sua vida para o resto dos seus dias. Eugênia que já era sonhadora, agora sonhava dia e noite com George. Definitivamente tinha encontrado o seu príncipe encantado. E um afeto muito profundo, começou a se arraigar pelo coração de ambos. Ali se consolidava um amor desses fadados a perdurar "até que a morte os separe".

Houve encontros sim. Escassos, breves e secretos, porém intensos, cheios de anseios e de muito amor.

George se sentia acorrentado pelas normas vigentes, porque aquele sentimento que fazia estreia na sua vida, veio intenso e para ficar. Não podia esperar mais, queria aquela mulher para ele e foi buscá-la. Tocou na casa do pai da moça, com todo o atrevimento do caso para a época e pediu o consentimento para namorar Eugênia. Foi concedido. Na verdade o progenitor só fingiu o certo pudor de praxe. Porque, no fundo, se sentia honrado com o pretendente ilustre de sua filha. Ficou iniciado, oficialmente, o namoro embora a forma de namorar daquele tempo não convencia aos namorados. O candidato a esposo se sentava na sala com os sogros e a futura esposa. Não havia a menor chance de uma conversa entre os namorados. A comunicação continuou através dos olhares que, afinal, diziam muito com a languidez sensual do desejo.

Depois de um tempo prudente, George pediu a Eugênia em casamento. Ficaram noivos, mas a maneira de relacionar-se não mudou. Eugênia deu início ao preparo do enxoval, o então chamado o baú da esperança. E George participou o seu noivado na empresa e a sua intenção de casar-se o mais breve que fosse possível. E foi aí que as coisas se complicaram para o casal.

Esse aviso preocupou os demais companheiros ingleses, especialmente o chefe imediato e gerente da empresa. Este, depois de conversar com o compatriota e amigo, preveni-lo e aconselhá-lo sem lograr convencê-lo, se viu obrigado a comunicar a decisão de George à sede geral na Inglaterra. Havia uma cláusula no contrato de trabalho que proibia, sob pena de ser dispensado da empresa, que seus funcionários se relacionassem ou se casassem com as moças do lugar.

E a resposta foi severa e rotunda: ou ele cumpria a regra ou seria despedido. Como primeira medida, a sede o chamou de volta a Inglaterra. E não lhe ficou alternativa que voltar a sua terra natal para resolver sua situação laboral. Porque sua decisão amorosa ele já tinha tomado.

Que longos foram os dias para Eugênia. Naquela época, as cartas demoravam a chegar. Mas ele escrevia com assiduidade reiterando seu amor e prometendo seu regresso logo que pudesse.

Eugênia também escrevia amorosa e saudosamente e o esperava com ansiedade. Muita gente era cética e afirmava que ele não voltaria nunca, que não ia deixar o posto tão alto por um amor. Isso preocupava e entristecia Eugênia. No entanto, ela não perdia a fé no amor do noivo e continuava preparando o enxoval do casamento e o coração para recebê-lo.

George, declinou, rejeitou o serviço. Estava seguro do seu amor e o seu desejo de cumprir seu compromisso. Não ia arriscar sua vida amorosa, renunciar a felicidade por um emprego por muito bom que fosse. A sua demora se devia a que ele estava vendendo seus bens imóveis, herança de família, para poder recomeçar nova vida no Brasil. Ademais, ele era um inventor e ganhava dividendos das patentes de suas invenções. Queria deixar as portas abertas para outros trabalhos posteriores, que consistiam em peças e acessórios para maquinaria industrial.

Logo que resolveu seus assuntos financeiros, George preparou sua viagem de volta. De navio, claro, demorando tanto quanto a sua ida. E ele ia contando os dias para reencontrar o seu amor. Sua alma cantava ternas melodias, seu coração batia ansioso, como marcando os minutos para ver a mulher por quem estava deixando toda a sua vida passada e o seu futuro profissional para trás, em prol de uma paixão. Ele elegeu o amor, o que ele considerava a sua felicidade.

Eugênia o esperava com a mesma ansiedade e o mesmo amor. Em sua mente só cabia um pensamento: George.

O barco navegava com parcimônia, parecia que o tempo arrastava a distância consigo. George contava os dias, as horas... Eugênia não via o tempo passar. Parecia que os ponteiros tinham grudado no relógio e não andavam.

Mas um dia teria que chegar e chegou. George desembarcou na Praça Mauá carregando um mundo de alegria. Gostaria de tomar logo o trem para Mendes. Porém chegou tarde à Central, não havia trem até o dia seguinte. E ele madrugou para tomar o comboio.

Atravessou a baixada fluminense e começou a subir a serra. O clima foi se refrescando e a paisagem se modificando. Em cada volta se descortinava um visual diferente, porém de igual exuberância florestal. O "inglês" observava toda aquela grandeza e juntava a ela toda a sua esperança de vida naquelas estâncias. O homem ia feliz, apenas alguns minutos o separavam do seu amor.

Chegou. De longe divisou o nome do seu ponto final: Parada Engenheiro Nery Ferreira. Seu coração bateu forte. Desceu e o trem partiu seguindo seu itinerário. Ele ficou parado olhando tudo ao seu redor.

Mendes, sua nova morada, seu novo país, o lugar do seu amor, o seu lugar. Era ali que ele ia fundamentar a sua vida, construir o seu lar, projetar o seu futuro com Eugênia, ser feliz para sempre. O amor tinha escrito o seu destino, estava ali... ali em Mendes.

CAPÍTULO 2

Talvez na vida daquele inglês (que, aliás, acentuava persistentemente, que não era inglês, mas escocês e explicava a diferença), ele nunca tivesse as emoções tão afloradas como naquele momento em que viu a Eugênia. E ela, que não sabia se ria ou se chorava, apresentava a mesma emoção. Só mesmo plagiando a frase de Guimarães Rosa para dar a descrição exata. Quando eles se olharam, "suas meninas dos olhos brincaram da boneca". O desejo era de se jogarem um nos braços do outro, num abraço tão longo como foi a separação deles. Porém, apenas se apertaram formalmente as mãos como era de praxe. No entanto, ambos sentiram como uma descarga elétrica percorrer os seus corpos. A alegria inundava os seus corações, embora o costume obrigasse a simulação.

A conversa junto com os pais se desenvolveu com assuntos triviais sobre a viagem e sobre o projeto de conseguir um terreno para construir uma casa e poder, assim, concretizar o casamento. Então ficou combinado que, logo no dia seguinte, sairiam em busca do lote campestre. Isso porque o noivo considerou que seria justo e aconselhável que sua futura esposa também desse opinião sobre o lugar onde iria morar. Ele tinha razão, embora o palpite fosse emitido como pretexto para eles poderem estar juntos.

No dia seguinte, George chegou de charrete alugada para pegar a noiva e a "sogra" com o fim de irem iniciar a procura das terras. E a coroa se sentou entre eles dois. Poxa, aquilo era demais. Ela não dava trégua. Não deu oportunidade de eles se achegarem, de conversarem nada além das apreciações sobre os terrenos.

Ele as convidou para almoçar no Hotel Santa Rita e a sogra aceitou. Foi o momento para comentarem sobre os lugares avistados. Só a sogra opinou. Não dava chance para Eugênia falar. Como se fosse ela a interessada.

O rapaz foi ao quarto onde estava hospedado, buscou a planta da casa que pretendia construir, planejada por ele mesmo durante a viagem no navio. Porém elas não estavam entendendo a planta baixa. Aliás, era a primeira vez que viam uma. Mas se encantaram com o desenho da casa também elaborada por ele. A senhora se deslumbrou e Eugênia se encantou não só com a beleza da casa, mas com o desenho: o talento e a arte do futuro marido.

Era realmente um bonito trabalho e uma bela casa na britânica tendência vitoriana. Na parede assimétrica se destacavam as janelas de guilhotinas em vãos salientes e os alpendres com colunas torneadas que davam a casa, não só um aspecto de sofisticação, mas também imprimia claramente a identidade do estilo.

Eugênia nem sabia como expressar sua admiração. Sua futura casa ultrapassava todos os limites do que ela havia desejado. No entanto, para ela, o mais importante era estar com ele morando nela.

George ficou lisonjeado com a apreciação da futura esposa. Ele havia desenhado sonhando com ela circulando pelo interior. Combinaram sair no dia seguinte na mesma função de procurar o lugar para construir a futura casa.

Foi uma noite feliz de sonhos cheios de contentamento com a tarefa que estavam realizando, para abrigar o amor deles num espaço físico fora do âmbito do desejo dentro do peito.

Repetindo a dose do dia anterior, os noivos saíram sempre com para sogra, a passear pelos caminhos sombreados ao passo do trote do cavalo da charrete. Viram algumas das terras a venda, mas nenhuma se enquadrava as especificações do escocês. E, andando e andando, ele viu um lugar com todas as condições que buscava. Ao olhar, de imediato levantou ali a casa do desenho e a rodeou de jardim.

Desceram da charrete e entraram pisando o mato. Quanto mais entravam, mais encantado ficava o engenheiro. Deparou-se com um surpreendente exemplar de uma árvore que se destacava das demais espécies em altura, espessura e exuberância. George ficou absorto.

– É um jequitibá rosa. – Esclareceu Eugênia.

– Absolutamente majestosa. – George continuava admirando o exemplar.

Mas quando viu um córrego que corria de uma cascata cristalina, ele não teve mais dúvida: – Finalmente o encontrei. Este é o terreno que estava buscando.

Só havia um problema: ele não estava à venda. Porém o escocês não desanimou. Iria procurar o dono e fazer sua oferta de compra.

Ele quis subir o morro para ver de onde vinha a água da cachoeirinha. Convidou as damas, mas a sogra declinou, estava difícil para ela subir.

– Então vem você, Eugênia. É bom que você esteja a par de tudo para dar o parecer, é você quem vai morar.

Eugênia foi acompanhando-o e a sogra não teve jeito de impedi-lo. Quando chegaram lá em cima, longe do olhar controlador da mãe da moça eles se olharam, se abraçaram com sofreguidão e nesse momento, tendo a natureza como testemunha, se deram o primeiro beijo. Um só, mas intenso, demorado, apaixonado.

Eles desceram, mas esse beijo não terminou ali. Eles o levaram para saboreá-lo toda vez que a solidão desse lugar.

George procurou o dono do terreno e fez sua proposta para comprá-lo. Não teve que insistir muito, o terreno foi vendido.

De imediato o engenheiro deu início à preparação do espaço para a construção.

Simultaneamente ele foi averiguar sobre aquela árvore imponente que tanto o impressionou. Intuía algo formidável e não se equivocou:

O jequitibá (da família lecitidacias, a cariniana) é uma árvore nativa da Mata Atlântica na região do sudeste.

Jequitibá em tupi guarani significa gigante da floresta. Realmente ele é uma das maiores árvores da flora brasileira, elevando-se a uma altura de até 60m. Ou seja, alcançando um prédio de 20 andares.

Porém o mais extraordinário é a sua longevidade. O jequitibá está entre os indivíduos de maior duração que existe na superfície da terra. Há exemplares que ainda frutificam que se calculam ter mais de 3 000 anos. Quer dizer que, no ano de 1500, quando o Brasil foi descoberto, havia no território brasileiro jequitibás que já eram patriarcas nas nossas florestas.

O jequitibá do terreno de George Mac Millan, embora ele procurasse qualquer referência, não encontrou nenhum registro nem estudo ou qualquer informação para determinar sua idade. Ele tinha 40m de altura e 6,10 de circunferência. (de 8 a 10 pessoas para abraçá-lo). Com esses dados sua idade poderia ser calculada em aproximadamente 1500 anos.

Esse não era o único exemplar na região. Porém estão cada vez mais escassos. São remanescentes de um grupo vegetal na lista das espécies em extinção. A maior parte foi cortada para a fabricação de lápis, cabo de vassoura, salto de sapato ou tábuas para construção. Como sua madeira não é resistente, é pouco usada para a elaboração de móveis. Mas eles também eram derrubados para dar lugar à plantação, à pecuária ou para construções de casas.

Essa patética realidade caiu no espanto de George Mac Millan. Não podia entender a mentalidade capaz de tal barbárie. Ele, todavia estava orgulhoso de seu espécime raro e se propôs a cuidar daquela relíquia milenar. Sabe-se porque, através de sua vida, mimou o seu pé de jequitibá.

O engenheiro mesmo dirigia a obra de construção e trabalhava nela como qualquer peão. Terminava o dia com o corpo cansado, mas a alma em festa. A realização dos seus planos compensava tudo. Ia ver a noiva e contar os adiantamentos para ambos dormirem cheios de animação.

Dos alicerces foram se erguendo colunas, vigas e paredes. Em tempo recorde a estrutura estava de pé. O engenheiro tinha pressa. Começaram a obra de acabamento e o encanto da casa começou a aparecer. A noiva também estava adorando sua futura morada. Até a sogra elogiava.

Simultaneamente ao acabamento da obra, George começou a elaborar o quintal: horta, pomar e jardim. E foi no jardim que ele sugeriu a colaboração da noiva. Ela aceitou entusiasmada e a sogra acedeu. Claro, com ela junto. Eles foram plantar. Não se sabe se estavam trabalhando ou se divertindo, tal o gosto com que viam o espaço se enverdecer. E a sogra também estava gostando do trabalho. Ela só não captava a satisfação daquele par de enamorados sentindo o prazer da construção do seu futuro.

Foram também construídos estábulos, baias e galinheiro. George queria ter galinhas, umas vaquinhas e, indispensável para a época, cavalos e a charrete.

No porão da casa ele fez sua oficina de trabalho e a equipou com toda a maquinaria necessária para seu labor. Isso era outra coisa que o fazia feliz. Se dedicar de tempo completo ao que ele gostava: seus inventos e experimentos. Esse foi o primeiro compartimento da casa a ficar concluído. George organizou todo o seu equipamento com uma satisfação inenarrável.

A casa já terminada em seu interior, George marcou a viagem para o Rio a fim de comprar os móveis, cortinas, tapetes, quadros e adornos. Ele tinha trazido da Europa baixelas, cristais e faqueiro. Faltavam os implementos de cozinha. Ele não sabia que esse item correspondia à noiva.

George sugeriu que a noiva, mesmo acompanhada, fosse escolher com ele. Mas a generosidade dos pais não chegava a tanto. A gente do povoado podia reparar, pegava mal. E o escocês teve que fazer todas as diligencias sozinho e comprar tudo a seu gosto. Coisa que ele fazia com o maior prazer, por certo.

Quando as encomendas chegaram, a noiva foi pôr tudo nos lugares, organizar todos os detalhes, tudo com a cooperação, para variar, da mãe. Trouxeram até as peças do seu enxoval para acomodar nos armários e nas gavetas. Todas essas coisas eram feitas com tanta alegria que tornava os preparativos para o casamento momentos de grande alegria.

A casa ficou realmente um primor. Por dentro e por fora. O jardim já estava florescendo e o entorno enverdecendo. As frutíferas do pomar cresciam férteis. George plantou de todas as frutas que conseguiu. A horta já estava sendo utilizada na mesa dos pais de Eugênia.

O dono da casa campestre, ou sítio, tinha contratado peões e empregadas e comprado os animais e a charrete. A casa estava absolutamente pronta para receber a sua dona. George até já tinha se mudado para lá.

Agora era só tratar do casamento. O vestido de noiva estava sendo confeccionado, os convites tinham sido distribuídos e a recepção estava sendo preparada e, com a colaboração do noivo, com precisão britânica. A igreja também foi adornada com esmero.

E chegou o grande dia. Ao pé do altar, acompanhado pela "querida sogra", o noivo não estava nervoso, só um pouco ansioso.

Por isso não se explicava por que suas pernas tremiam. Quando a noiva apontou na porta ao som da marcha nupcial, George estremeceu dos pés à cabeça. Ele nunca tinha visto uma noiva tão linda e era a dele.

Eugênia estava numa felicidade só. As mãos geladas, e um sorriso no qual os lábios tremiam, também denotavam sua emoção. Só quando os olhares de ambos se encontraram e se prenderam, é que parece que a alegria matou o nervosismo.

Aquele momento sublime marcaria o início de suas vidas em comum abençoada e com todos os requisitos que os juramentos ante o altar matrimonial exigiam. Eles se propunham cumprir com todas as forças de suas almas. Não como parte do ritual, mas com o desejo do seu amor para sempre.

A recepção foi muito animada, com muitos convidados, porém, tudo o que os noivos queriam era o momento do "enfim sós".

Todavia ainda tinham que viajar até o Rio, pernoitar no hotel e, no dia seguinte, embarcar para Europa em viagem de lua-de-mel.

Foi ali no trem a primeira vez que eles estiveram a sós sem a polícia transvestida de sogra vigiando os mínimos gestos deles. E eles bem que aproveitaram a penumbra do vagão para se acariciarem e iniciarem as preliminares para a consumação do casamento.

A esquentadinha foi boa, aumentou a ansiedade, o desejo... e também a expectativa, sobretudo dela, de tudo o que estava reservado a acontecer dentro das quatro paredes do quarto do hotel.

Ele entrou com ela nos braços e fechou a porta. Aquele momento que era só deles, requeria privacidade, estavam sozinhos, só com a felicidade de companhia. Tinham toda a noite para se conhecerem, se amarem e consolidarem a união. Amor, paixão, sexo, tudo foi sorteado naquela noite. E quando amanheceu eles até repudiaram o sol. A noite foi curta para consumir tanto desejo e tanta felicidade.

Porém chegou a hora de tomar o vapor rumo ao Velho Mundo. George queria que Eugênia conhecesse sua terra, sua gente e seus costumes para se interagirem melhor.

O mais estranho que o escocês achou foi que, quando ele estava sozinho, a travessia do Atlântico lhe pareceu interminável. Agora o tempo passava leve, rápido e prazeroso. Lembrava o dito de Guimarães Rosa: "As coisas mudam no devagar depressa do tempo".

Eugênia estava adorando o passeio. Ela nunca tinha saído Brasil e a única cidade grande que conhecia era o Rio de Janeiro.

Quem não é feliz na lua-de-mel? Mas aquele par parecia que estava navegando não no mar, mas no céu. Ambos queriam que a viagem não terminasse nunca. Eles ali podiam se amar a vontade. E que coisa existe no mundo melhor que amar e ser amado? Poder amar e saber que tem todo o tempo da vida para ser feliz.

O navio aportou diretamente no porto de Londres. Um novo horizonte se abriu para Eugênia e a satisfação de pisar solo próprio encheu George de satisfação.

– Olha o panorama londrino, Eugênia. – Exclamou.

– Que diferente de Mendes...!

George nem respondeu nada.

CAPÍTULO 3

Efetivamente, Londres não tinha nada a ver com Mendes apesar de que a comparação não era propriamente por piada nem por admiração, mas por uma manifestação de espanto. Era tudo realmente muito diferente. E não se tratava apenas da pujança da cidade, mas pelo clima. Aquela garoinha persistente...

George quis mostrar à Eugênia a cidade capital. Mas, principalmente, estava interessado que ela conhecesse sua terra natal, a Escócia e lá, apresentá-la aos únicos parentes que tinha: sua irmã que ainda morava no casarão paterno com o marido e os filhos.

Lá passaram duas semanas não só passeando e conhecendo, como também aprendendo. A cunhada ensinou muito dos costumes, dos gostos e da comida escocesa e Eugênia gostou de aprender porque tudo o que queria era agradar o marido.

Eles também atravessaram o Canal da Mancha para Eugênia conhecer Paris e depois esticaram o passeio até Roma e, claro, Vaticano. Pois ninguém "vai a Roma e não vê o Papa".

Eugênia estava absolutamente maravilhada com tudo o que estava conhecendo e com o que compraram, sobretudo, para a casa.

E voltaram. Ambos estavam ansiosos para morar na linda casa que os esperava.

Outra vez a travessia de vapor e os desfrutes da viagem na primeira classe de um navio de luxo. Seria falso se dissesse que eles não apreciavam todo aquele conforto e diversão. Eugênia nunca tinha estado num ambiente assim. Aliás, desde que ela saiu de Mendes, parece que tinha entrado num mundo novo, desconhecido para ela. Porém, com o marido ao lado dando-lhe segurança, ela logo ia se adaptando a tudo, até à vida nova na sua bela casa nos arredores de Mendes.

George e Eugênia não cabiam em si quando entraram na sua morada como donos, como marido e mulher. Estava tudo ali esperando para eles darem início ao que o escocês chamou de clã Mac Millan.

Era o clã de sua família que ele, como herdeiro, trouxe de sua terra para fixar sua vertente naquele pedacinho obscuro do Brasil. E foi celebrado em grande gala entre ele e a esposa, com jantar a luz de vela e brindes com champanhe. Ao som do disco de gaitas de fole escocesas, eles dançaram. Eugênia vestida de gala e George vestia, orgulhosamente, o kilt do clã Mac Millan, traje tradicional típico dos escoceses que é considerado tão importante quanto o nome de família.

Foi assim que se iniciou a vida do casal na paisagem fresca da chácara coberta de aprazimento na natureza amorosa e pródiga de Mendes. E pródigo também àquele lar. Pois não demorou muito e o clã ganharia o primeiro herdeiro. É isso aí. O clã Mac Millan estava em festa.

E não se sabe quem estava mais feliz: o futuro papai ou a futura mamãe. Os dois repartiriam a mesma alegria se não fosse o mal-estar de Eugênia nos primeiros meses de gravidez. Mas George contornava a situação cobrindo-a de agrados e de mimos.

O tempo seguia seu curso e, enquanto a barriguinha de Eugênia crescia, os costumes escoceses se integravam aos hábitos brasileiros. Por exemplo, a prática do desjejum no meio da manhã, abundante e reforçado. Com frutas ou sucos, ovos, bacon ou presuntos. Chá com torrada, manteiga, queijo e geleia. E o famoso chá das cinco com deliciosos biscoitinhos de diferentes sabores cujas receitas Eugênia aprendeu com a irmã de George. Porém, no almoço e no jantar, o escocês aderiu ao tempero nacional.

Eles obtinham do sítio legumes, verduras e frutas. Ovos, frango e leite das vaquinhas. Eugênia se revelava uma excelente dona de casa elaborando cremes, queijos e manteiga. E George trabalhava com afinco e satisfação no que mais gostava: sua oficina no arejado porão da casa.

Cuidar das plantas da horta e do jardim também era prazeroso para o casal. E George não deixava de ir admirar e mimar o seu jequitibá. Eles usufruíam além do seu quinhão em passeios ou cavalgadas nas trilhas da mata que rodeavam o sítio. A vida social era pouca. Uma ou outra reunião com os compatriotas do frigorífico ou com as amigas dela. Fora disso, apenas iam assistir alguns filmes no cinema de Mendes.

Willian dava os primeiros passos e o clã Mac Millan estava a ponto de crescer. Mais um herdeiro pedia passagem para fazer parte daquela família feliz. E dessa vez foi uma garotinha. Eugênia deu o nome de Ana Carolina. Novo motivo para complementar a felicidade daquele lar.

Logo que a menina cresceu um pouco, George preparou viagem para Inglaterra. Ia levar alguns inventos mais para patentear.

Para ele era difícil deixar sua mulher e filhos. Sabia que Eugênia ia se sentir só. Mas não imaginava que era tanto. A esposa, simplesmente não podia mais viver sem seu marido ali em baixo trabalhando e subindo para desfrutarem juntos do afeto que os unia.

Novamente a travessia de barco se fazia eterna para George. Quanta saudade de Eugênia, quanta falta lhe fazia a sua vida plácida e cheia de amor que ele deixou em Mendes.

Por isso voltou o mais breve que o barco lhe permitiu. Além dos negócios, a única diligência que fez foi ir a Escócia ver a irmã. Patenteou seus inventos e voltou com uma pequena fortuna e com a ansiedade para regressar ao lar e a sua mulher.

Eugênia contava os dias para a chegada do marido. Aquela viagem agora se fazia longa demais para abrigar tantas saudades de ambos.

Ao fim chegou o dia do encontro depois de dois meses de ausência. Novamente a felicidade cobriu aquele lar. E foi tanto amor que era pouco coração para abrigar tanto afeto. E veio a consequencia daquela paixão nove meses depois.

E nasce outra garotinha. Maria Clara, segundo o gosto da mãe. Novos regozijos. Tanto que não demorou muito e Eugênia estava novamente grávida do quarto filho. Mais enjoos para Eugênia, mais trabalho na casa, porém nada intervinha na rotina organizada do lar e no relacionamento amoroso do casal. Só aumentava o movimento alegre das crianças que chegaram para dar sentido e andamento ao clã Mac Millan.

Dessa vez foi outro garoto. Chamou-se Robert, segundo a escolha de George. Robert era o nome do pai de George, enquanto o nome de Willian foi dado em homenagem ao irmão dele que morreu prematura e acidentalmente. Os nomes das meninas foram dados só porque eram os favoritos de Eugênia.

A família estava feliz e completa. Agora era educar enquanto cresciam. Pai e mãe se intercalavam nessa tarefa com esmero. Eles queriam filhos educados, de bom caráter, de objetivos na vida e, sobretudo felizes. E, desde a mais tenra idade, foram inculcadas as normas correspondentes e os meios para eles brincarem em casa com os jogos infantis: balanços, gangorras etc. etc. e o acondicionamento do lago da cachoeira no riacho represado para eles brincarem. E realmente eles eram crianças felizes.

Um a um foi entrando na escola em Mendes, no Grupo Escolar. Foi então que se integraram a garotada do lugar. À medida que chegava a ocasião, iam para o colégio interno no Rio para fazer o curso secundário. Chegou o momento em que foram todos e a casa ficou solitária e silenciosa. A algazarra dos filhos fazia falta. Porém o casal tornava a curtir a companhia um do outro, renovava seus programas juntos.

Só nas férias e nos feriados prolongados a casa voltava a ser barulhenta e cheia de vida. Eram as brincadeiras, as brigas, a gritaria e o dia todo o rádio tocando alto as músicas da moda.

Os pais, por um lado compartilhavam a balburdia. Mas havia momentos em que sentiam falta do silêncio, da paz e do aconchego privado deles dois.

Nas férias seguintes, a família toda viajou a Europa. George queria mostrar sua família à irmã, e vê-la, naturalmente. Além de ter que patentear outros trabalhos e recorrer, como sempre, a um bom dinheiro.

Para dizer a verdade, apesar de a irmã elogiar a beleza dos sobrinhos, reparou que eles eram inquietos demais. Claro, comparando com a formalidade das crianças inglesas... Porém George se justificou explicando que no Brasil as pessoas eram informais e espontâneas. Era o jeito de ser da terra e os filhos pegaram essa maneira e que, entre outras coisas, ele gostava dessa naturalidade e alegria.

Foi uma experiência maravilhosa. As crianças se divertiram muito tanto no passeio como na viagem de barco. Porém o ambiente da Europa estava tenso, perigando a ameaça de guerra. George chegou a convidar a família para ir morar um tempo no Brasil, ao menos até as tensões melhorarem. Mas foi inútil, eles não estavam dispostos a deixar sua amada Escócia.

Foi bom e oportuno eles terem feito aquela viagem. Não demorou muito e estourou a guerra e as viagens se tornaram quase impossiveis e bastante perigosas.

Ao regressarem para Mendes se surpreenderam quando viram que o bondinho do Santa Rita tinha deixado de circular, levando com ele os trilhos das ruas e a lembrança de um passado poético cheio de lirismo. Agora eram os automóveis Ford dos anos 20 de aluguel que circulavam nas ruas. George também comprou, o que chamavam, na época, uma "baratinha" (carro convertível) para a alegria dos filhos. Porém e felizmente, não aposentou a charrete.

Com o passar do tempo a situação da Europa ficou de tal maneira que a comunicação se tornou quase que nula ou pelo menos demorada e incerta. Os negócios de George também ficaram prejudicados a ponto de ele ter que vender o carro e, mais adiante ir pedir emprego no Frigorífico, onde ele tinha sido chefe e agora ia trabalhar como qualquer brasileiro.

O tempo também passou para os filhos dos Mac Millan. Eles foram crescendo e os problemas se modificando e aumentando. Das sacudidelas malcriadas da adolescência foi chegando a época dos namoros.

Amores eternos, paixões exacerbadas, hormônios em ebulição, sexo se manifestando, tudo exagerado e multiplicado. E, claro, problemas dobrados. O primeiro a se revelar foi Willian, porém muito secretamente. Apaixonou-se perdidamente por uma das empregadas da casa: a arrumadeira Dora. Vivia atrás dela. Seus instintos sexuais os demandavam. E ela, se no inicio o rejeitava e se afastava, chegou o momento em que se entregou. Ele não era um garotão de se jogar fora e ela foi vulnerável a seus encantos, se apaixonou também.

Aquele mesmo lugar, protegido pelo arvoredo, em cima da cascata onde Eugênia e George se beijaram pela primeira vez, serviu de cenários para o encontro virginal de Willian e Dora. Ali ficou assinalado o lugar do pecado, do gozo do menino que se fez homem. Desde então, foi o lugar do assíduo encontro dos namorados, do coito prazeroso e irresponsável dos dois jovens.

Durante o período acadêmico os amantes mirins ficavam em jejum. Mas nas férias rolava às soltas carícias, sexo e prazer. E junto com o pecado ia nascendo um amor de verdade. Porém tudo muito clandestino, até então ninguém tinha percebido.

Willian entrou na faculdade de direito e o pai alugou um apartamento no Flamengo para ele morar. Ele, livre do internato, podia vir mais assiduamente a Mendes nos fins de semana para estar com Dora.

A guerra na Europa estava no seu auge. A comunicação foi completamente interrompida e George estava preocupado sem notícias da irmã. A situação da Inglaterra estava bastante abalada, segundo as notícias. George também deixou de receber seu dinheiro mensal. Foi aí que ele se empregou, para ganhar apenas uma merreca, embora trabalhasse como engenheiro. Eugênia também estava fazendo economia na casa e ajudando nas despesas fazendo tricô para fora. Igualmente Willian fazia biscate na faculdade levando frutas do sítio para vender entre os colegas. Esse foi o período mais difícil economicamente da família. Porém a oportunidade de cada um mostrar sua solidariedade, cooperação e união. Assim estavam seguindo adiante.

Ana Carolina também terminou os estudos e entrou para a escola normal para ser professora. Seguindo a nova mentalidade, ela queria se preparar para o futuro e não permanecer em casa esperando um candidato a marido. Ela foi morar com o irmão. Com a liberdade, ela também logo arranjou um namorado no Rio. No outro ano foi Maria Clara que também saiu do internado e seguiu a carreira da irmã. E, como ela, encontrou um namorado. E por fim, Robert entrou para a faculdade de engenharia como o pai. Aliás, era de se supor, porque em casa, enquanto os irmãos se dedicavam cada um a seu hobby ou tarefa preferida, ele ia ver e até ajudar o pai na sua lida. E gostava do que ele fazia. Ele, ademais, era o mais sério e estudioso. Tão dedicado que não tinha tempo para namorar. Chegou o momento em que os quatros moravam juntos no Rio. Mas iam desfrutar das férias em Mendes com os pais.

Tanto Ana Carolina como Maria Clara estavam tão firmes com os namorados que George e Eugênia as autorizaram a levá-los a casa para serem apresentados aos pais. Aquelas foram umas férias bem alvoroçadas. Não só no sítio, mas eles iam ao arraial e chamavam a atenção dos austeros, sonsos e linguarudos habitantes da época, com seus modos extravagantes. Especialmente no cinema da cidade onde aproveitavam o escurinho e protagonizavam beijos cinematográficos, rivalizando-se com os artistas. O mais severo crítico desse comportamento era Robert. Mas ele não comentava nem com os pais.

No sítio, o lugar de encontro de Willian e Dora, adquiriu novos concorrentes. E o cenário convidativo para o amor e o prazer, abriu suas cortinas para servir de palco para outros amores: as duas moças com os respectivos namorados. Elas também descobriram o recanto do "pecado" e, como Willian e Dora, lá deixaram suas virgindades. Obrigaram então os antigos frequentadores, a se encontrarem no quarto da arrumadeira.

Enquanto as garotas gastavam o dia fora de casa, afundando pelo bosque adentro com os namorados, Willian discretamente pulava a janela do quarto de Dora e Robert ia trabalhar com o pai.

E aquela estância que sempre tinha sido um ninho de amor e de ternura, se tornava o lugar das paixões e do pecado.

CAPÍTULO 4

É, as crianças cresceram, os tempos mudaram e o romantismo de então ia dando lugar à nova geração que surgia impondo mais liberdade. E essa segunda estirpe Mac Millan ia na comissão de frente abrindo a ala do modernismo.

Mesmo sendo o sexo, ainda naquela época, o maior pecado que o homem e, sobretudo, a mulher, podiam cometer, seria injusto afirmar que os irmãos Mac Millan saíam dos parâmetros da moral vigente. Talvez para os costumes austeros, solapados e dissimulados do interior. Mas o comportamento carioca era mais aberto. E os jovens iam acompanhando a evolução dos tempos. A mentalidade ia evoluindo, os conceitos iam se afrouxando e a conduta amorosa se tornava cada vez mais livre.

Eugênia conservava ainda aquele puritanismo de Mendes e se preocupava com aqueles passeios pelas trilhas da Mata Atlântica, bem seja a pé ou a cavalo. Ela conhecia bem aqueles recantos. Muitas vezes ia cavalgar a passeio por lá com George e sabia o quanto era solitário e convidativo para o amor.

Os cuidados de Eugênia tinham muita razão de ser. Não demorou muito e, efetivamente, teve que se efetuar o primeiro casamento na família, antes que o ventre denunciasse e Maria Clara caísse na boca do povo. É isso aí. A moça estava grávida e o responsável teve que cumprir com sua obrigação ante um juiz. Infringiu-se até o rigor do ritual do matrimônio, se casou de véu e grinalda para não ficar falada.

O bebê ainda não tinha nascido quando houve outro casamento: o de Ana Carolina. Dessa vez não foi para encobrir uma falta. A moça se sentiu ameaçada de ficar para "titia", já que a irmã mais nova tinha resolvido seu problema de solteirismo. Insistiu tanto com o namorado que ele acedeu a se casar.

Elas foram morar no Rio com os respectivos maridos. As duas irmãs, apesar de serem amigas inseparáveis, parece que competiam entre si. Ana Carolina também encomendou sua cria. Ora, ela não ia ficar para trás.

George e Eugênia iam se tornar duplamente avós. E estavam felizes com o acontecimento. O clã Mac Millan ia para a terceira geração e isso era causa de muito orgulho para o chefe do clã. Para Eugênia a satisfação era só pelo chamego com os futuros netinhos.

Nesse meio tempo em que a família ia aumentar, houve uma perda por óbito: o pai de Eugênia faleceu. Houve um hiato de tristeza naquele lar por parte da dona da casa. Porém logo foi compensado. A felicidade não deu chance à dor. Chegaram os netinhos para trazer de volta a alegria àquela família.

Foi muita sorte ter nascido um casal. Maria Clara teve uma filha: Valentina e Ana Carolina um filho: Gerson. E a alegria e a paz cobriam aquele território, enquanto na Europa...

O Brasil declarou guerra ao chamado Eixo (Alemanha, Itália e Japão) e vários pracinhas de Mendes foram convocados e partiram para Itália para combater. E muitos não voltaram. E por fim, a guerra terminou em 1945.

Logo que foi possível, George embarcou para Escócia. Ele estava aflito para saber da situação da irmã e da sua família. Dessa vez foi de avião, na Panair. Viu muita destruição. Mas, felizmente, a sua região não foi tão afetada. Embora algumas construções viessem abaixo, a casa que foi dos seus avós, cuja construção se perdia no tempo, estava de pé. Porém, ele tinha perdido um sobrinho na guerra e outro voltou, porém sem um braço.

A guerra não é mais que um índice de insensatez e ignorância do ser humano. Uma absoluta falta de senso comum, de inteligência, de civilização. Países e homens a se destruírem mutuamente. O que tem isso de relevante? A quem beneficia? O que deixa para a posteridade? ... Violência, ódio, vingança... degradação.

Enquanto George estava de viagem, Eugênia teve que enfrentar um problema grave: o relacionamento de Willian e Dora. Ela pegou o filho pulando a janela do quarto da empregada. Naquela época era comum que os garotos se iniciassem na vida sexual com as empregadas. Porém a moral de Eugênia era estrita e ela proibiu terminantemente aquele abuso do filho, sob pena dela ter que mandar a arrumadeira embora.

E o rapaz, no tempo em que os filhos obedeciam aos pais sem restrições, reforçados com a sentença que, desde pequeno o pai lhe incutiu, de jamais contrariar a mãe, deu por terminado o relacionamento com Dora, não sem antes debater-se na tristeza e ser cortante com ela, talvez por desconcerto ou por desespero:

– Dora, eu sabia que o nosso relacionamento não ia dar certo. E não deu. Vamos dar por terminado os nossos encontros. Considere tudo acabado entre nós desde agora. Sem apelação.

Willian saiu ligeiro da frente dela deixando a moça pasma, imóvel, no escuro que aquele momento a envolveu.

Só que, nem ele e nem Eugênia sabiam que ela estava grávida. A moça não teve mais forças para contar. Ela estava vencida pela tristeza, pelo desamparo, mesmo assim, pediu as contas e foi embora para a casa dos pais.

Willian voltou para Rio. Ele também estava decaído. Debatia-se entre o seu amor e aquela renúncia que ele não quisera. Foi descontar com uma namorada de mentira para tratar de esquecer o amor de verdade.

Quando os pais de Dora souberam de sua gravidez, ela não quis contar de quem era o filho, pois eles poderiam querer "lavar a honra" e obrigarem o casamento. Eles simplesmente a botaram para fora de casa, como era o costume.

Dora saiu de casa no auge do desespero. Não sabia para onde ir e o que fazer. Tuca, seu vizinho e amigo de infância, ouviu o escárnio e a sentença dos pais dela e a estava escorando no caminho. Desde pequeno ele era encantado por ela e ela nunca lhe deu bola.

– Dora, para onde você vai?

Ela, chorosa, custava a responder. Ele insistiu:

– O que vai fazer?

– Eu não sei, estou perdida. – Soluçou.

– Não, você tem a mim e eu vou ampará-la. Ouvi sua história com os gritos do seu pai. Temi que ele fosse agredi-la. Estava disposto a não permitir.

Dora chorava copiosamente. Tuca a abraçou.

– Vem comigo, Dora. Eu sou pobre, mas sempre te amei. Quero protegê-la. Casar com você, assumir o seu filho.

Dora se deixou abraçar e chorou nos braços dele.

Quando George chegou de viagem, o problema estava resolvido. Dora casada e Willian livre no Rio.

Livre? Quem disse? Quando ele soube do casamento de Dora quase teve uma síncope. Debateu-se de ciúmes, não se conformava. Sofreu, chorou... e ele não esperava que ela o esquecesse tão depressa. No fundo ele ainda tinha esperança de reatar seus amores às escondidas, longe de casa. Ele não podia esquecê-la. Mas quando o filho dela nasceu ele fez as contas e teve certeza de que o filho era dele. (As coisas não podem ficar assim), ele pensou e tomou a decisão de ir comprovar suas suspeitas.

Para que? As coisas estavam resolvidas, inclusive ele estava noivo, ainda que fosse para dissimular com os pais. Dora e o filho estavam amparados, para que ir revirar o que estava aparentemente sanado? Não, não estava. No fundo o que ele queria era ver a Dora, sentia falta dela, agora a amava mais ainda. Ele queria o filho, mas a ela queria muito mais.

Mas não foi possível, ele tentou de todas as formas abordá-la, não conseguiu. O marido a cuidava e ela se escondia.

Mais por soberba e vingança com Dora, decidiu cumprir seu compromisso e se casou. O casamento foi no Rio. Dora soube através de outra empregada da casa dos Mac Millan. Ela não podia negar que sentiu tristeza, Willian foi o amor da sua vida e, apesar de tudo, ela ainda não tinha conseguido deixar de amá-lo. Embora ela se esforçasse para transferir aquele amor, que foi desprezado, para o marido que a amparou e era tão bom e carinhoso com ela e com o filho, que nem era dele, não estava conseguindo.

Enquanto os netos legítimos de George e de Eugênia estavam crescendo na abundancia, o netinho não reconhecido crescia na pobreza. E os avós nem sabiam.

Gerson e Valentina vinham com os pais quase todos os finais de semana ao sítio, para a alegria dos avós. Eles eram contemporâneos e brincavam muito juntos. Robert também vinha passar os sábados e domingo em casa e ficava quase todo o tempo trabalhando com o pai. Ele agora vivia sozinho no apartamento do Flamengo e ainda não tinha namorada. As visitas de Willian e a esposa eram mais escassas. Eles não eram felizes e o marido sabia por que. Ele não amava a mulher, para ele só houve um amor na sua vida e ele o perdeu. Tinha medo de se aproximar e fazer uma loucura. Felizmente não tinha filhos para compartilhar aquele ambiente de desamor.

A felicidade ainda reinava naquela família. Por cima de tudo, o amor de George e de Eugênia era o alicerce daquele lar. Eles se amavam como se ainda fossem noivos, acrescentando uma profunda amizade, cumplicidade e a felicidade de compartilharem juntos a vida. Eles eram eternamente felizes.

Tanto Maria Clara como Ana Carolina estavam esperando o segundo filho. Naquele fim de ano, todos os filhos vieram passar as festividades em Mendes. Ter a família toda reunida era a maior felicidade para o casal Mac Milan, e o clã com a previsão de crescer mais ainda.

Willian foi ao arraial e viu a Dora entrar na padaria, levando o filho pela mão. Ele estremeceu. Esperou e a seguiu. No caminho da casa dela ele a abordou.

– Dora!

Ela levou um choque. Olhou para ele e segurou forte a mão do filho. Ele olhou a criança e não teve dúvida, era seu filho. Claro, lourinho de olhos verdes, era a cara do seu pai. O menino lhe sorriu. Willian teve um desejo quase irresistível de tomá-lo nos braços.

– Ele é meu filho. Por que você não me contou.

– Não, não é. – Dora estava assustada e comovida.

– Não negue, Dora. Ele é a cara do meu pai e pelas contas do seu nascimento só pode ser meu.

– Não, não. Ele se chama Ivan Machado. É filho do meu marido.

Willian abanou a cabeça.

– Só de nome. Eu sinto. – Willian a olhava emocionado. – Dora, como foi nos acontecer algo tão triste, tão definitivo. Eu a amava loucamente, ainda a amo. Nunca vou poder deixar de amá-la. E você tem um filho meu com o nome de outro. – Willian abaixou a cabeça para enxugar uma lágrima. – Eu nunca tinha pensado deixá-la, só dar um tempo, depois voltar aos seus braços, eu juro. Mas se soubesse que você levava um filho meu nas entranhas, passaria por cima de qualquer repressão. – Ele soluçou.

Dora também estava comovida, seus olhos se encharcaram. Ela tremia ao ouvir a confissão de amor de Willian e se dava conta de quanto ainda o amava.

– Dora, você não sabe o esforço que estou fazendo para não tomá-la nos braços, eu ainda a sinto minha...

Nesse momento chegou o Tuca. Fez-se um silêncio que parece que até o vento ficou estático. O esposo reparou o estado de comoção de ambos. Compreendeu o momento de espasmo e de dor.

– Willian, segue o seu caminho em paz. Eu cuido do seu filho e do seu antigo amor. Você é um homem casado, cumpra o seu dever com sua esposa e nos deixe em paz.

Willian o olhou com infinita tristeza, não podia falar, mas balançou a cabeça como aceitando, agradecendo, quem sabe o quê. Seus olhos não paravam de emanar lágrimas. Novamente o silêncio se apresentou. Ninguém sabia o que dizer. Willian novamente olhou o filho. Tuca não tinha negado que o filho era dele e também reconhecia o amor que havia entre ele e Dora e o assumia valentemente.

Willian se retirou sem poder dizer nada, seu coração estava despedaçado, tudo o que ele amava na vida, acabava de perder definitivamente. Ele tinha que respeitar a honra daquele homem bom e correto. Na verdade, ele se sentia um intruso, um fora de lugar, o que roubava a paz daquela família que não era dele. Sentiu-se um canalha, um covarde, o único culpado de sua própria desgraça.

Ele voltou ao arraial, entrou num botequim e pediu um trago. Desse veio outro e outro e muitos mais, até que teve que ser levado a casa completamente embriagado.

Esse foi o começo do alcoolismo, do abatimento, da decadência, do fim daquele moço bonito e garboso que fazia as moças se assanharem quando ele chegava ao arraial. Mendes foi testemunha de todo esse processo e da preocupação e sofrimento dos pais do rapaz.

CAPÍTULO 5

Depois que Willian deixou a família Machado, Dora olhou o marido. Sentia-se incômoda, culpada.

– Desculpa, Tuca. Eu não queria...

Tuca a abraçou e a interrompeu.

– Eu sei, eu compreendo. Eu também considero o sofrimento do Willian. Afinal ele estava ali na frente do filho e do amor dele, e os estava perdendo. Considero a sua situação também.

– E eu considero a sua e agradeço a sua compreensão. Você é um homem bom.

– Mas Willian ainda segura o seu coração.

Dora abaixou a cabeça.

– Eu respeito você, o admiro, sou imensamente grata e o estimo com todo o meu coração. Não quero enganar você...

– Eu sei, e sei também que um dia você vai me amar. – Tuca pegou Ivan no colo, a abraçou e foram para casa conversando.

George, Eugênia e toda a família se assustaram quando viram Willian chegar naquele estado de embriaguez em casa. George e Robert o levaram para o quarto e lhe trocaram a roupa. Eugênia trouxe uma bolsa de gelo e ficou acariciando o filho.

A esposa nem entrou no quarto. Permaneceu na sala e, enquanto os irmãos e cunhados estavam apreensivos estranhando a atitude de Willian, ela se mostrava indiferente e indignada.

– Não, não é nada estranho. Ele, de vez em quando, toma seus pifões.

No dia seguinte, pela manhã, ela se arrumou e disse que ia para o Rio. Não adiantou o pedido de todos para ela esperar a passagem do ano. Ela estava de mau humor, Willian a ignorava, ela se sentia desprezada. Eugênia então, disse ao filho que ele devia acompanhá-la. Ele foi, não sem antes ter uma conversa séria com o pai.

Na saída de Mendes, lá pelo Fim do Ponto, na entrada para a fábrica, Willian viu uma tabuleta onde anunciava o novo nome da fábrica de papel: CIPEC. Ele comentou com a esposa e ela não respondeu. E essas foram as únicas palavras faladas durante as duas horas de viagem até o Rio.

Entretanto, Willian se destacava na profissão. Era conhecido no meio como advogado sério e competente e estimado pelos colegas e amigos. Só no casamento... Definitivamente eles não se suportavam e cada vez o relacionamento ficava mais difícil. Essa vida de desentendimento e tédio o remetia à Dora... ele incentivava o seu amor perdido como recompensa e bebia buscando um consolo que, dessa forma, jamais iria encontrar.

George e Eugênia só estavam esperando as duas filhas terem seus bebês para viajarem para Europa. Dessa vez George quis levar a esposa para ele ficar mais sossegado.

Tanto Ana Carolina como Maria Clara tiveram filhas mulheres. Até pareciam gêmeas, nasceram com diferença de dias. Foi um sufoco para Eugênia acudir as duas parturientes e seus bebês quase simultaneamente. Zulmira, a filha de Ana Carolina nasceu primeiro que Vânia, a filha de Maria Clara. Ambas nasceram cheias de saúde e trazendo muita alegria para a família.

Depois dessa jornada dupla, era justo a avó descansar. Eugênia e George partiram para Europa. Era a primeira vez que ela andava de avião e Eugênia se amedrontou um pouco, mas depois até gostou. Ficou admirada com a celeridade da viagem, como atravessaram rápido o Atlântico.

Era uma viagem de descanso, de visita, de turismo, mas, principalmente, de negócio. E muito bom negócio por certo. George levou um acumulado de peças para patentear e comercializar. E, como anteriormente, trouxe mais que uma pequena fortuna. Tanto que pôde renunciar ao seu emprego no Frigorífico, pôr suas contas em dia, comprar um Chevrolet e o restante depositar na sua conta bancária, que esteve durante um tempo, bastante desfalcada.

A viagem foi proveitosa de todos os lados. A família de George estava bem e ele e Eugênia renovaram utilidades para casa, passearam, conheceram, se divertiram e a viagem de regresso também foi excelente.

Porém aqui tiveram a notícia preocupante: Willian continuava bebendo e a mulher o havia deixado. O pai queria novamente conversar com ele e por isso ele foi até Mendes com eles. Não adiantou o pito e os conselhos. No dia seguinte ele deu outro espetáculo de porre homérico.

Tudo porque viu de longe a Dora grávida com o marido e o seu filho. Levou um choque, o ciúme, o despeito o cegou. Tinha que reforçar o espírito para aguentar o golpe. Novamente o levaram carregado para casa. Não pensou no sofrimento dos pais vendo-o naquele estado.

Passada a ressaca, o pai novamente o chamou para conversar. As mesmas coisas que tinha dito antes e que "entrou por um ouvido e saiu pelo outro". Só que dessa vez, o pai sugeriu que ele fosse se tratar numa clínica para desintoxicação alcoólica, porque supôs que ele cada vez estava bebendo mais. Porém Willian se negou veementemente. Alegou que trabalhava o dia inteiro, só à noite bebia algo. Em Mendes foi uma exceção. Ele não era alcoólatra e que, no momento que quisesse, não beberia mais.

– Então para por aí. Este é o momento.

E ele prometeu.

No fim de semana vieram todos do Rio para matar as saudades dos pais. Menos o marido de Ana Carolina que tinha ido até o rio Araguaia pescar.

Mendes também estava em festa. Estavam comemorando a Emancipação do Município e a troca de status de vila para cidade. A Cidade de Mendes.

A família participou da celebração. Willian bebeu socialmente, com moderação, o que deu tranquilidade aos pais. De fato ele era capaz de se controlar.

Porém, na semana seguinte, toda aquela esperança saiu esvoaçando pelos ares. Willian novamente foi trazido para a casa intoxicado pela bebida.

Ele só tinha entrado no botequim para tomar um refrigerante. Estava ali sentado tranquilamente quando foi passando na calçada entre outros meninos, o seu filho. Quase automaticamente Willian lhe chamou a atenção:

– Ivan Mac Millan! ...

O menino olhou e abriu um sorriso igualzinho ao do seu pai:

– Não, Ivan Machado. – E começou a rir com os garotos e continuaram andando.

Willian também riu. Riu e chorou. E quis afogar sua mágoa na cachaça. Já se sabe o resultado.

Dessa vez a conversa com o pai foi mais dura. O pai reagiu ao seu comportamento com severidade e até com ameaça de levá-lo à força para tratá-lo do alcoolismo. Willian ouviu calado. O que ia dizer? Seu pai tinha razão. Ele era um fraco, não resistia a seu próprio destino.

Quando o pai saiu, Eugênia foi para junto do filho. Pegou a mão dele e o acariciou.

– Meu filho querido, quando eu vejo você assim me parte o coração. Porque intuo que algo muito doído o leva a buscar no álcool um escape, uma espécie de consolo, de compensação, de um lenitivo que o faça esquecer aquilo que o faz sofrer. Será que eu estou certa?

Willian estava de cabeça baixa. Quando olhou a mãe, dos seus olhos começaram a brotar lágrimas.

– Você está entalado. Desafogue-se, meu bem. Conte para a sua mãe o que o deixa tão triste.

Mas Willian se recusava a se abrir, a dizer qualquer coisa.

– Eu só quero ajudar... eu também sofro vendo você assim.

– Não, mãe, são coisas minhas...

– As coisas que o atormentam são minhas também. Eu quero compartilhá-las com você. Arrancar de você seus padecimentos. Você precisa de um apoio amigo e eu posso ser esse apoio.

O rapaz abanou e abaixou a cabeça.

– É pela sua separação, sente falta da Nanci?

– Não, mãe. Nós não nos gostávamos, nunca fomos felizes.

– Então há outro amor de permeio?

Willian desabou. Esfregou os olhos, os secou.

– Ah! Então é isso. E o que acontece com ela? Porque não podem estar juntos?

Willian falou baixinho:

– É a Dora, mãe.

Eugênia se surpreendeu:

– A Dora? Mas ela está casada, tem filhos.

– Nós nos amávamos. Eu ainda a amo. Quando nos separamos ela estava esperando um filho meu e eu não sabia. Não dei oportunidade para ela me contar.

– Um filho? – Eugênia estava pasma.

– É, mãe. Você nunca o viu? É a cara do pai... – Ele estava embargado, se abraçou à mãe.

– Ela não devia ter feito isso, você tinha o direito de saber.

– E você mãe, ia permitir na sua casa um bastardo filho da empregada?

– É o nosso sangue. Não seria bastardo se você se casasse com ela nem ela seria mais empregada.

– Mas você ordenou, ameaçou de mandá-la embora.

– Porque não queria que você abusasse da moça, como fazem muitos, por ela estar numa posição subalterna, não por desprezá-la. Eu o repreendi, não a ela. Meu Deus, que injustiça cometi sem saber. O que eu poderei fazer para consertar esse erro?

– Nada, mãe. Ela se casou e o marido deu o nome e a paternidade ao meu filho. Eu os perdi para sempre.

Eles ouviram um falatório apreensivo lá fora. Eugênia foi até a janela.

– O que aconteceu, Manuel? – Perguntou ao peão.

– O Hotel Santa Rita está se incendiando.

George pegou o carro com o intuito de ir até lá. O hotel estava do outro lado do morro da casa deles. Olhou para a janela:

– Vocês querem ir?

Eugênia perguntou ao filho e ele respondeu que sim. Desceram e entraram no carro. Ainda conseguiram assistir as chamas queimando o imponente prédio, orgulho da cidade. Só restaram umas colunas, uma parte do muro de pedra e algumas árvores que escaparam milagrosamente do fogo.

– Em poucas horas se destruiu uma obra de tantos anos. – Exclamou George olhando o rescaldo e as ruínas ainda quentes.

– É como uma palavra mal dita ou mal compreendida. Ela pode desviar o destino das pessoas. – Eugênia ainda se magoava com uma culpa que sentia. – Perdão, meu filho. Por favor, me perdoa.

– De que vocês estão falando? Perdoar o quê?

– Em casa eu lhe conto. Talvez você nos possa ajudar.

Aquele colo, aquelas palavras, aquele apoio, aquele carinho da mãe, fez muito bem a Willian. Talvez fosse exatamente o que ele necessitava. Ele se acalmou, se sentia melhor. Pôde catalisar seus sentimentos, ajustar a cabeça no lugar, fazer planos de vida deixando a bebida de lado, tratando de aceitar sua sina. Não estava nas mãos dele e nem de ninguém qualquer providência, qualquer modificação. Mesmo porque Dora não aceitaria, o filho tinha o Tuca como pai, o amava. E, na verdade, eles estavam nas mãos de um homem de caráter e de sentimentos exemplares, que não merecia qualquer intento de desviá-lo do caminho certo e honrado. Era ele, Willian Mac Millan, que tinha que se conformar. Tinha perdido o bonde da vida... tinha mais era que aceitar o fado que forjou... um fato consumado.

Willian voltou ao Rio. Estava mudado, bem-intencionado, rendendo no trabalho, não tomou mais nem um trago. Ia a Mendes, à casa dos pais, porém não ia ao arraial.

Eugênia tinha contado a George todo o drama que o filho viveu. Eles estavam aliviados com o comportamento sóbrio do filho. Porém uma coisa inquietava o chefe da família ou do clã, como ele preferia se referir:

– Eugênia, precisamos amparar esse menino, é um Mac Millan, é o nosso sangue.

– Nós perdemos esse direito.

– Quero conhecê-lo, protegê-lo, fazê-lo nosso herdeiro. Não se pode negar um direito dele.

– Eu também quero conhecê-lo. É nosso netinho... – Os olhos de Eugênia aguaram.

– Nós vamos conhecê-lo, dar o nosso carinho e proteção.

Eles se abraçaram consolando um ao outro.

CAPÍTULO 6

Tanto o coração de Eugênia como o de George, os empurrava para ir fazer uma visita a Dora e a Tuca. Queriam conhecer, se aproximar do neto.

Anunciaram a visita e foram recebidos com cortesia. Ivan não estava em casa, mas chegaria mais tarde, depois que saísse do colégio.

Eles conversaram com o coração nas mãos e, tanto Dora como Tuca, compreenderam as razões e os sentimentos dos avós. Eugênia soube falar, apelou ao passado de amizade:

– Dora, você nos conhece bem, entrou para trabalhar na nossa casa ainda menina. Todos a estimávamos. Porém não sabíamos do seu relacionamento com o Willian. Quando eu soube, o repreendi. Não por ser você, mas pelo abuso dele com você. E você, Tuca, eu também o conheço desde menino. Você levava compras na casa da minha mãe. Levava também recados e encomendas para ela. Temos um passado amistoso, nos conhecemos mutuamente, conhecemos nossos caracteres. Nós somos gratos a você Tuca, por criar o nosso neto como se fosse seu próprio filho. É muita bondade de sua parte. Estamos tranquilos por esse lado. Só queríamos que nos dessem a oportunidade de conhecê-lo, de nos aproximarmos, de conviver um pouco, de poder prodigar o nosso carinho...

– Nós jamais seríamos capazes de negar isso. – Falou Tuca e Dora o interrompeu confirmando.

– Ao contrário, nos agrada que amem o nosso filho.

E ficou combinada a aproximação e visitas sem restrições e até o reconhecimento do direito legítimo do menino à herança da família. Tuca só não aceitou receber uma ajuda mensal. Ele também queria participar do sustendo de Ivan, assim como do outro filho. Porém acedeu a que os avós se encarregassem dos estudos do menino.

Ivan chegou da escola e, quando entrou na sala, sua balburdia foi calada quando viu a visita. George até empalideceu. Eugênia não pôde se controlar, abaixou-se para abraçar o neto. Disfarçou a emoção se apresentando e apresentando George. Mas não como seus avós, claro. Esse item, tinha ficado combinado, não seriam revelados. George ainda estava estático. Estava em frente a ele mesmo quando menino, há muitos anos atrás. Só em alguma coisa o neto não se parecia com o avô: ele era muito dado e risonho. Logo esboçou seu sorriso fácil e, *ipso facto*, as emoções se controlaram e eles puderam conversar com naturalidade.

– Ivan, eu conheço os seus pais desde pequenos. Eles poderiam ser nossos filhos, por isso nos estimamos muito. Não é verdade? – Eugênia olhou os pais do menino buscando confirmação.

– Claro... claro. – Foi o Tuca quem afirmou.

– Nós viemos convidar você para, de vez em quando, ir a nossa casa nos visitar e, quando vierem os nossos netos, para você ir brincar com eles. Você aceita?

– Se o meu pai e a minha mãe deixarem, eu aceito sim.

Enquanto eles falavam, George só reparava. Eles não tinham um filho nem um neto tão Mac Millan como aquele garotinho.

Realmente foi uma alegria muito grande para George e para Eugênia se aproximarem daquele neto bastardo, porém já amado como qualquer um dos legítimos. Por isso sentiam também certa frustração por não poder tê-lo sempre com eles, criá-lo, mimá-lo.

Quando Eugênia contou aos filhos sobre Ivan, todos se surpreenderam e ficaram com desejo de conhecê-lo. Porém dessa vez não foi possível porque a família tinha ido a Juiz de Fora visitar a irmã de Tuca que, por certo, era a madrinha do menino.

No entanto, daquela vez, a vinda de Ivan não teria sido oportuna, pois George e Eugênia consideravam que deveriam preparar todos, inclusive as crianças e, sobretudo Willian, da presença do novo membro da família, havia assuntos familiares mais urgentes para tratar.

Vamos começar pelas filhas mulheres. Elas aparentemente viviam bem com os maridos. Mas só aparentemente e naquele fim de semana ambas despejaram suas queixas nos ouvidos de Eugênia, enquanto Robert também tinha algo importante para conversar com o pai.

Ana Carolina, cujo marido escassamente a acompanhava em suas idas à Mendes, se queixou disso. Elias, filho de pais endinheirados, trabalhava na firma da família, por isso mesmo se dava contínuas e demoradas férias para ir pescar. Passava até o mês inteiro enterrado no Pantanal, pelo Amazonas ou então ia pescar no mar. Ele fazia seus passeios e ela ficava sozinha com os filhos. Ele não deixava faltar nada em casa, mas faltava com a sua companhia.

As queixas de Maria Clara eram similares. Só que o marido se ausentava por motivo de trabalho. Ele era engenheiro civil e trabalhava numa companhia construtora. Era convocado para trabalhar em diferentes partes do país e, às vezes, a lugares longinquos, impossíveis de voltar continuamente. Era outra que ficava muito tempo sozinha. Com um agravante, acrescentou ela: estava grávida.

Bem, esse último item não era nenhum problema para Eugênia. Ela considerava que um filho era uma bênção e não um estorvo como a filha insinuava. Maria Clara se queixava porque não pensava em ter mais filhos. Depois de tanto tempo, achava ela, começar tudo de novo?

Porém, os outros problemas íntimos, Eugênia não sabia o que aconselhar. Ela jamais teve esse tipo de queixa com George. Para eles, o grande barato da vida era estarem juntos. Ela não podia entender o contrário. Lamentou decepcionar as filhas, não sabia das diretrizes a aportar para elas solucionarem suas demandas. Mãe não é infalível, é como qualquer ser humano, não sabe tudo. Às vezes não sabe e, muitas vezes erra nos seus conselhos. O que ela ia dizer? Pedir paciência, compreensão só serviria para Maria Clara, afinal o marido ia cumprir sua obrigação. Mas para Ana Carolina... O caso dela só se resolveria se ambos chegassem a um acordo. E não parecia que ele estivesse disposto a renunciar a vida que gostava de levar. Eugênia deu sua opinião a ambas, por igual. Se elas não podiam modificar a conduta dos maridos, deveriam buscar contornar a situação sem eles. Buscar meios de suprir a ausência enchendo suas vidas com outras ocupações: praticar um esporte, fazer cursos, ser voluntárias em qualquer instituição e, porque não, exercer sua profissão. Elas fincaram os pés que queriam continuar estudando e escolheram suas carreiras. Porque não exercê-la? Claro que essa última sugestão não servia para Maria Clara. Cuidar de um bebê é trabalho para o dia todo. Eugênia não sabia se tinha acertado, se elas tinham acolhido a sugestão.

O que o Robert queria falar com o pai era que ele estava pensando viajar à Inglaterra, ou diretamente para a Escócia, para fazer um curso de pós-graduação. Achava que lhe faltava uma especialização para avançar na carreira. Tinha se informado de tudo e conseguiu uma licença no trabalho. George concordou e o apoiou. Só pediu a ele que voltasse a casa todas as férias para a mãe não ficar triste. Ele era reservado o bastante para expressar seus próprios sentimentos, mas ele se incluía também.

Só faltava a conversa dos pais com Willian e eles o convocaram. Contaram seus projetos com o Ivan e pediram ao filho que se achegasse a ele com discrição e paciência. Era a oportunidade de eles conviverem, se conhecerem e se tornarem amigos. Willian ficou feliz com a perspectiva desse relacionamento.

Naquela mesma semana Ivan foi à casa dos Mac Millan. Foi conhecer todo o sítio com os avós. O casal se dedicou ao menino e ele se divertiu muito vendo os animais, andando a cavalo e, sobretudo, tomando banho na cascata e no lago. Gostou da comida da casa, se lambuzou de doces e foi tão paparicado que, quando chegou a casa comentou com os pais o quanto os Mac Millan eram "legais". Disse também que tinha sido convidado para voltar lá no fim de semana, para brincar com as crianças que iam chegar e ele aceitou. Gostou do programa.

A reunião era para a despedida de Robert, que tinha organizado tudo para ir fazer sua especialidade na Escócia. Estava toda a família reunida menos os maridos de Ana Carolina e de Maria Clara, ambos ausentes do Rio. Um trabalhando e o outro pescando.

Quando Ivan chegou as crianças logo o levaram para brincar. Os adultos ficaram verdadeiramente impressionados com a semelhança do menino com o chefe do clã.

– Não há a mais leve dúvida, é um Mac Millan. – Disse Robert e todos concordaram.

Willian estava feliz, mas ainda não tinha podido ficar com o filho. O negócio dele era a brincadeira com os novos amiguinhos. Finalmente, na hora do almoço, Willian foi se sentar ao lado do filho.

– Oi!

– Oi! – O filho respondeu risonho ao cumprimento.
– Tá lembrado de mim?
Ivan começou a rir.
– Tô. Você me confundiu na rua.
– Foi. Eu confundi você. – Fez uma pausa retrospectiva. – Está gostando daqui?
– Tô.
– E da comida?
– Super boa.
Willian não sabia o que mais dizer. A meninada veio tirá-lo do impasse.
– Vem, Ivan, vamos pegar os doces de sobremesa.
E o menino saiu correndo com eles. Willian ficou olhando. Como ele gostaria que fosse sempre assim. Seu filho como membro da família. George se aproximou.
– Você vai ter que ser paciente. Vai devagar, conquistando aos poucos.
– Eu sei, pai. Eu me contento com esse pouco.
– Como você está se sentindo, meu filho? – Era Eugênia que se aproximou pondo a mão no ombro dele.
– Feliz mãe. Eu agradeço a vocês...
– Não, não tem que agradecer. Nós estamos felizes com o nosso netinho, não é George?
– Muito.
Robert, que estava ao lado, entrou na conversa.
– O pai está se vendo quando era menino como o Ivan. Ele devia ser assim mesmo.
Todos riram. Eugênia abraçou o filho e mudou a conversa. Foi falar com ele à parte.
– Robert, você vai nos fazer muita falta. Venha nos ver sempre que puder. Não deixe a saudade nos consumir. – Eugênia terminou a frase embargada.
Robert abraçou a mãe.
– Mãe, mãe... o que é isso? Você pensa que eu também não vou querer vir a vê-los? Eu amo vocês, amo a minha família, amo este lugar. – Ele apertou a mãe num abraço consolador e lhe deu um beijo na testa.

No fim da tarde, George e Eugênia foram levar Ivan a casa. Depois do jantar, a criançada foi se deitar e a família se reuniu na sala para conversar como era o costume. Antes de se recolherem nos seus respectivos quartos, se despediram de Robert, ele ia madrugar. Seu avião saía do Rio as onze e quarenta e cinco e ele ainda tinha que ir ao apartamento pegar as suas malas.

Deixou uma tristeza na casa. Sempre se sente o vazio do ser querido que está ausente numa família unida onde todos se amam.

Eugênia e George ficaram outra vez sozinhos. Sozinhos, não. Eles nunca se sentiam só, estando um com o outro. Tanto era bom a barulhada da casa cheia, como o silêncio da paz deles dois. George estava sempre lá em baixo trabalhando e Eugênia lá em cima circulando, providenciando coisas ou fazendo petiscos para o marido. Eles não estavam sós. Eles se tinham. Esse era o consolo agora que Robert ia ficar longe por tanto tempo. Também eles se sentiam compensados com o novo netinho que ganharam: o Ivan. Ademais, estavam certos de que Willian ia se recuperar definitivamente com a convivência com o filho.

Todas essas coisas eram o que o casal conversava à noite, depois do jantar, quando sentavam na sala e saboreavam, Eugênia um licor e o escocês o seu uísque, claro. Sempre havia alguma preocupação com os filhos. Quando não era com um, era com o outro. O problema do Willian parece que cessou. Com o Robert não era problema, era saudade. Agora o que estava pegando eram as reclamações das duas filhas. Contaram à mãe que os maridos não aprovavam que elas trabalhassem fora. Queriam evitar as críticas e descrenças em relação à capacidade intelectual das mulheres. E elas se sentiam diminuídas, depois de estudarem, exercer os vulgares ofícios domésticos. Que fazer então? Optaram por recrearem-se fora de casa como muitas mulheres graduadas estavam fazendo. Era a resposta àquela discriminação. Porém nem George nem Eugênia entenderam essa solução. Eugênia sempre tinha muitas tarefas a realizar em casa e as fazia com o maior prazer. George também não tinha experiência com relacionamentos como os delas. Ele só queria saber da mulher perto dele. Compartilhar toda a vida com ela. Não saberia mais viver sem Eugênia, nem sequer queria imaginar isso.

Realmente eram maneiras de ser ou de querer opostas. Eles não compreendiam o amor se não fosse assim.

É, o mundo girava e mudava os comportamentos e os sentimentos. Só os mais velhos não percebiam.

CAPÍTULO 7

Robert escrevia com frequencia e a família lia as cartas nos fins de semana à noite, quando se reuniam na sala. Eram momentos de prazer e de saudade. Ele contava a vida na Escócia. Falava da diferença do temperamento formal do inglês comparada com a expansividade e a alegria do brasileiro. Ele não foi morar com a tia e família porque, se por um lado a casa era longe da sua faculdade, por outro ele não se sentia à vontade com tanta formalidade. Definitivamente ele era um brasileiro. Porém estava contente com o que estava aprendendo na competente universidade na qual o seu pai estudou. Gostava também da ordem e da pontualidade britânica. E até achava engraçada a famosa fleuma inglesa. Sempre afirmava a falta que sentia de todos e dizia que contava os dias para voltar ao Brasil nas férias.

A novidade daquele ano foi o nascimento de Valquíria, a filha de Maria Clara. Como era de se esperar, ela estava muito ocupada com seu bebê e Rogério estava trabalhando perto do Rio e pelo menos ia dormir em casa, estava com ela nos fins de semana e ia visitar os pais dela em Mendes.

Em parte seus problemas estavam resolvidos. Porém Maria Clara achava muito escravizador cuidar de bebê e, por outro lado, a falta de convivência com o marido os distanciou bastante. Não havia diálogo entre eles. A companhia já não era amorosa e nem sequer agradável. Os poucos momentos que ele permanecia em casa, ficava lendo. Para Maria Clara ele tinha se tornado um estorvo.

Ana Carolina acatou as sugestões de Eugênia. Entrou numa academia de ginástica, fez vários cursos de diferentes interesses e distrações, começou a sair com as amigas e por fim, entrou numa espécie de clube de jogos de cartas que se reuniam às tardes. Pronto, se acabaram o tédio e as reclamações e, quando o marido estava em casa, até atrapalhava o seu programa. Ela ficava torcendo para ele ir pescar para ela poder continuar com sua vida de entretimento.

Deu certo o conselho da mãe. Mas, definitivamente, aqueles casamentos eram muito diferentes do relacionamento amoroso dos seus pais. Elas sabiam, mas diziam que era casamento de antigamente. Agora era tudo diferente.

Diferente? Cada um por seu lado? Eugênia e George se espantavam. Achavam que do jeito deles é que era bom. Tanto que os filhos não deixavam de ir desfrutar do aconchego do lar que eles construíram.

Os netos também adoravam a vida do campo. Tinham muito espaço e lugares para brincar e correr ali livres, com os primos. Ivan entrou para a corriola e trazia o irmãozinho que a família adotou também. Ele gostaria de brincar com Gerson que era homem, mas havia quatro anos de diferença entre eles e isso para as crianças fazia diferença. Então ele brincava com a Zulmira e com a Vânia que eram quase da mesma idade e com Maurício, o irmãozinho.

Gerson e Valentina eram da mesma idade e sempre brincaram juntos. E com o tempo foram descobrindo que eram diferentes e se olhavam e se tocavam e sentiam prazer desde muita tenra idade. À medida que foram crescendo, ampliavam as curiosidades e as sensações. Encontraram o lugar do pecado que há anos estava desativado. Parece que aquele lugar era destinado a isso. Lá, às escondidas de todos, ensaiaram os primeiros jogos sexuais. Será que a terceira geração vinha ainda mais afoita?

No fim do ano chegou Robert com as suas novidades e trazendo mais felicidade para a família. George e Eugênia ficavam alegres com toda a família reunida. Passaram as festas do fim de ano muito felizes. Até o Elias compareceu. O clã Mac Millan estava completo. Esse era o orgulho de George. Ele plantou naquele pedacinho do Brasil o seu clã escocês: o clã Mac Millan.

As férias se acabaram e Robert voltou à Europa. Cada um voltou a seus lares, a seus afazeres e a vida continuou a sua marcha.

Willian nunca mais se embriagou. Sabia se controlar. Tomava seus whisky com o pai com moderação e nunca mais entrou num botequim de Mendes para encher a cara, como fez algumas vezes.

Ele estava morando sozinho no apartamento do Flamengo depois que Robert foi embora. Passava todo o tempo trabalhando, se tornando um advogado de êxito e famoso. O irmão o tinha convidado para passar uma temporada na Escócia. Ele gostou da ideia e estava se preparando para a viagem.

Decidiu passar uma semana com os pais antes de ir. Deu um pulo a Mendes para ir a um alfaiate na Estação Velha mandar arrumar um terno. Por uma manobra do destino, que não se entende porque ele arma tramas tão inoportunamente, quando Willian voltava, se encontrou com Dora e seus dois filhos. As crianças quando o viram foram correndo abraçá-lo. Eles já tinham um relacionamento de camaradagem e manifestaram seu agrado ao encontrar o "tio". Dora se admirou da demonstração de afeto que presenciou e, sorrindo, aplaudiu:

– Como eles gostam de você.

Willian, depois de tantos anos a viu sorrir como quando eles se amavam. Todo um passado de beijos e carícias, toda aquela paixão veio à tona e ele não pôde controlar seus sentimentos.

– É meu filho. – Disse ele quase sem sentir.

– Chiiiii!!! Ele pode ouvir. – Dora falou e quis se retirar. Notou aquela expressão apaixonada de Willian que ela tanto conhecia.

– Dora, nós poderíamos ter sido tão felizes! Nos amávamos tanto, eu nunca pude esquecer você. Ainda a amo como antes.

– Por favor, Willian. Eu não sou mais a sua Dora. Sou uma mulher casada, mãe de família.

– Mas eu ainda sou o amor da sua vida. Eu sei, eu sinto.

– Não, não, isso se acabou. Eu não posso...

– Eu sei, mas não pode negar.

– Porém nunca, nunca mais o tempo voltará atrás. O que aconteceu ficou no passado e ele morreu para nós dois. Hoje não tem mais cabimento. Não me fale mais dessas coisas, Willian. Eu não quero escutar. Todos esses anos venho lutando para esquecê-lo, para tirar esse amor de sofrimento do meu coração. Vou conseguir. Tenho que conseguir. Estou casada com um homem bom que me respeitou, me apoiou e me amparou quando você me jogou fora. Eu o honrarei até o último dia da minha vida. Então, desapareça da minha vida, do meu pensamento, do meu tormento. Basta o que você me fez. Quero ficar livre de você para sempre. Ouviu Willian? Para sempre.

Dora chamou os filhos que brincavam ali perto e saiu andando rápido. Eles olharam para Willian e deram adeus com as mãozinhas. Ivan esboçou um sorriso antes de se virar.

Willian ficou olhando eles desaparecerem no embaçado dos seus olhos. Estava imóvel. Ouviu Dora despejar os sentimentos que guardava durante todos aqueles anos. Ouviu sua confissão de amor e sua mais profunda dor se libertarem da prisão que ela impunha. Ela o acusava. Acusava e rejeitava. O considerava seu verdugo, o crápula que a abandonara quando ela mais o precisava. E Willian lhe dava razão. Ele foi um crápula, um canalha. Ele estava desfeito. Ouvir todas aquelas acusações da mulher amada... Ser rejeitado por ela como um vil e cruel covarde…

Willian voltou ao arraial. Entrou no primeiro botequim e pediu uma garrafa de cachaça. Saiu tomando até o seu carro. Não foi suficiente para ele apagar do pensamento as palavras duras de Dora, suas acusações pungentes, cheias de despeito, de amor zombado, desprezado. Antes de pegar o carro comprou outra garrafa e saiu dirigindo bêbado, alucinado, tomou o caminho inverso ao de sua casa. Queria ir para o Rio para que os pais não o vissem assim.

Acelerou mais ainda quando saiu da zona urbana da cidade. Descia a serra quase sem ver, virava perigosamente as curvas da estrada. Tirava fino tanto dos morros como dos precipícios até que perdeu a direção e o carro voou pirambeira a baixo. Despedaçou-se lá no fundo matando o motorista louco.

Foi difícil resgatar o cadáver. Willian tinha fratura por toda parte, mas o rosto estava intacto. Reconheceram-no e o levaram para Mendes, para o necrotério. A polícia tomou as providências legais e foram avisar ao casal Mac Millan.

Aquela, definitivamente, foi a grande tragédia da família. É difícil descrever a dor, o desespero daqueles pais vendo o filho naquele estado. Na vida deles jamais tinham tido um sofrimento tão doído.

A notícia da tragédia logo se espalhou por Mendes inteiro. Ao chegar aos ouvidos de Dora, ela compreendeu e se culpou pela morte do homem a quem sempre amou com todas as forças do seu sentir, ainda que se reprovasse por isso. Agora se agravava sua auto-condenação. Foi outra inconsolável. Outra que, naquele dia o destino marcou, outra vez, a sua vida para sempre. Como poderia viver com aquela culpa, com aquela dor?

As irmãs se despencaram do Rio para vir amparar os pais. E chorar com eles a perda do irmão querido. Robert, que estava se preparando para receber a visita do irmão, inverteu os seus planos. Comprou uma passagem e embarcou no primeiro avião para o Brasil.

Alguns colegas do Rio, ao saber, também subiram a serra para homenagear o amigo no seu último adeus.

Foi o velório mais triste do mundo. Os pais, sempre juntos, parecem que numa noite envelheceram cem anos. Permaneceram ali juntinhos, ao pé do caixão, em silêncio, infinitamente condoídos. Foram as filhas que receberam os pêsames por eles. Todos respeitaram aqueles momentos de intensa dor que eles estavam contendo.

Dora foi à capela. Olhou o rosto bonito do seu amor. Em silêncio lhe pediu perdão e confessou o quando o amava. Saiu discretamente e foi chorar sozinha em casa. À tarde foi acompanhar o enterro com o marido e os filhos. O filho de Willian assistiu a cerimônia com um sentimento de visível pesar. Robert só chegou quando já iam sair para o cemitério. Ele estava impressionado, lastimado, foi duro despedir-se assim do irmão, vendo-o ser fechado no caixão. Aquela imagem jamais sairia de sua memória. Foi abraçar os pais, acompanhou o enterro, os segurou forte para lhes dar apoio. O clã Mac Millan estava ali todo reunido. Mas agora, frente à morte, despedindo um de seus membros, um pedaço de cada um deles. O clã nunca mais ia ser completo.

Quando a urna desceu na tumba, inexplicavelmente, Ivan se aproximou, beijou uma flor e jogou sobre o caixão do pai. Isso partiu o coração de toda a família. Dora não resistiu, caiu no pranto abraçando o filho. Tuca a abraçou e a levou dali..

Todos foram se retirando. Só ficou a solidão daquele ser identificado por uma lápida semi tapada pelas coroas e pelos ramos de flores. Foi o fim de uma vida, tudo acabava ali. Adeus Willian Mac Millan.

George, confuso na sua dor, pensava todo o tempo na tragédia do filho, tão semelhante à do seu irmão Willian Mac Millan. Seu companheiro inseparável que morreu alcoolizado depois de despencar num precipício junto com o cavalo que montava a disparada. Como ele sofreu a perda do irmão... Agora a história se repetia com o seu próprio filho. Por que aquele sofrimento teria que acontecer de novo? Por que esse capricho, esse castigo do destino?

No entanto, George se propôs a fazer-se forte para cuidar de Eugênia, ela estava muito abalada. Ficaria o tempo todo ao seu lado para poderem suportar juntos aquela solidão. Aquela imensa tristeza que se abriu nas suas vidas.

Eugênia não largava da mão dele. Queria esconder suas lágrimas, sua dor, para poder consolar o marido. Ela sentia o seu desconsolo, o seu sofrimento e queria tirá-lo daquele abismo doído da saudade. Ambos seguravam a pena do outro, sofria a dor do outro, buscava consolar o outro. E o amor os fazia fortes. Fortes para suportar talvez a dor mais doída do mundo: a dor de perder um filho. Só o amor pode sustentar essa pena. E George e Eugênia se amavam.

CAPÍTULO 8

Aquele sinistro chocou Mendes. A cidade ficou consternada, todos comentavam com pesar o acontecimento. E não era porque Willian fosse propriamente um membro participante da vida do povoado, mas era um rapaz simpático e, um caso assim, sempre mexe com a sensibilidade das pessoas.

Entretanto, havia um lugar onde o fato doeu e doeu muito, porque, além de estar carregado de tristeza, estava também cheio de remorso e de culpa. Dora estava inconsolável. Ela se desafogou com o marido. Tuca, mais uma vez, mostrou o quanto abrigava no coração a virtude da compreensão. Consolou a esposa e a eximiu de culpa. Insistia que tudo não passava de uma fatalidade, foi apenas um acidente, uma jogada do acaso. Mas Dora sabia que as palavras dela conduziram àquele acaso.

Ivan, como se soubesse quem era verdadeiramente aquele "seu amigo" que morreu, impressionado, guardava uma tristeza que quase se comparava com a da mãe.

No sítio dos Mac Millan, os filhos permaneceram o resto da semana acompanhando os pais. A casa estava de luto, o ambiente era lúgubre com todos vestidos de preto, lembrando, permanentemente, o sentimento que os embargava. Que contrassenso era aquele luto pesado que se dispunha antigamente. Não era suficiente e mais pungente o luto do coração? Assim pensava George e pediu a todos que abolissem aquela homenagem ao morto. Dadas às circunstâncias, era mais necessário aliviar os vivos. Ele tomou essa decisão para diminuir a tensão de Eugênia e ela só acatou a sugestão do marido para suprir a pressão que George estava passando. Em Mendes as pessoas estranharam aquela quebra dos costumes de praxe.

Naquela semana, cada um tratava de entreter os pais como podiam. Robert conversava muito com o pai. Ambos eram engenheiros e para amenizar ele contava ao pai coisas sobre a Escócia e sobre sua universidade. Porém o pai sempre sugeria:

– Vamos dar um pulinho lá em cima para ver como está a sua mãe.

O papo de Ana Carolina e de Maria Clara era muito variado. Desde receitas de cozinha e trabalhos de costura, tecidos e os artesanatos que Ana Carolina tinha aprendido, até assuntos relacionados às famílias delas. Mas só as coisas boas, os problemas não foram mencionados. Ali se tratava de entreter. Porém, como o marido, Eugênia, de vez em quando, propunha ir ver se George precisava de alguma coisa.

E, enquanto os pais estavam dedicados aos avós, a criançada desfrutava do sítio. Os menores, porque Valentina e Gerson, depois que descobriram o recanto do pecado, não queriam mais sair de lá. E, naquela semana, tal como os seus pais e Willian e Dora, Gerson e Valentina deixaram suas virgindades naquele altar do amor na mais tenra idade.

Robert foi o primeiro a regressar ao Rio para embarcar para Londres. Ele teria gostado de ficar um pouco mais, entretanto, seu curso o esperava e os compatriotas do pai eram muito estritos. Lá não tinha o nosso famoso jeitinho ou o tal quebra galho.

Ana Carolina e Maria Clara também tinham que ir. As crianças não podiam faltar mais ao colégio.

George e Eugênia ficaram outra vez sozinhos. Entretanto, os cuidados que um tinha com o outro, agora se intensificaram e eles se apegaram mais ainda. Apegaram-se também com Ivan que, muito assiduamente ia visitá-los. Eles tinham um carinho muito especial pelo menino, era como se ele representasse o filho falecido. Ivan também adorava os avós. Claro, quem não gosta de paparico? Como Ivan, às vezes, levava o irmãozinho, ele ficou fazendo parte da família e também os chamava de avô e avó como o irmão. O interessante era que Ivan gostava de ir ver o avô trabalhar. Interessava-se e perguntava sobre tudo e George tinha a paciência de explicar e ensinar.

Dora e Tuca levavam os filhos porque sabiam que Ivan poderia suprir um pouco as saudades do Willian. E Maurício, porque ele se empenhava que também queria ir.

Ana Carolina e Maria Clara continuaram indo nos fins de semana. Nesses dois dias Ana Carolina não tinha jogo e, para ficar o dia inteiro tomando conta de criança ou para levar os filhos a seus programas, preferia mesmo ir para Mendes. Pelo menos lá a meninada podia se expandir a vontade e ela estava com os pais. Era o programa favorito de Zulmira e de Gerson. Este, para encontrar-se com Valentina. A grande verdade era que Ana Carolina estava exagerando os conselhos da mãe. Agora era ela que não parava em casa. Os filhos estavam se criando sozinhos e soltos.

Não menos abandonadas eram Valentina e Vânia, as filhas de Maria Clara. Valquíria tomava muito tempo e, ademais, ela não tinha a mínima paciência com criança. No sítio tinha muita gente para ajudá-la com o bebê e as filhas não incomodavam, brincavam o dia inteiro sem perigo. Claro que ninguém sabia das andanças de Valentina e Gerson. E aquilo ia se tornando um perigo. Eles transavam sem nenhum cuidado, nenhuma prevenção, como se não estivessem arriscando nada.

Tanto Elias como Rogério não eram pais presentes. Um por causa do trabalho e o outro por conta das pescarias. Eram as esposas que levavam a batuta da casa. Não se podia contar com eles e essa permanente ausência do lar os tornava meio como visitas, hóspedes, tudo, menos pai.

O verdadeiro lar de amor, de união, de aconchego, daquelas famílias era, sem dúvida, aquele sítio em Mendes.

E assim o mundo ia girando, o tempo passando e pouco a pouco sanando a ferida que deixa a falta dos entes queridos. Jamais se esquece, mas vai-se aceitando o designo de Deus. Gradativamente foi voltando a alegria na casa campestre dos Mac Millan.

Porém, em breve, mais uma família membro do clã iria se ausentar por um tempo: os Mac Millan de Souza. Rogério foi transferido para uma obra de grande envergadura que a companhia ia realizar perto de Medellin, na Colômbia. O marido achou por bem transladar toda a família porque o trabalho ia ser longo e o lugar distante. Maria Clara vacilou um pouco. Mas depois decidiu acompanhá-lo. Seu casamento estava em perigo justamente pela ausência de Rogério em casa. Uma separação assim seria arriscar o fim do relacionamento.

Ela conversou com o pai e com a mãe e ambos apoiaram a sua decisão, ainda que fosse outro motivo de pesar a falta que iam fazer.

Rogério foi primeiro para conseguir casa e matricular as meninas na escola. O resto da família iria nas férias depois que terminasse o ano letivo. Ainda conseguiram passar as festas do fim de ano reunidos. Robert veio da Escócia e novamente estava o clã Mac Millan junto. Juntos, mas não completo. O vazio de Willian sempre se fazia sentir. Ivan e Maurício vieram no dia seguinte da noite de Natal. Papai Noel tinha deixado os presentes deles também.

E a família de Maria Clara partiu. Se Rogério estava contente porque seu ordenado ia duplicar, a esposa levava certo temor. Não conhecia nada sobre Colômbia e muito menos sobre a cidade de Medellin. Ia às cegas como a uma aventura. Valentina foi triste, ia sentir falta dos encontros de amor com o primo no sítio dos avós em Mendes.

Gerson também balançou. Valentina era a única garota com quem se atrevia estar. E toda a família, claro, ia sentir falta de todos. Mas, como sempre, mais que todos George e Eugênia.

Porém a cadência da vida parece que balança como gangorra: sobe e desce. E quando desce, sempre há uma compensação. Eles estavam com a expectativa da volta definitiva de Robert no fim do ano.

No entanto, ele adiou o regresso. Resolveu, antes de voltar, dar um giro pela Europa. Fez um bom passeio e voltou para casa com um dilema para o pai ajudá-lo a resolver. Tinham oferecido a ele um trabalho na Escócia muito bom. A dúvida dele era que preferia viver no Brasil. Não só pela família como por ele mesmo. Não suportava o frio de lá e ia perder o bom emprego daqui. Mas o que ia ganhar era irresistível. O que ele estava pensando era ficar mais um tempo lá, juntar um dinheiro e voltar. O impedimento seria conseguir depois outro emprego compensatório aqui.

George o animou. Achou que, além da sua especialidade, ele adquiriria um *know how* que abriria facilmente todas as portas de trabalho. A companhia a que ele se referia, era de fama e eles só contratavam profissionais competentes, ele tinha conhecido o dono a anos atrás. Mais que uma oportunidade, era um privilégio fazer parte do seu escalão. E com isso, só quem ia ficar no Brasil era a família de Ana Carolina.

Como estaria se dando a família de Maria Clara na Colômbia?

Medellin lá do finalzinho dos anos cinquenta, era uma cidade bastante agradável para se viver. Lugar ameno e de clima agradável. Eles foram morar um bairro residencial exclusivo chamado Laureles. As casas eram grandes e confortáveis. Porém, apesar do luxo, eram geminadas. O serviço de ônibus é que era precário. Todas as linhas se convergiam ao centro da cidade. Não havia ônibus de bairro para bairro. Porém as meninas iam para o colégio em condução própria do estabelecimento e Maria Clara tinha seu carro. Os colégios e o ensino eram excelentes, de turno integral, apesar da educação, quase toda religiosa, ser muito estrita.

As comidas, para o paladar brasileiro, precisavam de mais tempero. A forma de cozinhar era diferente, simplesmente, não se refogava nem sequer o arroz e o feijão. Comiam poucas verduras e legumes e bastante batata, aipim e banana da terra verde, os quais os chamavam "revueltos". Não havia tradição de sobremesas. Quando o pessoal de lá provava os doces que Maria Clara fazia, achava doce demais. E até o pãozinho de cada dia tinha que ser feito em casa. Lá era substituído por uma espécie de pão árabe de milho chamado "arepa".

As empregadas lavavam, passavam e arrumavam bem a casa. Porém, para a cozinha, tinha-se que ensinar de tudo. Mas elas eram zelozas e gostavam de aprender. E o que mais podiam querer se tinham duas empregas? Para quem não gosta do serviço doméstico, como Maria Clara, aquilo era uma beleza. Ela tinha até babá.

E o que faria com todo aquele tempo livre? O mesmo que Ana Carolina no Rio: jogar. Porque o trabalho de Rogério era longe da cidade e ele só vinha em casa nos fins de semana. Então, a companhia que ela veio buscar danou-se. Então ela não encontrou mais o que fazer além de entrar nos hábitos do lugar. A distração da mulherada de Medellin era jogar cartas. O costume era até mais arraigado que no Rio. Elas jogavam todas as tardes de casa em casa. Foi assim que Maria Clara logo fez muitas amizades. E esse era o ponto alto da cidade: suas gentes. São hospitaleiros, atenciosos e até carinhosos com os estrangeiros.

As mulheres eram religiosas e austeras. E, logicamente, havia muitas diferenças de costumes e de maneira de ser. Elas andavam muito bem vestidas, mas nunca decotadas e menos ainda com tomara que caia que Maria Clara usava nos verões cariocas. Sapatos de saltos altos e sempre com meia, até para ir ao supermercado. E a brasileira escandalosa de sandálias e unhas dos pés pintadas, o que era próprio só das meretrizes. Usavam muitas joias, sempre penteadas de salão, bastantes maquiadas... e assim iam a um clube campestre que a família frequentava por conta da companhia. Nunca entravam na piscina e Maria Clara acostumada com praia. Definitivamente, ela tinha muito que se adaptar para não chamar a atenção, e se esforçava.

Quem não estava gostando nada era Valentina. Nem das vestimentas "de velhas" nem do comportamento tão contido e tão estrito. Ela, mais rebelde, não só não se adaptava como enfrentava as críticas, os olhares reprobatorios das mulheres ou atrevidos dos homens, ou os comentários maliciosos. Entrava na piscina de biquíni, um verdadeiro escândalo. É, o choque era mútuo, dos dois lados. Talvez, naquele tempo, elas foram de um extremo a outro: da descontração carioca a austeridade de Medellin.

No entanto compensava. Porque Rogério estava ganhando muito bem e a posição que ocupava os impelia a viver com todo o conforto e até luxo. E isso é fácil de se adaptar e Maria Clara exagerou. Renovou seu guarda-roupa para ficar a par com suas amigas. Ademais, decorou a casa e a adornou com profusão de enfeites e detalhes como eram as usanças do lugar.

Resultado gastou mais do que podia. Não puderam vir passar as férias no Brasil. As passagens eram caras e eles eram muitos. Quem ficou muito brava foi Valentina. Ela esperava ansiosa pelas férias para se encontrar com o Gerson. Para ela estava sendo muito difícil se acostumar com as restrições de Medellin.

A restrição foi para todos no Brasil. Ademais foi uma decepção. Novamente o clã Mac Millan estaria incompleto nas festas de fim de ano.

CAPÍTULO 9

Tanto para Gerson como para Zulmira, o sítio de Mendes não tinha mais graça. Zulmira sentia muita falta da prima. Agora ela ia brincar com dois pirralhos: Ivan e Maurício. Ora, ela estava grandinha, no Rio ela até namoricava. Apesar de que, na idade ela estava entre os dois, os garotos são mais infantis.

Gerson quase não ia a Mendes. Era um rapaz, tinha sua turma e suas garotas, praticava esporte, pegava onda... O Rio é uma cidade cheia de diversão, o que ele ia fazer no mato agora que Valentina não estava mais lá? Ele gostava dos avós, e muito, mas, nessa idade os jovens se bandeiam mesmo é para o lado dos amigos.

A Casa de Ana Carolina era dormitório. Não era só o marido, nem ela nem os filhos paravam em casa. E o pior, todos estavam acostumados a isso, era o normal. Quando Elias estava em casa, atrapalhava a rotina ou ficava sozinho, porque todos estavam ocupados nos seus programas. Ele sobrava, essa era a verdade. Talvez por isso ele não se sentia bem em casa. Eles entraram num círculo vicioso. Aquele casamento estava acabado e nenhum dos dois assumia.

Na Colômbia, a situação não era muito diferente entre Rogério e Maria Clara. Mas, pelo menos, havia um relacionamento de fim de semana. Vânia também se rodeou de amigas e se divertia especialmente no clube. Mas a novidade vinha por conta de Valentina: estava enrabichada e namorando firme. Era um namoro apimentado para os parâmetros formais de Medellin. Contudo, Valentina, bem assanhada e ele, bem sonso, desfrutaram do namoro e mais que isso, do sexo.

Ele, na verdade, era um bom rapaz. Porém, o que atraía Valentina, era que a família dele era muito rica, milionária, o que fazia dele um partido e tanto. Em compensação, o que mais seduzia o moço era o comportamento livre de Valentina.

Robert estava muito contente na Escócia. Vivia com muita amplidão econômica e, de fato, estava juntando dinheiro para o seu propósito de voltar para o Brasil. Morava num bom apartamento e tinha uma moça que trabalhava na casa. Ela era portuguesa e, portanto falava o português lá com o sotaque deles. Mesmo assim era prazeroso para Robert ouvir e falar o seu idioma.

Das conversas lusitanas, foi se evoluindo certa e progressiva intimidade entre eles que terminou na cama. Eles passaram a viver praticamente juntos, embora cada um no seu quarto. Não era um relacionamento de amor, pelo menos de parte de Robert, nem ele queria isso. Era apenas companheirismo, ela recordava a terra dele e era humilde, atenciosa e terna.

Será que Robert não percebia o perigo que corria de se apegar, se apaixonar... Ele teve um exemplo em casa. Se ele não queria, a ela não convinha. Maria João, a moça, não tinha ilusão de nada. Ela se punha no seu lugar, era a empregada, só servia. Que sorte a dele, serviço completo.

No sítio dos Mac Millan, a rotina continuava a mesma. George trabalhando lá em baixo e Eugênia circulando em cima. Encontravam-se na hora das refeições e à noite conversavam na sala. Ela saboreando seu licor e ele tomando seu uísque. Agora eles tinham outra distração: a televisão. Durante o dia, a paz era quebrada com a presença de Ivan e de Maurício.

Ivan substituía Robert com o avô. Estava aprendendo e ajudando nos seus inventos. Maurício preferia ir ver os animais, subir nas árvores para tirar frutas ou ir tomar banho de cascata.

Em 1960, se inaugurou Brasília, a nova capital do Brasil. Se respirava um ar de ânimo, de otimismo no país, apesar de a política ferver com as investidas da oposição. Porém, o Brasil ganhou. Pelo menos até ali.

Nesse ano também houve uma grande novidade lá pelos lados da Colômbia: o casamento da Valentina com Gonsalo, o milionário. Ela, sem saber, imitou a mãe: se casou grávida antes que o ventre a denunciasse naquela cidade de costumes tão rígidos, especialmente ao que concernia ao sexo. E, como a mãe, casou-se de véu e grinalda com toda a pompa e circunstância, como se expressa na terra do avô.

George e Eugênia compareceram, não podiam faltar, era a primeira neta a se desposar. E, afinal, eles tinham muita vontade de conhecer Medellin. Maria Clara falava belezas de lá. Ana Carolina foi com os pais. Gerson e Zulmira ficaram em casa. Ela reclamando por não ir e Gerson, ainda que vivesse rodeado de garotas, o despeito não o fez sequer cogitar ir.

Até Robert compareceu. Ele quis prestigiar a sobrinha. E o clã Mac Millan se reuniu em Medellin. Foi um casamento muito luxuoso. Rogério gastou uma nota. Maria Clara exigiu isso do marido, eles não podiam fazer fiasco ante a família do noivo, que era tão rica, e ante a sociedade de Medellin. A família da noiva foi tratada por todos com muita consideração.

Todos deram razão à Maria Clara, adoraram Medellin e a sua gente. Robert foi no vapt-vupt, ele não podia faltar serviço. George, Eugênia e Ana Carolina ficaram um pouco mais conhecendo e desfrutando a cidade e matando a saudades da filha e das netas. Eles voltaram com a promessa de Rogério e Maria Clara irem passar as férias em Mendes.

E assim foi. No fim do ano o clã Mac Millan estava outra vez junto, desfrutando as festas do Natal e do Ano Novo. Robert veio e a ausente foi Valentina. O bebê ia nascer no mês seguinte e não era permitido viajar nessas condições. Por isso Maria Clara não pôde ficar o tempo que esperava. Apesar do pouco tempo, Zulmira e Vânia desfrutam do encontro. Tinham muitas confidências para trocar.

O que mais admirou a família Souza, foi a semelhança que Ivan estava do avô. Era realmente, impressionante. Quanto mais o garoto crescia, mais parecido ficava com George. E o avô se sentia orgulhoso com isso, acrescentava:

– E não é só fisicamente. Herdou os gostos. Tem que ver como gosta e é hábil com os meus instrumentos de trabalho. Com certeza vai seguir minha carreira.

Mal os Souza chegaram a Medellin a netinha nasceu. Valentina prometeu aos avós que logo que pudesse iria visitá-los para mostrar sua colombianinha. E esse foi outro motivo de orgulho para o velho escocês:

– Eugênia, já somos bisavôs. Eu não digo? O clã Mac Millan não vai acabar nunca. Começou a apontar a terceira geração.

E falando em clã, George estava precisando ir à Inglaterra e à Escócia. Queria visitar a irmã que há muito não via e precisava resolver assuntos de negócio. Ele estava programando a viagem para a metade do ano porque por lá era verão. Ana Carolina se incluiu no passeio.

Robert os hospedou no seu confortável apartamento e, enquanto a família esteve lá, a empregada foi só empregada. Ele deu uma de sonso e soube representar o papel de patrão e Maria João, serenamente, o de serviçal. E ninguém percebeu absolutamente nada entre eles. Robert estava seguindo o padrão de Willian ainda que se negasse. A prova foi que, quando os pais foram embora, ele não esperou a noite. Chegou mais cedo do trabalho e tocou no quarto de Maria João. O desejo e a saudade fizeram daquela noite um punhado de prazeres inesqueciveis.

No entanto, Robert jamais assumiria qualquer relacionamento com Maria João. Ele era orgulhoso? Na posição em que estava, tinha que ser. A empregada era simples e ignorante para ele poder apresentar como companheira.

George, Eugênia e Ana Carolina foram visitar a irmã de George. Ela estava bastante decaída e envelhecida. Claro que ela era mais velha que ele, beirava os oitenta, mas aparentava muito mais. Devia ser devido à viuvez. O marido lhe fazia muita falta. Ela vivia sozinha naquele casarão. O filho foi morar em Londres com a família que constituiu.

George a convidou para vir para o Brasil. Porém, se ela não veio com a guerra batendo na sua porta, que diria agora? Ia morrer no canto onde sempre viveu.

George, Eugênia e Ana Carolina ficaram uns dias em Londres enquanto ele resolvia seus assuntos de negócio e financeiros. Logo ele quis regressar. A filha queria fazer um tour pela Europa e convidou os pais para irem juntos. Porém George não aceitou. Queria voltar de uma vez para a sua casa. Ana Carolina foi só. Na verdade, George não estava se sentindo bem. Todavia não queria assustar a Eugênia. Preferiu ir para Mendes e se consultar lá mesmo.

E foi isso o que fez. Numa ida ao arraial, foi até o médico. Ele encontrou uma afecção cardíaca e receitou uns remédios de controle e mandou o paciente fazer um eletrocardiograma. Os remédios ele comprou, levou para a sua oficina e tomava com precisão. Quanto ao exame, jamais fez nada. No entanto, Eugênia o notava abatido, meio tristonho. Ele negava, dizia que era impressão dela. Mesmo assim Eugênia se preocupava. Um dia o encontrou cabisbaixo e com a mão no coração. Então não teve dúvida, o marido não estava bem e ela o levou ao médico. Foi ai que soube que George tinha uma lesão no coração. Com ela não teve conversa, o levou para fazer todos os exames recomendados, se esmerou nos cuidados com energia, mas, secretamente, com um aperto no seu coração.

Quando Ana Carolina voltou da viagem, encontrou o Elias furioso. Ela não tinha sequer avisado que ia viajar.

– Mas você não estava em casa, onde eu ia avisar?

– Os seus pais voltaram e você ficou por lá sozinha. Pensa que eu sou idiota? Por isso me coçavam dois calombos na testa.

– Você está me julgando por você? Então quando está fora, é isso o que faz?

– Eu sou homem.

– Isso é uma confissão. Você é um machista, um egoísta. Só lembra que tem mulher e filhos quando tem acusações como essas?

– Fazer o que em casa? Você nunca está presente, nem os filhos me dão atenção.

– E de quem é a culpa?

O tempo fechou naquela casa. As acusações mútuas cruzavam de boca em boca. No calor da discussão, resolveram que o caso deles não tinha solução. Era iminente a separação. E, irados, absolutamente sem nenhuma demonstração de pesar, decidiram pelo desquite. Os filhos não estavam nem aí com a decisão dos pais. Afinal, não havia nada de novo.

No fim do ano, novamente o clã se reuniu. A única pessoa que faltou foi Valentina, ela estava viajando com o marido. A convocação foi um pedido especial de Eugênia. Ela queria dar essa alegria ao marido. Aproveitaria para expor a cada um dos filhos em particular, o estado de saúde de George. Sua doença era traiçoeira e ela temia que pudesse ser a última vez que estariam todos juntos com o chefe do clã.

George também intuía que aquela seria a última reunião dele com a família. Também chamou cada um dos filhos em particular e fez um pedido derradeiro:

– Cuidem de sua mãe.

Aquele pedido impressionou e doeu. Eles sentiram que naquela recomendação estava a sua despedida. Todos voltaram para seus lugares com um aperto no coração. Aquele escocês sério e sisudo soube amar intensamente a mulher que escolheu como companheira. Por ela deixou um futuro promissor. Seu amor esteve em primeiro lugar. E foi imensamente feliz com ela, uma mocinha simples do interior e que soube corresponder ao sentimento por ela devotado. O amor deles, com o tempo só cresceu. E agora, que ela tinha medo de perdê-lo, o rodeava de cuidados e afeto e ele, intuindo deixá-la, não temia tanto a morte como a preocupação por sua proteção.

Aquele era um amor de antigamente, como diziam as filhas. De novela. Se ainda existisse algum assim, seria muito escasso.

Esse era o pensamento dos filhos. Ana Carolina e Maria Clara, com certa frustração pelos próprios casamentos. Robert, desejando, do fundo do coração, um amor igual.

Para George e Eugênia amar assim era o natural. Dava felicidade, mas também estava dando sofrimento. Porque, para eles, o que não era natural era se separarem, viver um sem o outro. E essa perspectiva estava sendo muito doída. Ambos tinham o coração dilacerado, se afogando nas lágrimas contidas.

CAPÍTULO 10

Valentina não compareceu às festas de fim de ano em Mendes porque estava viajando, como Maria Clara a desculpou. A mãe mesmo estava acreditando na mentira que ela inventou. Ela até queria ir, tinha a esperança de ver o Gerson, mas, nas vésperas, o marido a pegou em flagrante aos beijos com um rapaz. A briga foi homérica, com ameaça de separação e tudo. Não foi dessa vez. Quando os pais chegaram de viagem eles tinham se reconciliado, pela filha, justificavam-se. Não obstante, aquele casamento estava fadado a não ir longe. Valentina era provocante, namoradeira, sempre tinha uma conquista ainda que fosse só de flerte.

O desquite de Elias e Ana Carolina também ficou só nas ameaças. Nunca mais se falou no assunto em casa. Ele continuou indo e vindo como sempre e ela levando sua vida de entretenimentos.

Gerson conseguiu uma bolsa para estudar nos Estados Unidos. O pai poderia ter proporcionado seus estudos pagos, mas ele era independente, quis consegui-la por seus próprios méritos. Passou numa prova para ganhar a bolsa.

Com os cuidados e os mimos de Eugênia, George conseguia prolongar seus últimos tempos de vida. Aquela suposição de que hoje em dia não havia mais amor como o deles, foi fácil comprovar que ainda existe, sim.

Robert estava namorando uma moça de certa posição. Um dia a levou para jantar na casa dele. Maria João preparou o jantar e os serviu com discrição e classe. Porém o seu coração estava sangrando.

Robert nunca tinha declarado nenhum afeto a Maria João, apenas transava com ela sem maiores consequencias ou compromissos.

Quando o encontro terminou, Robert foi levar a namorada em casa e Maria João foi se deitar. Quando ele voltou tocou à porta. Maria João abriu e ele foi descarregar nela o seu desejo. E ela o correspondeu com o seu amor. Nem ele mesmo adivinhava o quanto ela estava sofrendo. O amava com uma intensidade similar ao amor de George e de Eugênia. Não só com paixão e desejo, mas com ternura e afeto.

Ela sabia que se não se afastasse de Robert, ia continuar sofrendo seu desdém e servindo a sua necessidade de sexo. Mas ela não tinha coragem de ir embora. Mesmo assim queria ficar perto dele. Dá para lembrar A Ceia dos Cardiais de Júlio Dantas, quando o cardeal luso, talvez lembrando um amor antigo, começa a contar para aos outros dois religiosos: "Como é diferente o amor em Portugal"... Maria João amava Robert acima de tudo. Sem recompensa, sem esperança... apenas amava.

Com o tempo Robert e June, transavam lá mesmo. E no outro dia pela noite ele ia tocar no quarto da empregada. Maria João se sentia um trapo. Mas lhe doeria mais ir embora.

Seria amor mesmo ou masoquismo? Será válido um amor que em vez de felicidade proporciona sofrimento? Não era esse o amor que o cardeal português recordou. Maria João suportaria tudo contanto que tivesse Robert perto dela. Será que a portuguesinha não sabia que o amor é um jogo de dois? De que vale amar sem ser amado? Parece que isso não lhe importava. Era isso mesmo, ela só amava.

A obra na Colômbia estava acabando e Rogério, Maria Clara, Vânia e Valquíria se preparavam para voltarem para o Rio. Maria Clara vinha com muito pesar. Ia deixar suas amigas, sua casa bonita, suas mordomias... as empregadas. E, sobretudo, a filha Valentina e a netinha. A partida foi triste para ela e foi triste para a filha. Valentina, na verdade nunca pôde se adaptar aos costumes austeros e sorrateiros dos medellinenses. Apesar da riqueza que a rodeava, das viagens e de tudo o que o dinheiro podia proporcionar, ela não se sentia feliz. Nem com a vida restrita de lá nem com o marido. Aliás, ela não se casou por amor e o dinheiro não é sinônimo de felicidade.

Zulmira era quem estava contente com a volta de Vânia. Elas eram amigas inseparáveis e agora, mocinhas, seriam companhias para se divertirem juntas.

Rogério estava trabalhando no escritório do Rio e ficando em casa, como nos casamentos comuns. Maria Clara tinha sua empregada, Valquíria já era uma menina. Nem ela e muito menos

Vânia davam mais trabalho. Sobrava muito tempo de folga à dona de casa. Era aí que Maria Clara sentia falta dos seus programas em Medellin. Sentia falta da vida boa que tinha lá e desejava um dia voltar, ao menos para visitar as amigas. Ir ver a filha e a netinha era a sua garantia.

Não foi preciso se apressar para ir ver a netinha. Valentina, embora tardiamente, veio cumprir a promessa e mostrar a filhinha aos avós. Imagina como foi a festa no sítio de Mendes. Eugênia ficou encantada com o bebê e George, orgulhoso.

– A família vai aumentando, o clã Mac Millan não acabará jamais. – Era o seu estribilho.

Será que ele não percebia que o único herdeiro do nome era Robert e sua descendência se ele tivesse filho homem?

Valentina não demorou. Ficou decepcionada quando soube que Gerson não estava no Brasil. Ela estava cheia de ilusões para encontrá-lo. Por isso não insistiu com o marido para vir também. Mas parece que o destino estava conspirando contra os primos. Desde que ela foi para Colômbia, nunca mais puderam se encontrar.

Valentina encontrou o avô muito envelhecido. Porém ele melhorou de saúde. Voltou até a trabalhar. Com o Ivan por perto, que agora ia todas as tardes ficar com o avô. Eugênia estava um pouco mais aliviada apesar de sempre guardar aquela apreensão.

Para Valentina foi uma contrariedade ter que voltar para Medellin. Ela tinha recordado a sua vida no Rio, em Mendes... Definitivamente, ela queria voltar. Voltar à vida descontraída e descomplicada do Rio. E, quem sabe, quando Gerson voltar, continuar os seus amores. Era ele quem ela amava. Porém, ao chegar a Medellin, constatou o que, há dias, vinha desconfiando: estava grávida outra vez. Isso queria dizer que seus planos foram por água a baixo.

Maior desilusão seria se ela soubesse que Gerson estava namorando e muito apaixonado por uma companheira de estudos. Pudera, era uma graça de garota do interior do Rio Grande do Sul.

A situação política do Brasil estava caótica. As alegações acirradas da oposição jogaram o país nas mãos dos militares. E o Brasil entrou talvez no período mais tenebroso de sua história. Uma revolução fraticida, covarde e injusta: os anos de chumbo. Até Mendes sentiu as mãos duras e implacáveis das fardas oficiais.

Por essa época, Mendes também sofreu uma perda que deixou saudade: o fechamento do Cine Guanabara. A TV acabou com os cinemas das cidadezinhas pequenas. Fez falta ouvir a sirene anunciando a sessão... E o "já começa", como o povo denominava a canção Fascinação que antecedia o início da apresentação cinematográfica.

O clã Mac Millan recebeu de Robert uma comunicação que deixou todos contentes: seu casamento, em breve, com uma moça muito considerada e de um clã bastante respeitado. Ele só avisava para que todos se preparassem porque queria a presença de toda a família lá.

– Até que enfim Robert vai desencalhar. – Comentaram as irmãs contentes e de brincadeira.

Todos se animaram e ninguém iria perder aquele evento. Ninguém? George e Eugênia não iam poder ir. Eles ficaram contentes, mas lamentaram não poder comparecer à boda. Eugênia não queria arriscar a vida do marido numa viagem tão longa e ele acatou a prevenção dela. Pediram ao filho que viessem passar a lua-de-mel aqui para eles poderem conhecer a esposa e cumprimentá-los. Pedido esse, prontamente atendido.

E o alvoroço dos preparativos começou em todas as casas, embora ninguém soubesse a data da celebração. Gerson se animou a ir e, na Colômbia, Valentina lamentava estar grávida para ir ao casamento. Mesmo assim não deixaria de ir porque o tio foi ao dela.

Porém o acaso tinha reservado outro destino para Valentina e sua pequena família. Eles estavam passando o fim de semana no sítio que tinham num "pueblo" de clima cálido chamado Santa Fé de Antióquia. Tinha chovido a semana inteira e por isso eles resolveram voltar a Medellin. A estrada estava encharcada, escorregadiça e perigosa, com muita lama que descia das montanhas andinas. Havia muita barreira que tinha caído e uma delas lhes impediu o passo. Eles tiveram que parar e o marido até começou a manobrar para regressar ao sítio, não havia mais o que fazer. Nesse momento eles ouviram um ruído medonho. Olharam para cima e outro pedaço de morro estava deslizando em cima deles. O rapaz acelerou, mas não conseguiu escapar totalmente. O carro só ficou com uma parte lateral descoberta. O susto foi terrível. Valentina ficou quase toda coberta de terra e lama. Olhou para a filhinha atrás. Nem a viu, a terra a cobriu. Valentina gritou desesperada, mas estava presa, não podia se mexer. O marido, que estava mais livre, foi socorrer a menina. Ambos estavam se desvencilhando dos entulhos quando veio outro alude cobrindo tudo. Eles, desesperados, tentavam sair dali, respirar O marido conseguiu e foi procurar a filha enquanto Valentina conseguia pôr a cabeça para fora e respirar. Ela estava presa, não conseguia se mover, viu quando o marido achou a menina. A porta do carro não se abria, ele buscou forças onde não tinha, conseguiu abrir e tirar a filha. Estava enlouquecido, ela não respirava, ele fez respiração boca a boca, mas ela não voltava. O marido tentava salvar a filha, mas estava sendo inútil. Valentina estava ali impotente, sentiu-se desvanecer. Não gritava nem chorava mais. Exausta e com dores pelo corpo todo, desistiu de lutar, fechou os olhos. Logo sentiu que havia pessoas tentando ajudá-los. Porém Valentina não viu mais nada, desmaiou.

Efetivamente, alguns caminhoneiros e pessoas que viram o carro semicoberto, foram socorrer e resgatar os soterrados. Levaram as vítimas para o hospital de Antióquia. A garotinha não se salvou. Tinha morrido no lugar da tragédia. Valentina perdeu o bebê. Além disso tinha lesões generalizadas, porém nada grave. No entanto estava traumatizada, apavorada e angustiada com o acontecido e com a morte da filhinha, ainda que nunca tivesse sido uma mãe devotada.

O marido só sofreu alguns arranhões. Todavia estava destroçado com a tragédia que abateu a sua vida. E aquilo não foi tudo. Quando Valentina se recuperou, deu-lhe o golpe de graça: queria se separar dele e voltar para o Brasil. Não havia mais quem a segurasse em Medellin. Ela queria esquecer-se de tudo o que acontecera, queria se esquecer dele, se esquecer da Colômbia.

Nesse meio tempo, muitas coisas aconteceram com a família. Primeiramente o choque que Rogério e, sobretudo Maria Clara levaram com a perda de netinha. Nem contaram aos avós. Eles não estavam em condições para receber mais um golpe desses. Só quando Valentina chegou e depois que resolveu sua situação civil, é que Eugênia soube de tudo, mas filtrou a notícia para não afligir George.

Valentina teve sorte, apesar de tudo o marido foi consciente, se comportou bem com ela. Fez uma repartição de bens justa. Ela ficou com um bom dinheiro.

Todos esses acontecimentos esfriaram os preparativos para o casamento de Robert. Mas também ele não falou mais no assunto apesar de ter escrito lamentando o acontecido com sua sobrinha Valentina.

Até que, finalmente, noutra missiva de Robert, ele avisou que não ia haver mais casamento. Foi breve, não deu detalhes nem explicações. A família ficou perplexa. Robert foi sempre tão ponderado, tão moderado, tão seguro em seus atos. O que teria acontecido?

Essa resposta nem ele mesmo poderia dar. Robert também buscava uma explicação para aquela sua conduta emocional. Ninguém poderia imaginar a angústia pela qual ele estava passando. E tudo veio agravar-se com a notícia que chegou de Mendes:

A tarde estava calma, tudo estava normal como todos os dias quando Eugênia ouviu Ivan chamá-la aflito:

– Vó... vó... o vô desmaiou.

O coração de Eugênia congelou. Ela saiu correndo escada a baixo. Efetivamente George tinha perdido os sentidos. Ivan e os empregados subiram-no carregado para a sua cama, enquanto Eugênia ligava para o médico e foi para o lado dele. Ivan tirou os sapatos dele e depois, discretamente, saiu do quarto para chorar num canto oculto.

Eugênia pegou a mão de George e acariciou. O marido abriu os olhos, ela notou que ele estava moribundo.

– Meu amor, fique tranquilo, o doutor já vem, você vai ficar bom.

– Eugênia, eu estou partindo...

– Não, George, não.

– Eu sinto por você, meu amor. Mas você não estará só. Construímos uma família unida que nos ama. E eu, querida, estarei sempre ao seu lado, cuidando de você.

– Como eu posso viver sem você? Você é tudo na minha vida.

– Algum dia, quando chegar a hora, eu virei buscá-la para continuarmos juntos...

George respirava com dificuldade, Eugênia estava aflita, as lágrimas rolavam dos seus olhos. Ela o acariciava, beijava a mão dele, não sabia o que fazer para ele não ir embora.

– Acalme-se, querida. Eu vou serenamente. Vivi uma vida plena com a felicidade que você me deu. O nosso amor não acaba aqui, ele é grande demais. Nós o levaremos para onde formos... juntos.

George deu um longo suspiro. Dos seus olhos correram duas grossas lágrimas. Eugênia se inclinou para beijá-lo. Quando se ergueu ele já tinha expirado.

Todos tinham razão. Aquele foi um amor para sempre, amor até o fim... amor infinito... amor para a eternidade.

CAPÍTULO 11

– George deve estar contente com todo o seu clã reunido. Isso era o que lhe fazia feliz.

Foi o comentário de Eugênia vendo toda a família no velório. Estavam os filhos, netos e os dois genros. Todos tão sentidos. Aquele velho escocês era muito amado.

E respeitado pelo povo de Mendes. O povo deu uma demonstração de condolência bastante expressiva.

Eugênia, até certo ponto, transluzia serenidade. De vez em quando expressava certos cuidados elementares e ingênuos, talvez arraigado no hábito, fugitivos do seu inconsciente. Como por exemplo:

– Será que George está bem? ... Estará cômodo? ... Esse túmulo não será muito frio? ... Ficará muito só aí...

A família ouvia as preocupações dela, compreendia e lhes afetava ainda mais o sentimento de perda deles e o pesar por ela. Perder seu companheiro de vida... seu amor de sempre, ela tinha direito de estar meio aturdia, perplexa. Todos foram muito carinhosos com ela. Era o momento de retribuir o desvelo da mãe. Ela não foi só a esposa dedicada, era a mãe exemplar.

Ivan ficou num cantinho meio oculto. Estava inconsolável. Robert que, por aqueles dias, também guardava outra pena pungente, foi sentar-se ao lado dele.

– Você está muito sentido...

– Eu amava o meu avô mais que a qualquer pessoa nesse mundo.

Aquela afirmação comoveu Robert. E ainda não se tinha revelado a ele que aquele era, realmente, seu avô legítimo. Robert achou que o rapaz, já com dezoito anos, tinha o direito de saber a sua verdadeira identidade. Mesmo porque ele era um Mac Millan em aparência e em personalidade. Em outra ocasião mais propícia, Robert estava disposto a fazer reluzir a verdade.

Ele foi acompanhar a mãe. Ela logo segurou a mão dele. Apertava e acariciava talvez buscando forças.

– Mãe, você não está só. Todos nós estamos ao seu lado...

– E George também. Ele prometeu.

Robert continuou ali com ela, mas calado. A mãe estava certa de uma ilusão.

As filhas também não saíam de perto dela. Gerson e Valentina permaneceram um ao lado do outro o tempo todo. Igualmente Zulmira e Vânia. Valquíria procurou a companhia de Maurício.

Na hora da saída do féretro, Robert e Gerson foram pegar a urna na frente. Ivan se apressou a segurar a alça de trás e Maurício fez o mesmo do outro lado. Rogério e Elias perderam o lugar. Ana Carolina e Maria Clara pegaram o braço da mãe para ampará-la.

O cemitério ficou cheio de gente, de admiradores ocultos que foram render seu tributo àquele escocês de nascimento, mas mendense de coração.

– Na volta a casa, as filhas insistiram para a mãe ir dormir um pouco. Eugênia passara a noite ao lado do caixão do marido. Estava sob o efeito de calmantes, tinha os olhos vidrados e uma expressão longínqua. Porém estava disposta a continuar ali com todos. Mas Robert foi enfático:

– Vem, mãe. Você vai descansar um pouco sim. – E a levou para o quarto.

Robert tirou os sapatos dela, deitou-a, cobriu-a, foi escurecer o quarto e voltou para junto dela. Sentou-se ao lado da cama e a acariciou.

– Dorme um pouco, mãe. Relaxe. Fique tranquila.

– Eu estou bem, não se preocupe, eu não estou só. – E olhou o lado da cama vazio.

Robert se impressionava com as coisas que a mãe dizia com a maior naturalidade. Queria poder desvendar que tipo de amor era aquele que não esmorecia. Parecia vivo dentro da alma da mãe. Como estaria vivo na alma do pai onde ele estivesse.

Eugênia adormeceu serena sob o afeto carinhoso do filho. Robert ficou ali com ela na penumbra do quarto pensando na sua própria experiência existencial. Sua vida pessoal tinha dado uma virada inesperada que o tinha à beira da desolação.

Tudo começou quando Maria João soube do seu casamento com June. Ela não disse nada. Arrumou a sua trouxa e desapareceu. Quando Robert foi procurá-la no quarto e viu que ela não estava, estranhou. Mas quando viu seu guarda-roupa e suas gavetas vazias, ele compreendeu que ela tinha ido embora.

No primeiro momento ele se irritou. Ir assim sem lhe dizer nada? Depois foi matutar. Tomou uma dose de uísque e deixou seu pensamento catalisar... (Maria João me amava. Estava sofrendo pelo meu casamento e nunca me disse nada... Mas deixava transparecer o seu amor por mim. Eu sentia... sentia. Mas não queria, não devia me manifestar. Ela não podia ser para mim). Robert tomou outra dose de bebida, foi pensar na cama. Ele sentia falta dela. Queria que ela estivesse, agora, ali com ele. (Para onde foi... onde estará? Será que vai voltar? Porque ela fez isso comigo?) Robert se revoltou. Foi servir outro uísque. Pensou na Maria João até que, entorpecido, caiu num sono pesado.

No outro dia não pôde trabalhar, estava com uma ressaca brava. Ligou para a empresa e disse que estava enfermo. Pela tarde saiu para procurar a empregada. Perguntou a todos os que poderiam conhecê-la se sabiam do seu paradeiro. Ninguém sabia nem que ela havia saído do emprego. Tinha sumido sem deixar rastro.

Nessa noite Robert não foi ver a noiva. Nem na noite seguinte, nem na outra e nem em nenhuma mais. Não ligou e não atendia o telefone. Achando estranho, June foi ao apartamento dele ver o que lhe tinha acontecido. Ele estava impaciente, disse que não tinha nada, só queria ficar sozinho. Ela insistiu e ele pediu que ela fosse embora. June também se exaltou. Reclamou da atitude dele, do comportamento de agora, pediu respeito, disse tantas coisas que ele não estava para ouvir.

– Por favor, June, me deixe só...

A noiva se sentiu ofendida, ultrajada, ainda que ele não dissesse o motivo do seu mau humor, ou melhor, do seu sofrimento. Todos esses dias ele tinha saído a procura de Maria João e não a encontrou. Ninguém sabia dela. Ele estava mesmo decaído.

Como ele não respondeu aos reclamos de June, ela, irada, tirou o anel de noivado do dedo, atirou no chão e foi embora batendo a porta com toda a força. Robert nem se abalou. Ainda pensava na Maria João.

Ele já tinha ido a todos os Prontos de Socorro da cidade, foi até onde não queria ir: ao necroterio. Procurou entre os corpos congelados o cadáver de Maria João, rezando para não achar. Era o único lugar onde ele não quisera encontrá-la. Felizmente não estava ali. Mas então, onde poderia estar? Ninguém se esfuma do mapa sem deixar algum vestígio. No entanto, na polícia, lhe deram uma informação desalentadora:

– Muitos desaparecidos não se encontram nunca.

Robert não tinha mais onde procurar. Pensava que ela só poderia ter voltado à sua terra. Aquilo era cruel, aniquilador. Ele não queria nem ir para casa. Aquelas quatro paredes estavam frias e tristes. A imagem de Maria João pipocava em toda parte, mas era só lembrança, ela não estava lá. Robert dormia só, a cama também estava vazia.

Mas que sentimentos eram aqueles que agonizavam assim o rapaz? Ele nunca tinha amado a Maria João, ela só estava ali... E agora que não estava, fazia tanta falta... tanta. (Se ela voltasse...) Pensava ele. Mas sabia que ela não voltaria jamais. No entanto, deixou tudo ali impregnado com a sua visagem... sua saudade.

Robert não descansava. O desapontamento com a ausência de Maria João o aniquilava. Voltou ao trabalho desculpando-se de que esteve doente. Não mentia, esteve mesmo. Doente do coração. E da mente também. Ele cogitava como foi possível ele não reconhecer seus próprios sentimentos? (É possível amar e não saber que ama? Isso parece loucura...) Se questionava. Sua soberba escondeu o seu sentir, pôs seus interesses profissionais acima dos afetivos ou simplesmente não percebeu o seu amor?

Seu pai renunciou um emprego promissor pelo seu amor. E era uma mocinha simples do interior. Foi feliz toda a sua vida com ela. O caso do seu irmão foi o contrário. Renunciou ao seu amor. Talvez como ele, achou a amada pouca coisa para ele. Danou-se para o resto da vida. Nunca pôde amar outra mulher.

(E eu? Não me foi dado a escolher. Perdi a mulher que amava sem saber que a amava. Vou me danar também? Pelo menos desolado estou, sim. E agora, assistindo a dimensão de um amor verdadeiro, tomo a minha decisão irrevogável. Se algum dia eu encontrar a Maria João, não a deixarei escapar. Eu a tomarei para mim. Quero um amor assim como foi o do meu pai e da minha mãe. Estou certo de que Maria João me ama tanto quanto eu a ela. E esse amor vai estar por cima de qualquer obstáculo, argumento ou de qualquer coisa. Eu encaro... enfrento).

Enquanto Robert pensava no quarto, ao lado da mãe, na sala a família também revivia o reflexo daquele amor para sempre, amor até o fim. Comentavam também a atitude da mãe aparentemente calma. Ela se controlava demais. Talvez pelos calmantes, sua expressão era vaga, ela devia estar destroçada por dentro. Elas não podiam compreender como seria a vida da mãe sem o pai, eles eram como uma só alma...

No outro dia, ventilou-se a preocupação de como a mãe ia ficar só naquele casarão. Tanto Ana Carolina como Maria Clara ofereceram a Eugênia que fosse morar com elas. Até Robert lhe fez a proposta de pelo menos ir passar uma temporada com ele para espairecer, para sair daquele ambiente que lembrava tanto o pai. A resposta de Eugênia foi contundente:

– Mas eu não quero esquecer o George. Mesmo que quisesse não poderia. Ele mora em mim. Está todo o tempo comigo, aqui ou onde eu for. Esta é a nossa casa, o núcleo do clã Mac Millan, o orgulho dele. Não, não posso abandonar a minha casa, ele a construiu para mim... para nós dois... para vocês. Aqui continuará sendo o ponto de encontro do clã Mac Millan como ele sempre quis. Esperando vocês... para fazê-los felizes. – Eugênia fez uma pausa, ficou pensativa, olhou ao seu redor. – Eu sou feliz aqui, não saberia viver noutro lugar. Aqui é o nosso lar. – Terminou o seu discurso com um sorriso nos lábios.

Os filhos não encontraram argumentos para rebatê-la, para convencê-la. Ela não queria acabar com o ideal do marido. Seus desejos eram leis para ela. A única coisa que George Mac Millan queria na vida era perpetuar o seu clã. O clã Mac Millan. E ela cumpriria até o fim a sua vontade.

Ivan também estava ali com eles. Ele se sentia da família e Maurício também. Foi ele quem quebrou o silêncio que gravitou sobre todos depois das palavras de Eugênia.

– Eu virei sempre ficar com a vó, como vinha com o vô. Venho morar com ela se ela quiser.

Maurício também quis falar:

– Eu também venho.

– Ivan, neste ano você vai terminar o científico. Não vai para a faculdade? – Zulmira perguntou.

– Vou. O vô queria que eu fosse engenheiro como ele e eu vou ser. Mas posso esperar. Não quero deixar a minha vó sozinha. Acho que ela precisa de mim.

– E de mim também, não é, vó? – Era o Maurício.

As lágrimas inundaram os olhos de Eugênia. Aquela família estava com a sensibilidade à flor da pele. Muitos ali também disfarçaram a comoção vendo o carinho e o desvelo que aquele neto tinha pela avó, sem saber que era sua avó de sangue. E o Maurício também, que sempre seguia o irmão.

No entanto, naquela reunião ficou combinado que Ana Carolina e Maria Clara se revezariam para acompanhar a mãe no sítio. Por outro lado Robert agradeceu a boa vontade de Ivan e de Maurício. Aceitou a companhia de Maurício, porque sabia que ele desfrutava do sítio, mas disse a Ivan que ele não podia perder tempo. Que no ano seguinte ele ia para a faculdade de engenharia como o avô sugeriu e porque ele também gostava da profissão.

Na hora de decidir onde se hospedaria no Rio, houve conflito entre Zulmira e Vânia. Ambas queriam que ele fosse para a casa delas. Ele era disputado pelas primas. Foi fácil resolver a contenda. Ele ia se revezar entre as duas casas.

Enquanto todos falavam e decidiam, Robert pensava na injustiça que se estava cometendo com Ivan. Ele era um Mac Millan, e, antes de voltar à Escócia ia revelar a verdade ao sobrinho. Era um direito que o assistia.

CAPÍTULO 12

Valentina escorou Gerson no jardim. O abraçou e começou a falar com ele com voz ofegante e cheia de desejo.

– Gerson, faz anos que eu fantasio um encontro nosso.

Gerson até se assustou. Segurou seus braços se desvencilhando e olhou para os lados.

– Acalme-se Valentina, podem nos ver.

– E o que importa? Vamos para o nosso canto. Sonhei com isso desde que nos separamos. Desejava estar com você.

– Por isso se casou?

– Fiz a loucura de me casar sem amor. Paguei caro pelo meu erro. Mas nunca deixei de pensar em você. Retornei com a ilusão de voltar com você. É tudo o que eu almejo na vida. Você é, definitivamente, o homem para mim. – E novamente se jogou contra Gerson com fruição.

– Pare com isso, Valentina. – Gerson a empurrava.

– Vem, vamos nos amar como antes.

– Não, Valentina. Não somos mais crianças. Esse tempo passou. Foi muito bom, não nego. Eu também senti falta. Custei muito para arquivar tudo aquilo no meu passado. Agora, Valentina, acabou. Além disso, estamos de luto, os ânimos não estão para essas coisas. Devemos respeitar. E quero respeitar sempre. Para mim esse sítio é um lugar sagrado.

– Está bem... Que seja a última vez aqui. Você disse, não somos mais crianças, podemos…

– Valentina, eu estou comprometido, amo outra mulher. Sinto muito… – Gerson interrompeu e foi interrompido.

– Não importa que você não me ame, eu amo pelos dois. "Seu compromisso" não precisa ficar sabendo.

– Mas eu, sim. Valentina, nós somos primos, vamos conservar uma amizade sadia, respeitosa.

– Virou santinho?

– Não, virei um homem apaixonado. Vou preservar o meu amor. O que você quer de mim é sexo.

– E daí? Sabe o que virou mesmo? Trouxa.

– Você pode pensar o que quiser. Sinto muito que você tenha esse conceito de mim. – Gerson a largou e foi se dirigindo para a casa.

Valentina ficou perplexa, imóvel Ela jamais tinha imaginado sequer o rechaço de Gerson. Logo correu para o canto que queria estar com ele. Estava irada, histérica. Andou por ali querendo jogar a raiva fora. Sentou-se na relva e chorou. Estava indignada. Tinha quase certeza de que Gerson também desejava estar com ela ali. Todos os seus sonhos rolaram em suas lágrimas, como aquele riacho se despencava pela cachoeira.

Valentina ficou um bom tempo ali recordando seus primeiros afagos de amor, os desejos, as sensações, os beijos, as carícias, o sexo. Como Gerson era capaz de desdenhar tudo aquilo... de desprezá-la? Valentina estava desconcertada, decepcionada, desolada, destroçada, etc. etc. etc.

Enquanto isso, Robert saiu para cumprir um propósito seu no arraial. Foi à casa de Dora e Tuca. Queria esclarecer a necessidade de contar a Ivan sua verdadeira identidade. Ele era maior e tinha esse direito.

Dora ficou indecisa, não sabia o que Tuca ia dizer. Mas o marido era uma pessoa consciente.

– Tem toda razão, doutor Robert. O rapaz tem o direito e nós o dever de terminar com esse engano. Nós fomos egoístas com as nossas exigências. Nós vamos falar com ele.

– Além disso, vocês devem saber que ele é herdeiro. Quando os ânimos da casa estiverem em condições vamos tratar da sucessão e então Ivan deve estar ciente da sua identidade.

– Assim será, senhor.

Nessa mesma noite, Dora e Tuca se reuniram com o filho. Quem tomou a palavra foi Tuca:

– Meu filho, sua mãe e eu temos uma revelação para lhe fazer.

Ivan ouviu surpreso e ansioso. Tanto Dora como Tuca estavam vacilantes, até embargados. Tuca continuou:

– Todos esses anos eu o criei e o amei como se você fosse meu filho, com o mesmo amor com que eu amo o Maurício. No entanto, meu filho, eu não sou o seu verdadeiro pai. O seu pai já morreu e se chamava Willian Mac Millan.

Ivan arregalou os olhos. Olhou a mãe, Dora estava chorando. Olhou Tuca e esse pai, que o amava e que ele também amava, abaixou a cabeça. Ivan foi abraçá-lo:

– Obrigado, pai. Você é meu pai sim, porque nos amamos como pai e filho.

Foi um abraço longo e sentido.

– Eu devo pedir perdão por não ter-lhe dito a verdade.

– De alguma forma, algum dia, eu esperava essa revelação. Eu sabia que algo mais me ligava aos Mac Millan. Todo mundo me diz que eu sou a cara de George Mac Millan. Eles me tratam como da família e o "tio" Willian era mais que um tio para mim, eu sentia. Eu fico orgulhoso de pertencer ao clã Mac Millan tanto como me orgulho de ser filho de vocês. Um dia o "tio" me chamou de Ivan Mac Millan e eu neguei dizendo que era Ivan Machado. E assim continuará sendo meu nome, ainda que pertença ao clã Mac Millan.

Pela noite, no jantar, Robert contou à família o que tinha ido fazer no arraial. Todos apoiaram a atitude dele.

– Como George ficaria contente com isso. Era o que ele mais desejava. Ele amava esse neto. Lembrava o filho querido que falecera. Ivan era seu companheirinho de trabalho, tinham os mesmos gostos e até se pareciam fisicamente.

– E você, mãe?

– Eu também o amo. Ele é meu neto, filho do Willian e vocês viram como ele nos ama? É muito nobre, tem bom coração. Ele, e o Maurício também.

– Ele é do nosso sangue, da nossa família. – Falou a Ana Carolina.

– Eu olho para ele e vejo o meu pai. – Completou Maria Clara.

– Então vocês já sabem. A próxima vez que ele entrar nesta casa, será como um Mac Millan, como por direito o é. Será a nossa homenagem ao nosso irmão.

– E ao pai de vocês também. Até a mim, me alivia o coração.

O resto da conversa rolou em torno disso. Nem Gerson nem Valentina participaram, só ouviam. Valentina estava de cara amarrada nem olhava o primo. Gerson até ficou apreensivo temendo que a família reparasse. Ainda bem que ele ia madrugar no dia seguinte para voltar ao Rio e pegar o avião à tarde para Miami.

Não foi só ele quem madrugou. Valentina também estava de pé para vê-lo partir pela fresta da janela do seu quarto. Ali ia a sua última esperança de felicidade, segundo o que ela tinha metido na cabeça durante os anos de separação, recordando seus amores no sítio de Mendes.

Gerson viajou ansioso pensando no seu encontro com Cristina, sua namoradinha gaúcha. Ela era tão diferente de Valentina. Sua prima era sufocante, ardente, fogosa demais. Cristina, apesar de conviver há alguns anos com os costumes liberais dos americanos, ainda guardava a compostura e o recato daqueles anos, da sua terra no interior do Rio Grande do Sul.

Gerson estava completamente apaixonado. Só esperava ambos terminarem os estudos para voltar ao Brasil e ir para o sul se casar com Cristina. Ambos esperavam esse dia com igual amor. Cristina o estava esperando no aeroporto de Fort Lauderdale com seu jeito meigo e seu afeto. E desde o mesmo momento em que se viram, saíram abraçados desfrutando os seus amores. Havia muitas saudades para descontar. Só mesmo a Cristina para arrancar de Gerson aquele pesar que foi os seus últimos dias em Mendes. Seu coração dolorido se encheu de dita, compartilhando com a namorada sentimentos sublimes de afeto e de ternura.

Nessa mesma tarde, Ivan chegou ao sítio como sempre. No entanto, dessa vez, era tudo muito distinto. Ele entrava ali como um membro da família, um Mac Millan. E ele estava comovido. No fundo nada ia mudar. No entanto, mudava tudo.

Quando ele entrou na sala foi abraçar a avó. Foi um longo abraço, ambos se comoveram e com eles todos os que estavam presentes.

– Meu neto querido. Por fim, posso chamá-lo assim.

– Vó, você sempre foi minha avó do coração.

Robert foi abraçá-lo e todos fizeram o mesmo. Estavam contentes, os menores não sabiam que ele era da família ainda que o tivessem como tal. E o aplaudiram e deram vivas. Ivan sorria e agradecia, mas estava emocionado.

– Me honra muito pertencer a esta família. Sempre amei todos aqui, como se intuísse.

– Você é um verdadeiro Mac Millan, poderá usar o sobrenome da família.

– Não, eu não vou mudar. Também me sinto orgulhoso com o pai que me criou e me deu o nome. Sou agradecido a ele por acolher a minha mãe e a mim. Continuarei sendo Ivan Machado, membro da família Mac Millan como minhas primas que também têm sobrenomes diferentes.

Zulmira e Vânia foram abraçá-lo. Ele estava certo, uma era de Souza e a outra Pereira.

– Eu sou só Machado. – Disse Maurício a Valquíria.

– E eu, de Souza. – Ela respondeu e começaram a rir.

– Você quer se casar comigo, Valquíria? Eu também quero ser da família.

– Você já é, bobo. Mas quando eu crescer quero sim. – E continuaram rindo.

Aquela tinha sido uma pausa de contentamento que se abriu no ambiente fúnebre daquela casa. Até no semblante de Eugênia se extrairia um ar de satisfação.

Robert estava contente. Considerava que tinha proporcionado a todos um respiro inesperado de alegria naqueles momentos de dor. E Dora e Tuca, como estariam?

Aliviados. Eles sempre tinham considerado essa hipótese e por vezes se arrependiam de ter criado o filho dentro dessa mentira egoísta e ciumenta. Agora se livraram do fantasma do perigo se ele descobrisse. Ivan recebeu a novidade com naturalidade. Aceitou contente sua filiação e, com compreensão, não questionou a atitude dos pais. Ao contrário, estava agradecido.

A única coisa que lamentou foi não ter abraçado o pai verdadeiro como tal. No entanto, talvez por intuição, ele amou o pai como o pai o amou. Porque isso ele sentia.

No dia seguinte foi Robert que tomou o avião para Edimburgo. Mas não havia ninguém esperando por ele. Foi direto para o seu apartamento vazio. Novamente a imagem de Maria João se plantou diante dele. Como teria gostado de encontrá-la ali esperando por ele. Mas ela não estava mais, sumiu, desapareceu. Se algum dia ela voltasse ou ele a encontrasse em qualquer lugar, daria a ela o mesmo amor que ela sentia por ele. O amor de Eugênia e de George. Enquanto isso, Robert não queria se angustiar mais. Queria viver, precisava trabalhar. Não podia permitir que aquela tortura dominasse a sua vida. Porém, aquela noite, dormiu pensando em Maria João.

Ana Carolina, Maria Clara e as filhas tiveram que ir para o Rio. Tinham que se organizar para se revezar e poder ir acompanhar a mãe. Combinaram que as filhas ficariam na casa da mãe que ficava no Rio, enquanto a outra mãe estivesse em Mendes. Zulmira e Vânia adoraram a rotatividade. Assim elas poderiam ficar juntas o tempo todo. Valquíria iria para Mendes com a mãe que ia, e voltava com a mãe que voltava. Ela adorava o sítio. E agora que foi pedida em namoro pelo Maurício, ainda que fosse de mentirinha, ela levou a sério e gostou. O perigo era se eles também descobrissem o famoso canto do pecado... a perdição de todos os namorados da família. Na idade dela, Valentina e Gerson já frequentavam o lugar.

Só Valentina não entrou no rolo da ida para o sítio. Ela tinha a sua vida independente. Tinha sua própria renda que dava a possibilidade de ela se sustentar. Estava até procurando um apartamento para ir morar sozinha, com liberdade.

Vânia e Zulmira eram outras namoradeiras. Estavam na idade. Namoravam no Rio e por isso não gostavam de ir para Mendes. Menos mal que o tal cantinho não tinha perigo para elas.

Por alguns dias, Eugênia ia ficar sozinha no sítio...

– Vó, já chegamos. – Era o Ivan que subiu a escada correndo com o Maurício atrás. – Eu vou ficar dormindo com você até que as tias venham.

– E eu também. – Maurício sorria.

– Que bom, meus filhos. Mas não precisavam...

– Precisava sim e eu gosto.

– Eu também.

– Você gosta é de ir para a oficina do seu avô. – Eugênia sorriu matreira.

– E gosto mesmo.

– Então vai, meu amor. Porque a partir de hoje, ela é sua.

Ivan a olhou entre ansioso e alegre. A abraçou e foi correndo para lá.

– Vó, eu posso ficar com você? – Maurício a olhou ansioso.

– Pode. Nós vamos colher umas flores, pegar umas frutas… cuidar do jequitibá do vô. Ele amava aquela árvore, era a sua mimada... Ela o antecedeu por mais de mil anos e o sobreviveu. Sobreviverá a todos nós por milhares de anos. – Eugênia deu o braço ao rapaz e continuaram passeando pelo pomar e pelo jardim colhendo flores e frutos remanescentes daqueles tempos áureos, quando ela e o noivo os plantaram com adubo de amor.

Maurício amava a sua "vó". Eugênia não estava só.

CAPÍTULO 13

Iam-se esgotando as páginas do amor romântico de "antigamente" enquanto se abriram as da segunda geração. Era uma fase de transição e, talvez por isso, as histórias dos amores se escrevessem meio indecisos ou vacilantes. Quase simultaneamente se preenchiam as páginas dos sentimentos mais livres e ousados da terceira geração. "As coisas mudam no devagar depressa do tempo". Guimarães Rosa.

Zulmira e Vânia eram duas autênticas garotas da zona sul do Rio: desinibidas, descoladas, sapecas e namoradeiras. Frequentadoras da praia, percorriam Copacabana inteira, porque moravam nos seus extremos. Zulmira no Leme e Vânia no posto seis.

Ultimamente, quando estavam na casa de Vânia, preferiam ir à praia do Arpoador, que ficava perto do apartamento dela. Numa das vezes em que voltavam da praia, elas viram, no então famoso e hoje demolido Castelinho, Rogério com uma mulher. Vânia até levou um choque. Ficaram escondidas observando. Aquilo era tudo, menos velhos conhecidos, amigos, colegas de trabalho ou coisa parecida. Elas estavam comprovando, eles se acariciavam e até se beijaram. Eram namorados ou amantes. Elas ficaram chocadas. Vânia decidiu não falar com o pai nem contar à mãe. Mas combinaram policiar Rogério. No Castelinho ele não foi mais nem o encontraram em nenhum outro lugar. Não obstante, Vânia pôde escutar, pela extensão, uma conversa entre o pai e a amante que se chamava Suely. Chamavam-se de meu amor e ele comentava que tinha sido escalado para ir trabalhar no Irã e pedia que ela fosse com ele. Ela vacilava e ele insistia.

Pela noite, no jantar, Rogério contou à família que tinha que ir trabalhar no Irã, mas que, dessa vez, ele preferia não levar a família porque nos países árabes os costumes e a forma de vida eram muito rígidos. Mencionou ainda a necessidade de Maria Clara acompanhar a mãe e os estudos das meninas.

Vânia percebeu tudo. Ela não queria mesmo ir, mas o que o pai queria, era ir com a outra e isso a revoltava. No dia do embarque ela e Zulmira foram ao aeroporto às escondidas e comprovaram que o pai foi para o Irã com a tal Suely.

Por essa época Valentina já estava morando num apart hotel em Ipanema e Ivan, em breve, viria morar no Rio. Ele tinha passado no exame para a faculdade de engenharia.

Então as irmãs Ana Carolina e Maria Clara, fizeram outro trato: em vez de se revezarem em Mendes, Maria Clara propôs permanecer no sítio com a mãe e Ana Carolina, que tinha seus programas no Rio, se encarregaria de atender os estudantes: Zulmira, Vânia, Valquíria e agora Ivan. Foi um trato que satisfez a todos. Maria Clara gostava da vida do campo e era a mais apegada à mãe. E para os jovens, tudo bem. Incluíram Ivan na sua corriola, apesar de o rapaz ser tímido e estudioso, não podia saracotear muito com elas.

Foi uma boa oportunidade para mãe e filha conversarem bastante. Eugênia nunca pôde entender o relacionamento frio e indiferente das filhas com os maridos. E durante esse período em que moraram juntas, houve muito tempo para elas ventilarem a questão.

Maria Clara punha a culpa no trabalho de Rogério, que o obrigava a passar muito tempo afastado e isso esfriou o casamento.

– Minha filha, por que você não acompanhou o seu marido? Assim como você veio para cá, poderia ter ido com ele.

– E você, mamãe? Ia ficar sozinha?

– Vocês precisam deixar de se preocupar tanto comigo. Você não vê como eu estou bem? Agora que o Ivan foi embora, o Maurício, todos os dias, vem me ver. A vida de vocês conta e precisa ser cuidada.

– O Rogério mesmo aconselhou que nós ficássemos.

– Diga-me, Maria Clara, com sinceridade, você ainda ama o seu marido?

Maria Clara vacilou e saiu pela tangente.

– Não sei, honestamente, não sei. Não sei também se ele me ama.

– "Quem ama menos, já não ama", disse J. Roux. Porém, se ainda houver pelo menos uma pequena brasa acesa, considero que abanando aviva a chama.

Maria Clara meneou a cabeça negativamente.

– Nosso relacionamento não é como foi o seu e o do papai: amor para sempre.

– Amor que dá felicidade. Você é feliz, minha filha?

– Nem sei, acho que não. Nós vamos vivendo.

– Não é melhor ir vivendo feliz?

– O que você sugere que eu faça?

– Procure fazer do seu, um casamento de amor para gerar a felicidade. Procure que seu relacionamento seja amoroso. Reconquiste o seu marido.

– Mamãe, a essa altura do campeonato? Não saberia nem como fazê-lo.

– Você não quer ser feliz? Ou definitivamente não sente mais prazer na companhia do seu marido?

– Passou muito tempo. Não é como antes... Nem para mim nem para ele. E Machado de Assis disse que "não se ama duas vezes a mesma mulher". Nos já nos amamos.

– Torne-se outra mulher. Procure-o, seja mais atenciosa, demonstre interesse por ele, abra-se, seja carinhosa... e tantas outras coisas que o faça revisar seus sentimentos. Pelo menos tente. Vale a pena qualquer coisa para ser feliz.

– Mas agora?

– Por que não? O quanto antes melhor.

O conselho da mãe calou nas inquietudes de Maria Clara. Ela comentou com Vânia a possibilidade de ir para o Irã com Rogério. Mas a filha se apavorou e pôs mil obstáculos com medo do que pudesse suceder à mãe ao encontrar o pai morando maritalmente com a amante. Aconselhou a mãe a esperar o regresso do pai. Alegou, entre outras coisas, que ela seria obrigada a usar todas aquelas vestimentas fechadas, além das restrições que as mulheres têm por lá.

Maria Clara, que não estava muito segura, aceitou a sugestão da filha. Porém com as conversas da mãe, ela absorveu muitos dos seus ensinamentos para o bom entendimento do casal.

Valentina estava vivendo como gostava no seu apart hotel. Passava na praia ou de butique em butique. Andava bem vestida e se tratava bem. Era freguesa dos institutos de beleza. Valentina se tornou uma mulher elegante e chamativa, ainda que o rosto, apesar de bonito, tivesse uma expressão vampiresca. Continuava sedutora e conquistadora, com um comportamento livre, sem travas. Estava enrabichada pelo seu vizinho. Um rapaz bonitão, porém muito sério. Era do interior do Rio Grande do Sul. Se chamava Cristóvão e devia ter um bom emprego ou ser rico, ainda que às vezes saísse com farda da marinha. Porque não era qualquer um que podia pagar o preço do imóvel que ocupava.

Valentina dava em cima do homem com uma insistência abusiva. Mas, até agora, o cara estava duro de roer.

Gerson e Cristina, no fim do ano terminariam seus estudos e tinham planejado montar uma empresa juntos, já que ambos tinham a mesma profissão.

Robert, na Escócia, continuava sua vida de trabalho. Pelas tardes, quando saía da empresa, entrava num pub, que era o que tinha de melhor em Edimburgo, para não ir para casa pensar na Maria João e se atormentar. Mesmo chegando tarde, irremediavelmente, a lembrança da empregadinha lusitana ia se alojar no seu pensamento. No entanto, sua recordação era diferente. Lembrava mais de sua delicadeza, da sua atenção, da sua ternura. Ele fechava os olhos para sentir suas carícias e seus beijos. Assim adormecia, como se ela estivesse ali.

Quando Valentina soube do casamento de Gerson, despeitada e orgulhosa, decidiu que, antes dele, ela se casaria com quem quer que fosse. Mas não iria àquela boda sozinha e humilhada. Começou a investir no vizinho com mais afinco. Pelo menos era um tipo alinhado e vistoso.

Tanto deu em cima: tocava na porta dele com qualquer pretexto, entrava, seduzia, se insinuava, o atacava, que por fim o rapaz cedeu. Ninguém é de ferro. E Valentina novamente deu o golpe da barriga. E o rapaz caiu na armadilha. Antes do casamento de Gerson ela estava casada no civil e muito bem casada. Grávida de poucos meses, ainda não se notava. Ela poderia ir ao casamento exibindo seu corpo escultural.

Robert convidou Gerson para passar a lua-de-mel na Escócia e conhecer a terra do avô. Ele pretendia ir ao casamento, foi ao da

Valentina em Medellin. Porém não tinha disponibilidade e muito tempo para programar-se.

O casamento ia ser na cidadezinha da noiva na terra gaúcha. Mesmo assim, toda a família compareceu. Até Eugênia e Maurício, que eram considerados da família.

Valentina chamou a atenção como se propôs. Não só pela extravagância da vestimenta, que contrastava com a moderação de todos, como também pelos seus modos para aparecer.

Os noivos estavam muito felizes. A noiva, apesar de singela, tinha uma cara bonita e doce. Valentina exibia seu charmoso esposo talvez para fazer fosquinha a Gerson. Mas ele nem prestou atenção. Estava muito encantado com a noiva. E o esposo de Valentina, que só foi ao casamento porque sua cidadezinha ficava perto e ele pretendia dar um pulinho lá, também se encantou com a candura da noiva, sua conterrânea.

O grande ausente foi Robert. Depois de saldar todos os empecilhos, um imprevisto de última hora o fez perder o avião: Robert estava no táxi se dirigindo ao aeroporto quando viu a Maria João num ônibus. Não tirou mais a vista do coletivo e mandou o taxista segui-lo. Mas, num sinal de trânsito, o coletivo seguiu e o táxi ficou preso. Robert ficou aflito. Quando o sinal abriu, eles saíram em busca do ônibus. Ele tinha virado por outra rua, mas o motorista conhecia a sua rota. Quando chegaram perto, Maria João não estava mais dentro dele. Robert sentiu seus ânimos caírem. Mas pelo menos sabia que Maria João estava na cidade e que andava por aquele trajeto.

Ele tinha perdido o avião. Saltou do carro para procurar a moça. Andou por tudo por ali. Maria João parece que tinha o dom de esfumaçar. Robert não se conformava, chegou a casa tarde, ligou para o Brasil para desculpar-se por sua ausência e reafirmou o convite para receber os noivos na sua casa. Robert estava desanimado, foi para a cama. (Era ela, tenho certeza, olhei bem). Pensava e decidiu voltar lá no dia seguinte. Ele estava mesmo de licença, ia gastar esse tempo procurando a Maria João. Ela tinha que aparecer.

É, mas não apareceu. Foi boa a companhia de Gerson e de Cristina. Robert saiu com eles, mostrou os lugares turísticos da cidade, seus deliciosos e numerosos cafés e pubs, foram a um festival de gaiteiros com seus trajes tradicionais de saias, que se chamavam kilt, como seu pai usava nas cerimônias comemorativas em casa. E os convidou para comer o prato típico chamado haggis e comentou brincalhão:

– Nós debochamos da buchada de bode dos nordestinos. Agora vê bem em que consiste este manjar tão apreciado pelos escoceses: estômago de ovelha recheado com vísceras e órgãos bem picados ligados com farinha de aveia e com bastante tempero. Os nordestinos iam lamber os beiços e nós do sudeste acharíamos chique.

Eles compraram suéter de *cashmere* e casacos de *tweed*. Depois, os recém-casados foram a Londres, antes de regressar ao Brasil.

O casal adorou Edimburgo. Passaram uns dias agradáveis. E Robert também. Ele foi um ótimo anfitrião, estava feliz com os sobrinhos. Gostou da Cristina, lhe pareceu simples, delicada e bonitinha. O mesmo que toda a família achou, menos Valentina:

– Bem capiau e desenxabida. – Resumiu seu parecer.

Por outro lado, ela se negou a ir conhecer a família de Cristóvão. Alegou que estava indisposta e seguiu viagem para o Rio com os familiares. Ele foi só.

Desde o princípio, o casamento de Valentina com Cristóvão não foi nada bem. Ele era um tipo pacato, ponderado, caseiro e ordenado. Jeito exatamente oposto ao dela. Valentina sempre foi bagunceira, não ia mudar só porque se casou. E por aí começaram as desavenças. Cris, como lhe chamavam, era oficial de Marinha, mas trabalhava em terra como engenheiro naval. E Valentina não fazia nada de proveitoso o dia inteiro, como a tia e a mãe. Mas pelo menos elas cuidavam da casa e a mantinha limpa e em ordem. Valentina tinha empregada para realizar os trabalhos da casa, porque eles haviam se mudado para um apartamento maior e com isso tinha se acabado a mordomia do serviço de hotel. Sua vida não mudou com o casamento, peruava o dia inteiro na praia e na rua. Isso não incomodava Cris, ele nem via. Mas a desordem... aí era onde o bicho pegava. Ela, avoada, guardava os implementos de trabalho dele na primeira gaveta mais perto. Quando ele precisava nem ela sabia onde tinha metido. Perdia-se um tempão procurando. A mesma coisa era com os armários das roupas. O lado dele, impecável, o dela aquela desordem. Em casa também Maria Clara vivia brigando com ela por causa desse descuido. Parece que o princípio da ordem não entrava na cabeça de Valentina. E o pior era que ela não reconhecia e achava que o marido era um chato, parecia uma velha rabugenta, dizia.

Gerson e Cristina chegaram de lua-de-mel e se instalaram no apartamento da mãe enquanto procuravam apartamento e escritório para alugar. Apesar de ter tanta gente lá, eles se acomodaram, era só por pouco tempo. O apartamento era grande e a garotada achava um barato o "apertamento". Eles estavam encantados com a Cris, ela era jovial e se deu muito bem com todos. Não foi equivoco, não. Também chamavam a Cristina de Cris, como o Cristóvão. Que coincidência!

De fato, não demorou muito e Gerson e Cris se mudaram. A garotada toda foi ajudar o casal na sua instalação e posteriormente, na arrumação do escritório. Ambos eram economistas e iam montar uma empresa de assessoria financeira. Mas o forte de ambos era a aplicação na bolsa de valores.

Eles começaram bem a vida, muito felizes e mais felizes ainda com um imprevisto que os surpreendeu, porque tinham planejado esperar a se firmarem no trabalho: Cristina estava grávida.

E Valentina teve uma filha. Talvez o bebê segurasse um pouco aquele casamento que se deteriorava rapidamente. Foi um casamento sem amor, arrumado precipitadamente para encobrir uma falta. Só dele, o objetivo dela era outro: fosquinha. Se deu mal, até estava arrependida. Seria muito otimismo esperar que fosse dar certo.

Valentina não se espelhou no relacionamento amoroso dos avós. Mas sua mãe, Maria Clara, sim estava aprendendo.

Rogério estranhou a carta saudosa e terna da esposa. Essa mudança de atitude o deixou pensativo. O que estaria acontecendo com Maria Clara?

CAPÍTULO 14

Cristóvão estava absolutamente encantado com a sua primeira filha. Era um pai presente e carinhoso. Outra característica inversa que tinha o casal. Valentina nunca foi uma mãe dedicada. Cuidar de criança, não era com ela, já tinha experiência. Contratou uma babá. Isso não agradou ao marido que considerava que ninguém, além da mãe, deveria cuidar da filha. No entanto, Valentina insistiu. Ela mesma pagaria a babá como pagava a empregada, faria qualquer coisa contanto que não ficasse impedida de levar a sua vida de... nada de importância.

Maria Clara estranhou a forma diferente da resposta da carta que ela tinha escrito a Rogério. Achou que os conselhos da mãe estavam dando certo. Daí em diante as missivas entre eles tomaram uma feição que, com o tempo, pareciam de namorados. Era incrível, mas eles estavam se namorando mesmo. Maria Clara esperava com ansiedade as cartas do marido e era sincera quando lhe escrevia falando de saudade e da falta que ele lhe fazia. E a recíproca era idêntica. Rogério também sentia renascer no seu íntimo um sentimento de afeto pela esposa que há muito estava adormecido, jogado num canto escondido do seu coração. Rogério ansiava voltar para o Brasil, para a sua esposa. Ué, e a Suely? Pois à medida que Maria Clara voltava a ocupar o seu lugar nos sentimentos dele, a amante perdia o posto, sobrava. Na verdade, não era ela que Rogério amava e Suely começou até a incomodar. Que reviravolta inesperada... Era de dar a mão à palmatória. Eugênia tinha razão.

Maria Clara estava tão feliz que contou à Ana Carolina o que estava acontecendo na sua vida, na esperança de ajudá-la a encontrar também a felicidade. Mas, de entrada a irmã rejeitou qualquer possibilidade da retomada do relacionamento dela com o marido.

– O meu caso é muito diferente do seu. O nosso casamento acabou há muito tempo.

– Eu também pensei o mesmo do meu e...

– Pelo menos seu marido lhe é fiel. Elias é um machista atrasado. Ele mesmo me confessou que tem mulheres por ai e acha natural, ele é homem e por isso se crê com o direito.

– Mas ele nunca deixou a casa totalmente e deve ter um motivo para isso.

– Seja o que for não me interessa. Tenho minha vida e só preciso da mesada que a empresa manda, da participação que ele tem no negócio da família. Ele não faz nada lá, não tem tempo, sempre está na pescaria. Mas tem direito e, com ele ou sem ele, o dinheiro sempre chega. Elias é apenas o provedor desta casa, entende?

– Você não sente falta? ...

– Sinceramente, não só não sinto falta como prefiro que não apareça. Ele me estorva.

– E Zulmira?

– Meus filhos se acostumaram sem o pai, lhes é indiferente.

– E o que sentirá Elias em relação a você, aos filhos e a essa situação caótica?

– Ora, nada. Elias só pensa em pescar. Ter a vida que gosta de levar, sem responsabilidade. Seja no Pantanal, no Amazonas no mar ou no estrangeiro. Foi pescar até no Alasca, no Pacífico. E deve ser como os marinheiros, em cada porto tem uma mulher.

– E você Carol, nunca se interessou por outro homem?

– Eu estou contente como vivo, minha vida é agradável e divertida. Como ele, eu também sou uma fanática. Desfruto das minhas tardes de jogo com minhas amigas, não quero mudar.

Não houve jeito de convencer a Ana Carolina. Até a mãe tinha tentado. Mas ela estava hermética. Havia muito rancor e muito despeito no seu coração. Qualquer intento teria que começar por sanar todo esse acumulado tão curtido. E ela não tinha vontade de mudar, se cansou, se acostumou e até prefere a vida sem o marido.

Porém, se era tudo tão enfático assim, por que Elias sempre voltava? Seria ele tão indiferente com a esposa e com os filhos? Teria mesmo mulher em cada lugar que acampava?

Realmente, ele tinha mulheres esporádicas por aí. Mas nunca tinha tido uma amante fixa. Na verdade, ele gostava da vida de pescador. Porém, no íntimo, se sentia um homem frustrado porque considerava que, com suas longas ausências, tinha perdido a sua família. Os filhos o tinham como uma visita que chegava e ia embora. E sua mulher o recebia como hóspede e continuava com a sua cotidianidade fora de casa como se ele não estivesse ali. Ele se sentia um estranho na sua própria casa, ou melhor, ele não se sentia em casa. E Elias, no fundo, amava os filhos e a esposa. Gostaria de uma recapitulação, começar de novo. Porém era ciente de que era tarde demais, o amor de Ana Carolina tinha se esgotado. Elias reconhecia a sua culpa. O amor é como uma muda de planta, tem que ser cultivada cada dia, ele descuidou de regar, não estava lá e a plantinha agonizou. No entanto, ele sentia falta de lar, do afeto da esposa como ele teve um dia.

Como Ana Carolina estava equivocada. E ele também. Entre eles fazia falta algo indispensável num relacionamento: diálogo. Eles não conversavam. Reclamavam, se acusavam, se agrediam... Não se entendiam. Cada um pensava em separado e deduzia, sempre negativamente, o pensamento do outro... Jamais houve sequer um interesse, uma boa vontade para uma reconciliação.

Era uma pena Ana Carolina não ter sido accessível à insinuação da irmã e ao propósito de aconselhamento da mãe. Teria sido a oportunidade para ela revisar seus sentimentos e se alimentar dos sábios ensinamentos de amor e de felicidade que Eugênia tinha para dar. Mas ela não acreditava ou simplesmente não queria.

Depois de Ivan, agora foi a vez de Zulmira e Vânia entrarem na universidade. Ambas foram fazer juntas: comunicação. Elas estavam passando uma fase bem legal. Nenhuma das duas era muito afim dos estudos, mas estavam adorando o curso. Ivan continuava encantado e estudioso com a sua engenharia. Ele tinha uma boa bagagem através das práticas com o avô e cada vez se dedicava mais à matéria.

No ano seguinte seria Maurício quem se incorporaria ao grupo dos universitários. Ele ia entrar para medicina. Valquíria estava em plena adolescência. Toda vez que alguém ia a Mendes, ela pegava o bonde. Na realidade não ia propriamente ver a avó, ia ver o Maurício. Desde que ele gracejou com ela perguntando se queria se casar com ele, Valquíria criou essa ilusão e ia atrás dela. E Maurício até já tinha se esquecido da brincadeira. Porém ela se tornava uma mocinha bonita e ele estava reparando e dando seus requebros pra cima dela.

Robert teve uma promoção no trabalho que o converteu na segunda pessoa da companhia em que trabalhava. Essa carreira de sucesso que escalava e sua obstinação por encontrar a Maria João, iam adiando sua volta definitiva para o Brasil, como era o seu desejo. Tinha um plano bem elaborado para montar um negócio aqui e o dinheiro suficiente para fazê-lo. Mas a oportunidade batia a sua porta com aquela oferta irresistível. E parece que a boa estrela de Robert ia apontar na sua vida para resolver o seu outro empecilho para voltar.

Ele estava num coquetel elegante conversando com outros empresários e senhoras quando, de repente, viu a Maria João de uniforme preto e uma bandeja na mão oferecendo quitutes para os convidados. Robert até engoliu em seco. De imediato foi falar com ela, antes que escapulisse. E só se fez ver quando se plantou na frente dela:

– Maria fujona.

Maria João quase deu um salto.

– Dr. Robert… – Estava espantada, com voz trêmula.

– Enfim a encontrei. – Robert falou com voz grave.

– Desculpe doutor, eu estou trabalhando…

– Desculpe uma pinoia. Eu preciso falar com você e vai ser agora.

Maria João se assustou. Ele falava num tom enérgico e ela temeu. Queria ir embora dali e arranjou uma desculpa:

– Pois não, doutor. Vou à cozinha levar a bandeja e volto. – E saiu.

Robert acreditou. Ficou esperando, mas Maria João nada de regressar. Então ele entrou na cozinha e ainda viu a moça, sem o uniforme, sair pela porta dos fundos. Robert correu atrás. Atravessou a cozinha e saiu à rua também. Maria João andava ligeiro e quando percebeu que ele a seguia, correu. Ele também correu e logo a alcançou e a deteve.

– O que está acontecendo com você? Por que está fugindo de mim?

– E o senhor, porque me persegue? Eu não levei nada da sua casa. – Ela estava temerosa.

– Como não? Deixou a casa vazia.

A moça arregalou os olhos:

– Não, eu não. Eu nunca, nunca roubei... – De seus olhos começaram a brotar lágrimas.

– Roubou sim. Roubou meu coração inteiro. – Ele a abraçou. – Eu quero ele de volta com você.

Maria João não estava entendo nada. E Robert não esclareceu.

– Por que você foi embora sem me dizer nada?

– O senhor ia se casar, achei que não precisaria mais de mim.

– Isso não explica por que fugiu.

Maria abaixou a cabeça:

– Doutor deixa-me ir embora, por favor.

– Por que Maria, por acaso você é comprometida?

– Não... não... Mas o senhor é. Se dona June vê o senhor me abraçando não vai gostar.

– Que June? Não existe mais June nenhuma. Eu estava procurando a garota que verdadeiramente me ama e a encontrei. E não vou mais deixá-la escapar.

Maria o olhava precisando mais explicações. Não estava acreditando no que estava ouvindo.

– Maria João, eu não sabia que você me amava nem que eu amava você. Foi preciso sentir a sua falta para perceber a nossa verdade. Sempre desejei encontrar um amor verdadeiro e ele estava ali ao meu lado e eu não reconheci. Eu a procurei por toda parte. Cheguei a vê-la num ônibus, o segui, mas você saltou e eu a perdi de novo. Andei por ali tudo e você havia desaparecido.

Maria João continuava olhando-o perplexa. Não sabia o que dizer.

– Vamos ao estacionamento, eu pego o meu carro e vamos embora daqui. – Ela o acompanhou, entrou no carro e:

– Doutor, eu não quero mais trabalhar assim. Eu sou uma pessoa religiosa, não quero viver em pecado.

Robert começou a rir.

– Minha mãe também é. Acho que você se parece com ela. – Robert falou pensativo.

– Leva-me para casa, doutor. Eu não vou mais fugir, prometo.

– Em primeiro lugar, não me chame de doutor, senhor e todo esse cerimonial obsoleto. Você não entendeu o que eu disse? A partir deste momento você é minha noiva, se aceitar se casar comigo.

Cada vez Maria João ficava mais atônita.

– Aceita? – Ele insistiu.

– O senhor está brincando comigo?

– Nem senhor nem brincando. Nunca falei tão sério na minha vida. Então, aceita?

– Aceito. – Ela falou tímida ainda duvidando.

– Então vem cá, minha noiva. – Robert a abraçou e eles se beijaram.

– Há uma coisa, Maria. Eu me caso com você amanhã, o dia que você quiser. Mas hoje eu quero você comigo. O meu amor não pode esperar mais. Eu a amo, Maria, muito. – E novamente se beijaram.

Robert a levou para a casa dele e a religiosa portuguesinha dormiu em pecado aquela noite. Porém ela nem pensou em pecado. Estava vivendo momentos de amor que pensava que nunca mais ia ter na vida. E Robert, que também temia ter perdido um amor como o dos seus pais, dormiu agradecendo a Deus de tê-lo reencontrado.

Ele queria mesmo casar em breve, achava que estava passando do tempo, se sentia um solteirão empedernido, que no fim terminaria neurastênico. Maria só voltou ao seu quartinho de pensão para pegar seus documentos. Robert foi com ela à Prinsses Street, onde estão as principais lojas de departamento de Edimburgo, principalmente no Shopping St. James, onde se adquire de tudo para comprar um enxoval completo e elegante para sua futura esposa. Comprou também um kilt do seu clã, porque lá o homem se casa com este traje.

Robert ligou para a mãe avisando que finalmente encontrou a mulher da sua vida e que ia se casar numa cerimônia simples, sem convidados e que ia comemorar no Brasil com a família.

– Quero que vocês conheçam a Maria João. Ela é uma portuguesinha que fala feio como seus patrícios, mas é linda e mimosa. – Descreveu-a por telefone.

– Meu filho, você não sabe como me faz feliz essa notícia. Não era sem tempo, mas, enfim, você encontrou o seu amor.

Salviati tem um pensamento que diz assim: “Viver sem ter sentido um verdadeiro amor, é ter deixado passar a vida sem viver”.

– E é verdade, mãe. Eu estou vivendo um dos momentos mais felizes da minha vida. E o compatriota de Maria João, o poeta Fernando Pessoa disse: “Tenho em mim todos os sonhos do mundo”. E é assim que eu me sinto.

CAPÍTULO 15

Logo que se casaram, Robert e Maria João embarcaram para o Brasil. Ele teria preferido ir, como sempre, no verão. Aproveitava as festas do fim de ano com a família e fugia do inverno gelado da Escócia. Porém Maria Clara tinha ligado lembrando-se dos 50 anos do clã Mac Millan no Brasil que eles queriam comemorar.

Antes o casal passou em Portugal para conhecer a família de Maria João. Eram moradores de aldeia, gente simples e hospitaleira que trabalhava no campo. Não passaram muitos dias lá. O tempo suficiente para Maria João matar um pouco as saudades da família. Robert tinha que chegar a tempo para ajudar na festa comemorativa dos Mac Millan.

Estavam todos esperando com curiosidade para conhecer a esposa de Robert. Para todos tinha sido uma surpresa boa o seu casamento. As irmãs também achavam que ele ia acabar ficando para titio. A princípio, todos acharam esquisito o nome dela: Maria João? No Brasil era estranho mesmo. Mas em Portugal era comum. A nova cunhada agradou a todos e Maria João se sentiu à vontade com a descomplicação dos brasileiros.

Todos iam comparecer à festa, até o Elias. Só Rogério que, embora desejasse muito estar na festa com sua esposa e família, apesar dos esforços, não conseguiu a licença a tempo. Sua ausência foi sentida, sobretudo, por Maria Clara. Mas ele ligou por telefone para felicitar todos e falou especialmente com Eugênia e, com Maria Clara, trocaram palavras carinhosas que a deixou feliz.

Os três filhos e Ivan foram os organizadores da cerimônia. Queriam reproduzir a festa de inauguração tal como ela se deu. Para isso, Maria Clara, muito dissimuladamente, tinha feito a mãe contar como tinha sido o acontecimento. Eles reproduziram com os mínimos detalhes.

Na noite da festa, quando Eugênia entrou na sala de jantar, arrumada para dois, à luz de vela e o champanhe com duas taças esperando para o brinde, começou a tocar o som das gaitas escocesas e apareceu Ivan com o kilt que era do avô e foi tirá-la para dançar. Eugênia viveu um flash do seu passado. Olhou para o rapaz enlevada…

– George, você veio…

Ivan sorriu enquanto davam os primeiros passos da dança.

– Não, vó, eu sou o Ivan.

Ela também sorriu despertando do momento de sonho.

– Até o sorriso é igual.

Nesse momento entrou toda a família rindo e aplaudindo. Robert também estava com o kilt. Eles queriam relembrar o fundador do clã Mac Millan no Brasil, o orgulho do pai e sua origem escocesa. Era na verdade uma homenagem a George e a Eugênia.

E ela estava tão feliz!… disse a Robert:

– Meu filho, que festa linda! Como o seu pai está feliz.

– Onde ele estiver, estará feliz.

Eugênia falou com naturalidade e sonhadora:

– Ele está aqui.

Robert estranhou aquelas palavras. Parecia que a mãe estava variando. Porém pensou melhor: (O amor faz a mãe sentir a presença do pai. E quem sabe o amor o faz estar presente ao lado dela? O amor deles não acabou. Continuará na eternidade). Robert sempre admirou o sentimento à prova até da morte que unia o seu pai e a sua mãe.

A festa acabou. Foi uma comemoração alegre e saudosa. O objetivo foi conseguido. Ver a mãe feliz e reavivar o espírito e o orgulho do clã Mac Millan como o pai desejava, era tudo o que eles queriam.

Cristóvão ficou impressionado com a união e a solidez da família e Cristina sentiu o mesmo efeito, segundo comentavam os dois casais sentados na varanda no dia seguinte. Foi Valentina quem provocou aquele encontro. Depois dos comentários recentes, Valentina, que não parava de flertar e se insinuar para Gerson, começaram a falar sobre a infância e a adolescência dela e de Gerson no sítio e nos seus recantos. Gerson se sentia incomodado, com receio que ela revelasse tudo. Cristina a olhava indignada com suas insinuações imprudentes e Cristóvão estava chocado e nervoso. Ele olhava as reações de Cristina, até encabulado. Sua mulher estava sendo inconveniente demais, passando além do razoável. Ele se levantou e disse com contundência.

– Vocês nos dão licença. – Se dirigiu ao casal e... – Vamos, Valentina. – E foi saindo com cara amarrada. Valentina até ficou sem graça.

Cristina estava chocada:

– Essa sua prima não se dá limites? Nem no que fala nem como atua. Estava descaradamente seduzindo você. Só faltou convidar para ir passear no bosque com o seu lobo.

– É só papo. Ela sempre cismou comigo. Mas nós somos primos irmãos.

No quarto Cristóvão mostrou a fúria que guardava.

– Arruma suas trouxas e vamos embora antes que você propicie outra cena como aquela.

– Está louco? Estou na casa da minha avó, o Gerson é meu primo, eu só estava recordando...

– O que você estava era provocando o casal. Quanto a mim, outra vez que você me puser no ridículo que me pôs hoje, vai levar o troco.

– Você vê maldade em tudo...

– Não sou idiota. E cale a boca, estou farto de você. Vou buscar a Aline e sair.

Valentina murchou a altivez. O marido estava irritado e a ameaçava. Ele tinha seu gênio e era capaz de cumprir o que dizia. Eles foram embora.

Gerson e Cristina também não demoraram. Foram com Robert e Maria João. Eles tinham oferecido o apartamento enquanto o casal permanecesse uns dias no Rio para que a turista conhecesse as belezas do Rio de Janeiro.

Os universitários também iam entrar em exames e Valquíria também.

Antes de ir, Eugênia propiciou uma conversa com Elias.

– Eu estou muito agradecida pela sua presença na nossa reunião.

– Ora, por que, dona Eugênia, por acaso também não me considera mais da família?

– Claro que sim, meu filho. Você é e será sempre da família. Mas é sobre isso mesmo que eu quero conversar com você. Sobre o seu relacionamento com a Ana Carolina. Vocês se distanciaram tanto que não configuram mais um casal, como você acaba de insinuar. Cada um vive a sua vida e, quando se encontram, parece que um sentimento de rancor os torna ainda mais indiferentes e que em vez de satisfação se sentem estranhos.

Elias abaixou a cabaça.

– A Carol lhe disse isso?

– Não precisava ter dito, qualquer um percebe o afastamento de vocês. Mas eu lhe perguntei e ela disse que sim.

– Eu confirmo. É verdade. Eu reconheço as minhas faltas. Sei que eu mesmo conduzi a essa situação com as minhas ausências. Porém ela levou a sua revanche ao extremo. Quando estou em casa ela não me dá a mínima atenção, eu até incomodo. Eu sinto isso.

– E você gostaria que fosse diferente?

– Gostaria sim. Apesar de tudo eu sinto falta de lar, de família. Assistindo a festa aqui, vi o quanto é prazeroso a família unida. Eu queria me sentir parte dela, eu amo todos vocês. Mas acho que eu mesmo destruí a possibilidade de ter uma família assim. Também sempre admirei o amor de seu George e o seu. Foi o tronco que sustentou a família, o lar que vocês chamam o clã Mac Millan. Eu e minha mulher não nos espelhamos em vocês. Fui egoísta, deixei de lado minha esposa e meus filhos para satisfazer os meus prazeres e eles agora me fazem falta.

– Por que você não tenta reconquistar o que perdeu? Talvez ainda haja algum vestígio dos sentimentos de outros tempos.

– Ela deu essa esperança?

– Na verdade não. Ela está doída, a ferida ainda está aberta, não cicatriza, mas você é o único que pode suturar. Se você quiser...

– Teria que ser os dois querendo. A Ana Carolina não aceita a minha pescaria assim como eu não aceito ela fora de casa quando eu estou.

– Você não está disposto a deixar a pescaria nem ela suas tardes de jogo. Se os divertimentos são mais importantes para vocês, então não tem jeito.

– Ela poderia me acompanhar. Muitos colegas levam suas esposas. Carol não tem mais que cuidar de criança.

– Você já propôs isso a ela?

– Ela me disse que eu olhasse para a cara dela e visse se ela tinha jeito de aventureira.

– Então você não vê solução para o caso de vocês?

– Pergunte isso a ela.

– Estou perguntando a você.

– Eu tenho a solução, se ela quiser...

Eugênia foi conversar com a filha. Ana Carolina foi até irônica.

– Ora, Mamãe. E você acha que eu vou sair das minhas comodidades para ir acampar por aí nos lugares mais estranhos para ver o Elias pescar? Me poupe...

– Então você não quer tentar uma reconciliação?

– Mãe, não julgue o caso dos outros pelo seu. Isso era antigamente. Hoje os casais deixam de se amar, se separam, isso se vê todos os dias.

Ana Carolina não quis continuar aquela conversa. Era desagradável, inútil e sem a solução que a mãe aspirava dar. Levantou-se e saiu dali.

Eugênia permaneceu ali pensativa e frustrada. (Efetivamente era diferente o sentido do casamento antigamente. A gente casava até que a morte separasse mesmo. O nosso casamento foi tão feliz... É, mas havia casamentos de traições, infidelidades, desamor, de abandono e até de agressões físicas. E não se separavam porque era algo mal visto. E a mulher fingia felicidade enquanto o marido abusava dela. Nesse caso, estou com os casamentos modernos, era melhor mesmo a separação. Eu é que tive sorte, encontrei o homem que amava e ele me amava também. Do contrário... talvez eu não suportasse um relacionamento de sofrimento. O casamento não é o sacramento do amor? Se não há amor... Mas então por que Elias e Ana Carolina não se separam? Vivem se atacando... Esse modernismo não dá para entender. Finalmente, eles se equiparam como os de antes: se aguentam. Ou se necessitam para descarregar os despeitos, as raivas, os complexos... Que contrassenso! É tão melhor viver em harmonia, feliz). Eugênia só pensava, não podia ajudar... Eles não queriam.

As festas do fim de ano restaram muito do que foi sempre. A comemoração da fundação do clã Mac Millan no Brasil tirou muito o brilho do Natal e do Ano Novo. Robert não estava e o Gerson também não foi. Ele supôs que a Valentina estaria lá e quis evitar problemas. Tinha uma boa desculpa, Cristina estava prestes a da à luz. E Valentina queria ir, pensando que o Gerson fosse. Mas Cristóvão se negou pela mesma razão de Gerson. Ana Carolina, como sempre foi passar com a mãe e os jovens foram todos passar as férias lá. Na última hora para a ceia do Natal, chegou Elias com presentes para todos. E todos estranharam aquela atenção inusitada por parte dele.

No final da década de 60, mas concretamente em 1967, Um grande incêndio destruiu o Frigorífico Anglo. As altas chamas avermelharam a cidade inteira. A fumaça embaçava os olhares patéticos dos moradores do lugar, assistindo o fim daquele monumento do progresso de Mendes. O fogo acabou com tudo. Até com as palmeiras que conformavam o caminho imperial na rua em frente, passava a Matriz de Santa Cruz e ia até a estação Nery Ferreira. Foi outra sirene que se calou. Se a outra chamava à diversão, esta chamava ao trabalho.

Houve perplexidade, medo, lágrimas. Era o prenúncio da decadência econômica de Mendes. Desde aí o município começou a sentir seus cofres minguarem e terminaram de ser abalados no final da década de 70, com o fechamento da fábrica de papel e cartonagem CIPEC.

Mendes teria que procurar outro meio de sobrevivência. Com o fim do Frigorífico, aquele cheiro fétido que ele expelia se acabou. Então, com o ar purificado, se voltou a falar no clima ameno e agradável de temperatura média de 24 graus como uma alternativa para o ressurgimento da vocação para o turismo. A declaração da Unesco na década de 50 de que Mendes tinha o quarto clima do mundo, reforçou a ideia e esse passou a ser o slogan do Município. E por aí vai a cidade carregando o prejuízo, mas cheia de esperança de um novo auge.

"*Alea iacta est*", para Mendes.

CAPÍTULO 16

O bebê de Gerson e Cristina nasceu. Era um belo menino, se chamou Luciano. O casal estava muito feliz. Aliás, eles eram felizes, se entendiam bem inclusive no trabalho, os negócios estavam progredindo. Depois que o filho nasceu ela começou a trabalhar em casa para poder cuidar do bebê. Dava conta do recado porque o forte dela era apostar na bolsa de valores.

Cristina estava, ademais, se revelando uma boa mãe, cuidadosa e carinhosa. Gerson também. Ele chegava a sair mais cedo do escritório para estar com filho e com a esposa, claro. Eles eram o que Eugênia chamaria um casal harmonioso e feliz.

Esse não era precisamente o caso de Valentina e Cristóvão. Só o que segurava mesmo aquele casamento era a filha. Eram os mesmos problemas de sempre agora agravados com a espera de outro filho. Valentina não queria mais filhos, reclamou, esperneou...

– Isso é o que dá você não ser cuidadosa. Agora não há mais nada que fazer. – Cristóvão respondeu contrariado quando ela foi se lamentar, talvez em busca de alguma solução.

Ele foi cortante e ela procurou alguns meios para solucionar o seu problema tomando uns chás abortivos sem sucesso.

Talvez outro bebê segurasse por algum tempo aquela união que cada vez se fazia mais caótica para ambos. Inclusive já tinha havido intentos de separação. Se não fosse pela filhinha Aline...

Rogério estava para voltar ao Brasil, depois de mais de quatro anos de ausência. Maria Clara estava numa animação só. Rogério não estava menos. Porém, surgiu um problema: quem iria ficar com Eugênia? Aliás, por esses dias, a tristeza invadiu novamente o seu coração. A mãe dela, já bem idosa, falecera. No funeral não houve mais as badaladas fúnebres da igreja. Foi outro som que se aboliu em Mendes: os sinos que chamavam à devoção se calaram. Foram substituídos por disco. Outra saudade que o progresso trouxe para se lamentar.

Como com o fim do Frigorífico o comércio em Mendes estava bastante caído e Tuca tinha uma pequena quitanda, o casal estava apertado de dinheiro. Então Ivan fez a proposta a eles de irem morar no sítio para acompanhar a avó. Dora e Eugênia se conheciam bem e com o que a mãe ganhasse poderia ajudar nos gastos e reforçariam com o aluguel da casa onde moravam.

Maria Clara voltou para a casa no Rio e lá se preparava para receber o marido. Dessa vez ela resolveu ir esperá-lo no aeroporto. Maliciosamente Vânia quis ir e a cúmplice, Zulmira, também foi.

Como Rogério não estava acostumado que a família fosse esperá-lo, foi saindo ao saguão com Suely. Ao ver a esposa, antes que ela o visse, despachou a amante:

– Sai de perto de mim, a minha mulher está ali.

– O quê?

– Vai embora.

– Depois desse tempo todo você, simplesmente, me dispensa?

– Depois nos falamos. Vai logo.

Suely, furiosa, se afastou. Mas ficou para assistir o encontro do casal. Maria Clara não percebeu nada, mas Vânia e Zulmira viram tudo.

O encontro de Rogério com a esposa foi muito efusivo e sinceramente afetuoso. Eles foram para casa abraçados. Suely olhando o comportamento carinhoso do amante, e Vânia e Zulmira observando o despeito de Suely.

Realmente foi uma alegria a reunião da família Souza completa. Estavam todos contentes e afetuosos com o pai. E Rogério mimou muito a netinha que acabava de conhecer. Cristóvão até pensou como poderia Valentina ser tão diferente de todos.

Rogério tinha um mês de férias e o casal aproveitou para ir a uma estação de águas. Desfrutaram de uma segunda lua-de-mel.

Enquanto isso, Suely ligou para a casa deles várias vezes. Numa delas, a última, foi Vânia quem atendeu:

– Meu pai e minha mãe foram viajar em segunda lua-de-mel. Não sabemos quando voltam. Quem fala? Você quer deixar algum recado?

Suely bateu o telefone irritada.

Finalmente, quando Rogério e Maria Clara voltaram do passeio, Suely conseguiu falar com ele e marcaram um encontro.

– Sinto muito, Suely, o nosso caso está acabado. Voltei com a minha mulher, estou feliz com a minha família... não dá mais.

– Você empatou quatro anos da minha vida e agora vem dizendo que chega, que não dá mais? E eu, como é que fico?

– Voltou cheia de joias e eu ainda lhe dou o cheque que ganhei de prêmio na companhia. Com isso você poderá comprar um conjugado. Não posso fazer mais.

– O dinheiro paga tudo, não é? E os meus sentimentos?

– Ora, deixa de apelar. Que sentimentos? Você não me acompanhou propriamente por amor. Estava na cara que era para tirar vantagem. Viveu esses anos com mordomias que nunca teve. O que mais quer? Chega Suely. Eu não quero mais. Vai viver a sua vida, recuperar os anos que perdeu comigo.

– Isso não há quem possa devolver, miserável.

– Adeus, Suely. Eu lhe desejo toda a felicidade do mundo. Só lhe peço que você me deixe em paz com a minha mulher e a minha família.

– Velho ridículo, broxa, você não é mesmo mais homem para mim. Vai... vai com a postema da sua mulher. Vocês se merecem.

Suely foi saindo, batendo pé. Foi pena que Vânia e Zulmira não viram nem ouviram o fora que ela levou. Assim se pôs fim no capítulo da Suely. Rogério não queria mais nem ouvir falar naquele nome.

Rogério e Maria Clara estavam vivendo uma nova fase do seu casamento. Ela estava resolvida a não deixar o marido ir sozinho a nenhum outro lugar. Estava disposta a acompanhá-lo onde fosse. Isso porque ela jamais soube da sua acompanhante das arábias. Por sua vez, Rogério também preferia não deixá-la só. Percebeu que Maria Clara estava uma coroa atraente e ele preferia preservá-la dos gaviões que revoam no Rio de Janeiro. Caramba! Até o ciúme apontou entre eles...

Quando Robert voltou ao Brasil com Maria João, veio com um filho de poucos meses. Ele estava orgulhoso com o fato de ser pai e por ter batizado o filho de George Mac Millan Neto. Eugênia agradeceu a atenção do filho e ficou encantada com o novo netinho.

Robert veio com tempo para assistir a cerimônia de formatura de Ivan. Convidou o rapaz para ir fazer a especialidade na universidade em que o avô e ele mesmo se especializaram.

Valentina também estava de bebê novo. Quando Rogério ouviu o nome da nova netinha, até se arrepiou: Suely. Em Cristina também se via uma incipiente barriguinha do segundo filho. A família estava crescendo. George tinha razão, o clã Mac Millan não acabaria nunca.

Nesse fim de ano o sítio ficou cheio. Dessa vez a família estava completa. Elias não faltou. E até Dora e Tuca participaram das festas. Eugênia, como sempre, ficava feliz. Era a temporada que ela ficava mais contente porque a família se reunia toda e enchia a casa de alegria como George gostava.

Dessa vez nem a Valentina pôs problema, Gerson se cuidou para que isso não acontecesse, ficou todo o tempo com o filho ou com Cristina. No entanto, em um momento em que a esposa esteve só, sofreu um pequeno acidente que, inicialmente envolveu ela e Cristóvão.

Ele estava lendo na varanda quando Cristina passou. Ao descer as escadas, ela perdeu o equilíbrio e caiu rolando os degraus. De imediato Cristóvão correu para socorrê-la. Ela estava meio tonta e se queixava de uma dor no pé. Nisso, veio Eugênia:

– Vamos levá-la para o sofá da sala.

Cristóvão não pensou duas vezes, a tomou nos braços e a carregou. Nesse momento ambos sentiram talvez o que chamam o "clique". Uma sensação, um arrepio estranho que os fez se olharem nos olhos e se sentirem mutuamente.

A pedido de Eugênia, Cristóvão foi chamar Gerson e Maurício. Gerson se assustou, Cristina estava no início da gravidez, poderia prejudicar o bebê. Porém o "doutor" Maurício, estreando como médico, o tranqüilizou, afirmando que tudo estava bem e que foi só mesmo um entorse no pé. Ele orgulhosamente fez a atadura conforme o procedimento médico e, como Cristina estava com dor, prescreveu um analgésico que Eugênia prontamente foi buscar. Gerson a levou para o quarto e ficou o tempo todo com ela. Ainda temia que a queda prejudicasse, de alguma forma, a gestação da esposa. Cristina estava inquieta. Não podia entender aquela sensação sentida nos braços de Cristóvão.

Ele voltou a se sentar na varanda para ler, porém não podia concentrar-se na leitura. Aquela impressão que sentiu, enquanto seu corpo roçava o de Cristina, era algo absolutamente novo na sua sensualidade. Ele desejou ardentemente aquela mulher. E ela estava completamente fora de qualquer pretensão. Ele deveria tirar aquele pensamento perturbador que o arrepiava e dava prazer, mas ele não podia nem queria.

Se Valentina e Gerson começaram a sua história a partir dali, daquele sítio, Cristóvão e Cristina iniciaram a deles. Nunca mais puderam se olhar com naturalidade. Era melhor não se encontrarem mais, lhes dizia a voz da razão e era tudo o que eles queriam, porém, e a voz do desejo?

Eugênia notou que Elias sempre dava um jeito de ficar perto de Ana Carolina e, se estavam distantes, ele sempre ficava olhando para ela. Contudo, Ana Carolina não era sensível à atitude de aproximação de Elias. Por isso Eugênia foi alertar a filha.

– Mãe, isso é coisa dele, não minha.

– Está bem, mas se, definitivamente, você não quer mais nada com Elias, por que não se separam de uma vez? Ficam aí com esse chove e não molha...

– Eu lhe propus mil vezes a separação. Ele sai pela tangente, não quer.

– Se você quisesse mesmo, fincaria o pé. Mas parece que gostam de se torturar. Que relacionamento doentio...

Dessa vez quem saiu foi Eugênia e deixou a filha pensativa. Quem sabe pensando o quê?

Robert e família voltaram para Escócia levando o Ivan com eles. Robert o convenceu. Como agora ele era um chefão, empregou o sobrinho na firma para ele ter um ganho enquanto estudava. Ivan achou tudo tão diferente por lá: o clima o lugar, sobretudo o modo de ser das pessoas. Mas era a terra do seu querido e saudoso avô e ele, por associação, olhava com olhos de boa vontade, estava gostando.

Ivan contou ao tio que tanto na faculdade como no trabalho o chamavam de Ivan Mac Hado. Robert morreu de rir.

– Nacionalizaram você.

Vânia e Zulmira também estavam se preparando para se formar. Elas andavam sempre juntas como desde meninas, foram sempre amigas inseparáveis. Porém algo muito sério vinha ameaçando aquela amizade: um namoro. Não se sabia se as duas gostavam do mesmo rapaz, mas sim que ele queria namorar as duas ao mesmo tempo. Ele telefonava para ambas e ia à casa das duas paquerar. Esquecia que elas eram confidentes, e logo descobriram a patranha. A reação de ambas foi igual: nenhuma se interessou mais, deixaram o cara de lado para a outra. E o conquistador barato foi dispensado pelas duas. Ele se enfezou e, como era de má índole, quis ir à forra. Inventou uma história de traição de uma para outra. Conseguiu até uma colega, mau caráter como ele, para ir fofocar: contar e confirmar a traição e falsidade de ambas. A garota contou para cada uma, que a prima estava namorando o cara às escondidas. A história foi contada em segredo e tão bem desenhada que ambas acreditaram. A desconfiança e a decepção esfriou a amizade delas. Nenhuma quis comprovar nada, preferiram não se mortificar mais. Zulmira começou a andar com uma turma, o que contrariou a Vânia. E Vânia também foi buscar a companhia de outra colega deixando a Zulmira enciumada. E aquela amizade antiga, que tinha acompanhado as duas desde sempre, quase acabou. Elas se falavam cada vez menos e cada vez com mais formalidade. Ambas estavam sentidas com a outra. Não aceitavam um gesto tão desleal e falso numa amizade tão dileta. Foi muito triste para elas perderem aquela relação de irmãs, porque se queriam muito.

E por falar em querer, por fim, Maurício e Valquíria estavam namorando de verdade. Como ele tinha dito, queria fazer parte do clã Mac Millan.

CAPÍTULO 17

Robert estava muito feliz no seu casamento com Maria João. Conseguiu com ele o que sempre desejou: um relacionamento como o do seu pai e da sua mãe. Ele esperou, buscou, mas finalmente conseguiu. Maria João correspondia em tudo à mulher que ele aspirava. Era trabalhadeira, educada, doce e o amava. E ele continuava um homem apaixonado. Eles encontraram a felicidade um com o outro e agora a compartilhavam com o fruto do amor deles: o filhinho George. O seu pai e a sua mãe sempre foram felizes porque se amavam muito. Como disse Vitor Hugo, "a medida do amor é amar sem medida". O amor de Robert e de Maria João também era assim.

Ela estava esperando outro filho. E Robert estava feliz, entre outras coisas, por contribuir com a aspiração do pai de fazer o clã dele crescer. Ivan desfrutava desse aconchego de lar naquelas terras estranhas para ele.

Se não é fácil para um brasileiro, menos ainda para quem conviveu com o jeito de ser carioca, se acomodar com a rigidez dos costumes escoceses. Até a forma de ser alegre era diferente. Ivan andava como pisando em ovos, sem saber como atuar. Lógico que com a colaboração de Robert ia pouco a pouco se amoldando às maneiras formais do povo do lugar.

Cristina deu à luz a outro filho homem. Ela que desejava tanto uma menina, tinha até nome escolhido. Mas o bebê foi igualmente bem recebido. Chamou-se Anselmo. Outra família dos Mac Milan que crescia embora não de nome.

Eugênia estava contente com a companhia de Dora que, além de acompanhá-la, estava aprendendo vários trabalhos manuais que as senhoras de antigamente elaboravam, para serem consideradas prendadas: bordados, tricô, croché, frivolité e outras delicadezas mais. E, enquanto trabalhavam, conversavam.

– Dora, você amava muito o meu filho, não é?

– Muito, era apaixonada por ele. Ele foi o grande amor da minha vida.

– Ele também a amava.

– Eu sei que sim. O nosso amor era verdadeiro. No entanto, de repente, ele me disse que estava tudo acabado entre nós dois, e foi embora. Eu tomei um choque. Tinha algo que contar-lhe e ele nem me deu a oportunidade de dizer nada. Foi embora sem saber que eu esperava um filho dele. – Dora silenciou, ficou pensativa, logo continuou: – Talvez se ele tivesse-me deixado expressar naquela situação, eu também não teria dito nada. Não ia querer que ele ficasse comigo por causa da criança. Eu achei que ele não me amasse mais e não aceiraria um relacionamento com ele se não fosse por amor.

– Eu sinto muito, Dora. Todos esses anos venho carregando um remorso que me amarga a recordação. Quando eu peguei o Willian pulando a janela do seu quarto, eu o reprovei, o proibi daquele abuso. Dora, eu quero que você entenda que o que eu não queria é que ele se aproveitasse da sua condição de subalterna para submetê-la aos seus caprichos. Não era nada contra você ou contra um relacionamento correto e respeitoso entre vocês. Você estava na minha casa desde novinha, eu a conhecia bem, os seus modos, o seu caráter, não tinha porque me opor. Mas meu filho tomou minhas palavras drasticamente e, de certa forma, eu me sinto culpada. Você encontrou um homem bom e correto que a amparou. Mas o meu filho nunca mais foi feliz.

– Eu respeito e agradeço infinitamente ao Tuca. Ele me acolheu quando até os meus pais me abandonaram, me expulsaram de casa. Eu era indigna daquele lar, tinha desonrado a família. O Tuca me protegeu, se casou comigo, deu seu nome ao meu filho. Admiro o desprendimento e a bondade do meu marido. Porém, apesar de tudo o que aconteceu, nem eu nem o Willian pudemos deixar de nos amar.

Tanto Dora como Eugênia estavam comovidas. Depois de uma pausa que Dora forçou para recobrar o alento e poder dizer o que precisava, continuou:

– Eu também guardo um peso na consciência que me tortura até hoje: no dia do acidente do Willian, nós nos encontramos casualmente no caminho da Estação Velha. Ele falou do desejo de estar comigo, de abraçar o filho dele e depois me confessou que ainda me amava com a mesma paixão de sempre. Eu quase me desfiz naquele momento. Tive até ímpetos de me jogar nos braços dele, ele me olhava com aquele desejo, aquela tristeza. Mas eu não podia, eu era uma mulher casada e fiel ao meu marido. Então pedi que ele me esquecesse, que nunca mais me dissesse aquelas coisas. Pedi que ele se afastasse do meu caminho e do caminho do Ivan, porque, oficialmente, o pai dele era o Tuca... – Dora estava embargada, soluçou, fez esforço para poder continuar: – A Senhora não sabe como me doeu dizer aquilo a ele. Sabia que ia fazê-lo sofrer. Eu notei a decepção, a dor do Willian e a mim doeu tanto quanto a ele, tudo o que lhe disse. No fundo do meu ser eu desejava uma situação contrária, quem me dera. Afinal ele era o pai verdadeiro do meu filho e eu o amava como ele amava a mim, com a mesma paixão de sempre. Ele, ali na minha frente, declarando o seu amor e eu proibida de revelar meus sentimentos, assumir a minha verdade. Eu não podia ser canalha com o homem que me salvou da vergonha e da miséria. Porém nunca pude imaginar que as minhas palavras duras e lancinantes pudessem afetar tanto ao homem que eu amava, a ponto de conduzi-lo à morte. Acredite-me, D. Eugênia, aquele dia, uma parte de mim morreu com ele. Nunca mais eu tive paz na minha vida.

Nesse ponto Dora desabou. Ela se abraçou a Eugênia e ambas começaram a chorar emocionadas. Até que Eugênia conseguiu forças para continuar as revelações mais secretas de ambas.

– Eu sempre acreditei no amor como algo fundamental na vida de uma pessoa. E, por uma interpretação errada, neguei ao meu filho o prazer supremo de amar.

– E eu, amando-o tanto, o proibi de amar, neguei a ele o direito do amor do seu próprio filho. – Dora soluçou. – Nós o matamos.

– Não Dora, nós fizemos o que deveríamos ter feito. O destino foi quem o levou àquele fim e depois quis jogar a culpa em nós duas. Não se mortifique mais, você não podia ter agido de outra forma. Eu pedi perdão ao meu filho, Dora. Agora, eu peço perdão a você.

– Eu nunca vou poder pedir perdão a ele. Só pedi perdão a Deus.

– Eu também pedi e, com certeza, Ele nos perdoou. Nosso remorso, nosso arrependimento, nossa tristeza nos fez merecedoras do perdão.

– Eu tive o apoio do meu marido. Ele foi meu confidente e meu consolo.

– Dora, você não pode imaginar o sofrimento que é perder um filho. Mais ainda como George e eu perdemos. Um homem forte, aguerrido, bem sucedido profissionalmente, na flor da juventude, com toda a vida por diante. De uma hora para outra vê-lo no caixão... – Eugênia não pôde terminar. Também soluçou. – Meu marido e eu compartilhamos aquela dor, um tratando de poupar o outro. Se não fosse por ele, não sei se resistiria...

Aquelas duas mulheres estavam ali unidas na dor, na amargura, na culpabilidade, no remorso, na compressão, no desabafo. Elas estavam irmanadas na mesma necessidade de perdão. Aquele desafogo, as lágrimas contidas há tantos anos, que ali foram copiosamente derramadas, as deixaram mais leves, mais aliviadas, e unidas numa amizade que as tornava mais fortes. Dora estava com a mãe do seu amor e Eugênia estava com o amor do seu filho. Elas se completavam, se sentiam apoiadas... perdoadas.

Nasceu a filhinha de Robert e Maria João. Uma menina, como eles queriam. Robert quis por o nome de Eugênia. Queria fazer uma homenagem à mãe também. Seus pais eram os seres que Robert mais admirava.

– São o meu espelho, foram meus guias de toda a vida. Amei incondicionalmente o meu pai. E amo a minha mãe com devoção. Seu amor, sua graça, sua doçura... quisera que a minha filha fosse como ela. E como a minha mulher, Maria João também é assim e por isso a escolhi. – Contava Robert a Ivan.

– Ainda bem que a vó tem nome bonito, ou ia ser como Zulmira que vive renegando do nome dela. Diz que é nome de velha. Ela nasceu logo depois da morte da avó por parte de pai e Elias quis dar a filha o nome da mãe como uma homenagem póstuma. Ferrou a filha.

– Ela tem razão... ninguém merece. – Terminou Robert e os dois caíram na gargalhada.

Eles sempre recordavam, de uma ou de outra forma, a família no Brasil. Logo veio George querendo brincadeira. Ivan tinha muita afinidade com o priminho. Seria por causa do nome?

Eles tinham pensado ir no fim do ano ao Brasil para as festas e para assistirem a formatura de Vânia e de Zulmira. Não era sem tempo, Ivan sentia muitas saudades de todos, do ambiente descomplicado e alegre daqui e do jeito feliz do brasileiro. Isso só se sente quando se está fora. Robert tinha se acostumado e, depois do casamento, como encontrou a porta da felicidade aberta, entrou nela e o entorno não lhe importava mais. Robert era feliz na sua casa com sua mulher, seus filhos e agora com Ivan.

Ivan era como uma ligação dele com a sua família no Brasil, mas, sobretudo, ele representava o seu irmão cujo falecimento marcou tanto a sua vida. Foi a primeira vez que ele encarou a morte. Nunca pôde esquecer a imagem do irmão inerte, cadavérico dentro daquela urna mortuária. Robert se deparou com a fragilidade da vida: um homem cheio de vida, em frações de segundo, acaba. Esse dia Robert temeu. Temeu a vida, temeu o destino, temeu a morte. Foi a impressão que mais fortemente registrou na sua existência e que, ainda hoje, o enternece. Foi como uma punhalada que levou e ficou cravada no seu coração. Ninguém precisava saber daquela ferida que tanto sangrou na sua juventude e até hoje não cicatrizou.

Porém Robert sempre desejou compensar aquela traição do destino com o seu irmão, através do seu filho, o Ivan. E Ivan também amava o seu tio. Era como se ele tivesse ficado no lugar do seu avô.

E chegou o dia da viagem, da chegada, dos encontros, dos afetos, da alegria. Sempre era motivo de contentamento a chegada de Robert e agora da família e de Ivan.

Na colação de grau de Zulmira e de Vânia, chamou a atenção de toda a família, a indiferença e o distanciamento entre as duas primas. Estranharam porque desde pequenas elas estavam sempre juntas. Se não fossem tão diferentes poderiam parecer gêmeas, nem se podia conceber uma sem a outra e agora estavam ali cada uma no seu canto, como se fossem duas estranhas.

Depois de terminado o ato, toda a família foi jantar numa churrascaria. Era o presente do tio Robert. E novamente as duas primas se sentaram longe e pouco se dirigiam a palavra. Robert perguntou a Ivan, que era muito ligado a elas duas, se ele sabia algo sobre aquela atitude delas. Mas Ivan não sabia.

– Temos que descobrir e acabar com essa bobagem. – Robert para Ivan.

– Conte comigo. – Ivan para Robert.

Fora isso, o jantar transcorreu animado. Valentina se apressou a sentar-se perto de Gerson e logo deu início ao bombardeio da sua artilharia pesada. A defesa de Gerson era um meio sorriso sem graça que disfarçava certa satisfação. Enquanto ela empreendia a batalha campal de olhares sedutores, gestos provocantes e palavras insinuantes de um lado, do outro, o escudo cambeta dele só fingia cobrir. Mas se deixava penetrar para nutrir o ego. Cristóvão e Cristina enfrentavam uma batalha interior que era prazerosa e temerosa ao mesmo tempo. Eles tratavam de evitar, mas seus olhares se atraíam. Queriam dissimular desinteresse, mas por dentro se desejavam, a mera tensão de ambos delatava seus sentimentos. Pareciam ser os enganados, porém seus silêncios enganavam mais que as investidas de Valentina e a disfarçada indiferença de Gerson sentido a invasão de Valentina na sua vaidade de macho.

Ali havia quatro culpados. Por isso, em casa, um não reclamou do comportamento do outro. Valentina estava na dela e Gerson desfrutando de sua sedução. Cristóvão nem prestou a atenção no jogo de conquista dos dois. O tempo todo desejou a Cristina. E Cristina se culpava pelos seus pensamentos pecaminosos e infiéis.

Tudo bem por Valentina e Cristóvão, eles já estavam fartos um do outro. Mas Gerson e Cristina eram um casal amoroso... É, mas ainda que rejeitasse seu pensamento, Cristina era infiel. E Gerson? Será que pela cabeça dele não se passava um ato de infidelidade?

Aquilo estava muito perigoso. O mais prudente era que aqueles casais não se encontrassem mais. Havia quatro vidas que dependiam deles. Quatro crianças inocentes que careciam dos cuidados dos pais. Oxalá jamais cale nada entre eles. Entre Valentina e Gerson e entre Cristóvão e Cristina.

CAPÍTULO 18

No dia seguinte da formatura, toda a família foi para Mendes para comemorarem o Natal e o Ano novo. Todos, menos Gerson e Cristina, para a decepção de Valentina e de Cristóvão. Na realidade, para Gerson não fez tanta diferença, salvo porque ele gostava de veranear no sítio da avó com toda a família. Porém Valentina estava muito audaz e ele preferia evitar problemas. No entanto, Valentina tinha esperanças de encontrá-lo lá. Não foi só ela que se decepcionou. Cristóvão só tinha ido para ver a Cristina, estar perto dela. E foi Cristina quem se recusou a ir. Gerson pensou que era por causa de Valentina, mas claro que era por causa de Cristóvão. Ela não podia continuar se permitindo aquela atração por ele fora de todo o bom senso.

Dora e Tuca receberam Ivan com muito carinho. Eles estavam muito saudosos do filho. E, da mesma forma, Ivan correspondia a acolhida dos pais. Quando Maurício chegou, se reuniu a pequena família para desfrutarem juntos o convívio e o afeto que desejavam.

Ivan tinha muito o que contar e quem mais desfrutava em ouvi-lo era Maurício que, desde sempre, admirou o irmão. Ivan contou a sua vida na Escócia, a sua ligação e amizade com o tio Robert e falou dos estudos e do trabalho. Maurício também tinha o que falar. Estava muito devotado à medicina, tinha projetos para sua especialização e, sobretudo, falou do seu amor por Valquíria.

– Você sempre aspirou pertencer ao clã Mac Millan… – Ivan o interrompeu.

– Mas não é mais por isso, não. Esse fator ficou esquecido ante a garota que ela é. Acho que ela é a mulher que eu gostaria de ter para toda a vida. Nós nos amamos. E você Ivan, não encontrou uma namorada por lá?

– Com que tempo? Estudando e trabalhando não fica tempo nem para olhar as garotas. Mas também não posso me dar ao direito de empatar o tempo delas. Não tenho com que sustentar uma casa, primeiro tenho que me arrumar na vida.

– Eu também. Mas, assim que me formar e conseguir um emprego, me caso com Valquíria. Ela é novinha, disse que vai estudar depois de casada. A Zulmira e a Vânia, ao contrário, dizem que só se casam depois que tiverem bons empregos para garantir a independência delas. Mas a Valquíria, tudo que quer, é ficar perto de mim. Bem, e eu dela.

Dora e Tuca ouviam os filhos falarem e pensavam no quanto eles se distanciavam da vida humilde que eles poderiam lhes proporcionar. Sem dar-se conta, os filhos se imiscuíram com a maneira de viver dos Mac Millan. Mas pelo menos eles jamais deixaram os pais de lado.

Dora também expressou o quanto se sentia a gosto com a companhia de Eugênia.

– Aprendi muitas coisas com ela, mas, sobretudo, a companhia faz bem a ambas.

– A vó é a criatura mais terna que eu já conheci. – O Maurício sempre buscou a companhia de Eugênia e ela, desde pequeno o mimava.

– Isso diz meu tio Robert.

– É isso mesmo. D. Eugênia é boa e carinhosa. Nós nos tornamos boas amigas.

O único que não ia muito bem era Tuca. Sua quitanda vendia pouco como todo o comércio de Mendes. Claro que a situação deles melhorou com o aluguel da casa, a economia com os gastos domésticos e com o salário de Dora. Porém, Tuca se sentia frustrado. Depois de tantos anos de trabalho duro, conseguiu sua independência com muito sacrifício e agora vê seu empenho fracassar? Por isso aconselhou os filhos.

– Eu fico contente com o progresso de vocês. E orgulhoso. Eu nunca pude imaginar ter um filho engenheiro e outro médico, isso conforta o meu ego. Foi uma bênção de Deus que eu agradeço e agradeço também aos Mac Millan que concorreram para que esse desejo se tornasse realidade. Por isso, se eu não pude me realizar como trabalhador braçal e como negociante, me realizo através de vocês, meus filhos. Meu orgulho e minha razão de viver. Minha e de sua mãe.

A família se comoveu com as palavras de Tuca.

– Pai, somos nós que nos orgulhamos de você. Um homem bom, honesto e trabalhador... Nós seguimos os seus passos, você foi o nosso exemplo.

– E nós amamos vocês. – Maurício completou as palavras do irmão.

Aquela reunião tão terna deixou todos, e cada um dos seus membros, com o coração pausado e contente. Que sorte para Ivan e Maurício terem duas famílias exemplares. Quer dizer, eles poderiam considerar três. Ivan morava na Escócia como com sua família e Maurício sentia o mesmo na casa de Ana Carolina no Rio.

Depois que Eugênia disparou aquela frase bombástica, tão inusitada em se tratando dela, de que o relacionamento de Ana Carolina e Elias era doentio, que isso ficou dando voltas na cabeça da filha e a fez se questionar. Ela tinha que reconhecer que o jogo é um vício e que ela estava viciada. E não era só pelo jogo, mas pela distração, as conversas, a companhia. Ela tinha conseguido um meio para suprir as longas ausências do marido. E agora, de fato, ele vinha interromper a sua rotina de diversão.

Aparentemente o afeto que unia o marido e ela, tinha se acabado. Ela preferia o jogo como ele preferia a pescaria. Porém, valia a pena refletir à pergunta da mãe. Por que antes de estarem continuamente se reprovando, se não se entendiam mais, por que não se separavam? Por que ele não queria? E ela, por que ela não tomava uma resolução radical?

Ultimamente Elias saía menos, permanecia mais tempo em casa ainda que ficasse peruando sozinho. Ela não ia deixar seu programa da tarde para acompanhá-lo, acompanhar a quê? Tinha notado que ele andava calado e tristonho e às vezes ela até ficava com pena dele. Definitivamente, se não fosse à pesca, parecia que ele não se encontrava, não sabia o que fazer. E Ana Carolina também não sabia o que fazer com ele. Eles perderam a naturalidade, a intimidade, quando estavam juntos. Não havia diálogo, não sabiam o que falar, não tinham assunto. Certa cerimônia, um distanciamento aparentemente intransponível os separava, só se entendiam ou se desentendiam brigando. A mãe tinha razão, aquele relacionamento não tinha razão de ser, não era normal... seria doentio?

Elias, conversando com Rogério, acabou se abrindo com ele.

– Eu notei que o seu casamento, depois do seu regresso do Irã, mudou muito. Parece que o amor voltou a uni-los.

– É, é isso mesmo. Estamos recomeçando nossa história.

– Eu invejo vocês. Também gostaria de um relacionamento, pelo menos, de paz com a minha mulher. Não estou tão jovem, às vezes sinto falta do aconchego do lar, dos cuidados ou, ao menos, de um pouco de atenção de parte de Ana Carolina. Mas ela tem seus compromissos na rua e eu até estorvo a vida dela. Acho que se cansou de mim, não me quer mais.

– Era exatamente isso que estava acontecendo no meu casamento. Por culpa do meu trabalho, ficávamos afastados e essas ausências esfriaram o nosso relacionamento. Dessa última vez foram mais de quatro anos. Parece que Maria Clara sentiu minha falta, dizia isso nas cartas. E o incrível aconteceu: começamos a namorar por carta e, ao voltar, nosso relacionamento mudou radicalmente, por parte dos dois. Nós agora vivemos felizes um com o outro e, separação, nunca mais.

– Foram as minhas ausências que fizeram melar meu casamento. Acho que exagerei, deixei minha mulher e meus filhos num segundo plano e agora quem ficou em segundo plano fui eu. Não tenho lar nem filhos e nem mulher. A Eugênia me aconselhou reconquistar a Ana Carolina, mas não há mais o mínimo interesse de parte dela. Não vejo chance de um recomeço como o de vocês. Eu não quero a separação, não tenho mais ninguém neste mundo, temo a perspectiva de um dia me ver só.

– Quem sabe, Elias, você indo um tempo longo como eu…

– Mas isso foi o que fiz a minha vida inteira.

– Peita ela, aceite o desquite, a separação definitiva, dê-lhe um susto.

– E se ela aceitar? E eu acho que ela está propícia a aceitar mesmo.

Rogério não era muito entendido no assunto, não pôde ajudar o amigo. Seu caso parecia não ter solução. Do outro lado vinha se aproximando Robert. Ele tinha outro assunto para ventilar e era relacionado ao distanciamento de Zulmira e Vânia, que o tinha preocupado e queria saber se os pais poderiam dar alguma luz. Porém Rogério apelou à luz dele em prol do amigo.

– Aí, Elias, Robert talvez possa ajudar, ele é irmão de Ana Carolina, a conhece melhor.

– Do que vocês estão falando?

– Do casamento de Elias e Ana Carolina. Está em perigo.

– Do que eu sei, sempre esteve. Mas o que está pegando agora?

E Elias repetiu toda a história para Robert. E Robert também não soube aconselhar. Precisava ouvir a outra parte e isso mesmo foi o que foi fazer. Ele não gostava de deixar os problemas para depois e foi procurar a irmã.

– Por que ele não pensou nisso tudo quando estava por aí, não sei onde e com quem, se divertindo e pescando?

– Ciúme, despeito, rancor, vingança…

– O que você está dizendo?

– Estou contabilizando, analisando os seus sentimentos e o seu comportamento.

– O meu? Analise o do Elias.

– Já analisei. Sei o que está acontecendo com ele e agora, com você também, os labéus que a adornam, Carol. Será que você não percebe que está agarrada no passado, sofrendo suas consequencias só para castigar o Elias e se vingar dele? Estragando a vida dele e a sua também…

– Eu estou feliz com a vida sem ele.

– Está nada. Está matando tempo numa vida inútil, sem objetivos, artificial que é parte da sua vingança. Tudo isso não passa de um artifício, de uma representação. Com isso você só quer mostrar que não precisa do Elias.

– Por favor, Robert, você como psicólogo, faça-me o favor… – Ana Carolina sorriu irônica.

– Não tenho a mínima pretensão. Mas não precisa ser psicólogo, basta o bom senso para perceber as suas intenções. Porque se você está tão segura do que quer, se está empenhada a não aceitar uma reconciliação, a uma vida a dois em harmonia como ele propôs, então tome uma determinação. Paute a sua vida como você crê que é feliz agora e para o futuro. Mas pense bem, não trate de se enganar para não encaminhar a vida para a solidão: uma anciã frustrada, ranzinza, rabugenta e solitária. E deixe o Elias em paz de uma vez por todas. Afinal ele ainda pode refazer a vida dele com outra companheira.

– Ele lhe disse isso?

– Não, mas é óbvio, isso é o que vai acabar acontecendo. Ele deseja ter uma mulher, um lar, se não é com você, buscará quem queira. E não faltará candidata, isso eu posso assegurar...

– Eu não estou segurando ninguém...

– Eu sei, ao contrário, o está enxotando. Não sei como ele ainda não se mandou. Olha, que aguentar uma mulher fria, indiferente e ainda mal-humorada, é dose. Ele, embora não demonstrasse muito no passado, deve gostar muito de você, ou já teria arranjado outra mulher. Uma mulher que o queira, uma companheira bem-humorada, carinhosa, uma mulher, mulher, você me entende? O que você oferece para ele, Carol? Cara feia, brigas, mal ambiente... Tem dó, ninguém merece. Se você quer a minha opinião sincera, tal como você está ultimamente, qualquer outra mulher dá mais prazer e alegria de viver para qualquer homem.

E Robert deixou a irmã com a pulga atrás da orelha. Era mais um argumento para os seus questionamentos. Ele tinha afetado o seu amor-próprio, descobriu a desculpa que ela tinha para descarregar seus rancores e sua vingança ou realmente lhe doía perder o Elias para sempre, para outra mulher?

CAPÍTULO 19

Quando Gerson falou com Cristina sobre passar as festas em Mendes, ela se recusou inventando uma série de desculpas que, claro, não convenceram.

– É por causa da Valentina, não é?

– Em parte, sim.

– É por ela sim. Você se sente insegura, ameaçada. E tem razão. A Valentina é audaz, inconveniente, me deixa sem graça com o Cristóvão. E com você também. Ela sempre foi assim, desde pequena, pois nós éramos contemporâneos. Zulmira e Vânia brincavam de boneca, de casinha. Eu não ia brincar como menina e ela, maiorzinha, ficava comigo e a brincadeira, como ela contou, era de namorados. Ela inventou isso e, desde então cisma comigo. Para ser verdadeiro, comigo e com todos os homens. Valentina é muito namoradeira, conquistadora, é o jeito dela. Mas, e quero que isso fique bem claro, não existe entre nós nenhum laço afetivo que não seja de primos, de parentes. Pelo menos de minha parte, não há a mínima possibilidade de um relacionamento homem mulher... Nunca.

– Você não pode falar por ela. Ela se insinua descaradamente. Eu não sei como o Cristóvão aguenta.

– Isso é verdade, eu não aguentaria. Mas o que posso fazer? Faço-me de desentendido. Para mim também não é fácil fazer o papel de bobão.

– O melhor é evitar encontros com eles. Eu não posso dizer que isso não me incomoda. E incomoda também por causa do Cristóvão.

– É, mas vamos acabar com essa cisma. Eu amo você, Cris. Nós vivemos felizes, os dois, com os nossos filhos. Eu não empenharia essa felicidade por nada no mundo.

Cristina ficou pensativa. Ela tampouco empenharia. Por isso precisava, a todo custo, evitar o convívio com Cristóvão. Ela mesma não se explicava aquela atração por ele.

– Cris, vamos embora. Isso aqui está muito chato. – Era Valentina no sítio.

– Por quê? Porque o priminho não veio?

– A! Não me venha você com ciuminhos. O Gerson é meu primo, eu gosto dele, mas sem nenhuma intenção.

– Sem intenção? Só falta convidá-lo abertamente...

– Não me amole. Está despeitado, com ciúmes...

– Por mim você pode se mandar com ele ou com quem quiser. Mas há quatro coisas que não estou mesmo disposto a aturar. O primeiro é o ridículo que você faz na minha frente, ainda que isso é coisa sua. A segunda é a saia justa que você põe o rapaz. Mas isso é coisa dele. A terceira é coisa minha mesmo. Não gosto de estar fazendo o papel de panaca com você me plantando chifre ainda que seja com o priminho. Só não me retiro por causa da Cristina. Para dar apoio a sua estupefação. Ela é prudente e educada para aguentar o seu abuso. Ela não merece.

– E ela é o seu quarto motivo. É coisa dela ou sua?

– É minha também, não gosto de ruindade.

– A mocinha frágil tem um defensor. Está inspirando sentimentos de proteção ao mocinho. Já vi esse filme.

– Tome como quiser. E vai logo arrumar suas coisas para não pegar muito trânsito no caminho.

– Me engana que eu gosto. – Valentina falou irônica e saiu.

(Ela tem razão. Eu também só vim aqui para ver a Cristina. Ler, se lê em qualquer lugar, até em casa). Cristóvão ficou pensando.

Para Zulmira e Vânia o sítio era bom para ler, pegar sol, tomar banho de cachoeira... e era o que estavam fazendo em separado. E também conversar com Ivan e com o tio Robert. Eles estavam querendo saber o motivo do distanciamento delas. Mas nenhuma contou. Cada uma quis preservar a outra. Por mais que eles tentassem, "sacarrolhassem", elas estavam herméticas. Só que eles não desistiam, combinaram não voltar à Escócia sem solucionar o caso delas.

Para Maurício e Valquíria, o sítio ainda era para desfrutar. Eles passavam o tempo todo namorando e passeando por todos aqueles cantos bucólicos e idílicos. Porém, embora tenham ido várias vezes ao recanto do pecado, para eles o lugar não passava de solitário para trocarem uns beijinhos. O namoro deles era muito amoroso, mas com muita compostura e respeito. Era como o de

George e Eugênia, mas sem o policiamento da sogra. Como de antigamente porque eles queriam assim, não se sabe por quê. No entanto, não eram menos felizes, muito pelo contrário.

Só no finzinho das férias Ivan conseguiu arrancar de Zulmira e de Vânia, em separado, o motivo do distanciamento delas.

– Nem chegaram a falar uma com a outra, acreditaram na fofoca e uma deixou o campo livre para a outra. Porém, com os sentimentos em frangalhos, decepcionadas com a deslealdade da outra. Foi uma jogada de maldade e de vingança. Eu conheço o cara, é um mau caráter. Conheço a garota também. Quem sabe a troco de que ele a convenceu para esse papel? Vou para o Rio com elas, averiguar tudo e resolver esse caso. A amizade delas não pode acabar por uma vil intriga. – Comentou Ivan com Robert.

– Vamos pagar na mesma moeda para que aprendam. Temos que bolar a forma.

– Conte comigo.

As férias terminaram e todos voltaram para o Rio. Rogério para pegar no batente, Ana Carolina para continuar sua jogatina, Elias para ficar em casa renegado e Vânia e Zulmira para prestar concurso para um trabalho. Por coincidência, o mesmo. Ainda bem que eram vários postos e vários candidatos. Porque, quando elas se viram, quase desistiram. Imagine, ambas trabalhando no mesmo lugar! Como Ivan tinha dito a Robert, foi para o Rio também.

Robert e família iam ficar um pouco mais com a mãe, até o dia da viagem. E Valquíria e Maurício passavam as férias todas em Mendes.

Ivan estava disposto a pôr em pratos limpos o caso de Zulmira e de Vânia e foi logo entrando em ação. Foi tratar de se comunicar com a garota encarregada da fofoca. Ele a seguiu e entrou na cafeteria onde ela foi tomar um refrigerante. Sentou-se à mesa na frente da dela e ficou esperando uma oportunidade para se dirigir a ela. A garota pensou que ele a estava paquerando. Flertou, sorriu e abriu a chance dele se aproximar. E lá ficaram repetindo refrescos e cafezinhos até que Ivan sacou toda informação que precisava.

O cretino também a enganou. Eles estavam de paquera e ela se apaixonou pelo mau caráter. Ele disse a ela que não podia prometer namoro enquanto não se livrasse do compromisso que tinha com Zulmira e com Vânia. Elas o perseguiam e ele, para se livrar do assédio de ambas, tinha prometido terminar com a outra. E se meteu numa enrascada. Agora elas reclamavam o namoro, mas ele não queria nenhuma. Estava querendo era ela, a garota. Por isso a moça concordou em ir fazer aquelas fofocas, para poder ficar com ele. Mas logo que ela falou com a Vânia e a Zulmira, ele a dispensou também. Ela não teve coragem de desfazer a fofoca por vergonha. Mas disse ao Ivan que gostaria de fazê-lo. Ainda mais agora que ele tinha contado que por isso as duas cortaram uma amizade de toda a vida.

– Ele é um narcisista, se acha encantador, irresistível. E o pior é que é mesmo. As garotas todas morrem por ele. E ele se aproveita disso para zombar delas. O que tem de lindo tem de pretensioso e ruim. – A garota desabafou.

Era outra que tinha razão de sobra para dar uma lição no safado.

Ivan tomou todas as anotações do caso e voltou a Mendes para armar com Robert o plano de revanche. Eles ficaram matutando até chegarem a um acordo. Ivan voltou ao Rio para pôr o plano em ação.

Reuniu a Zulmira e a Vânia com a garota e ela lhes contou toda a verdade. Depois a moça se comprometeu a falar com outras garotas que ela sabia que tinham sido vítimas da brincadeirinha do garanhão. Essas juntaram outras e no fim havia um montão, ávidas para dar o troco.

Ivan entrou na academia onde o Don Juan fazia musculação e logo atrás entrou a garotada toda. Aproximaram-se dele e uma lhe deu uma bolacha na cara, quando ele ia reagir, recebeu outra na outra bochecha. Quando se viu rodeado, e com os atletas se aproximando para assistir o ataque, tratou de se defender. Mas Ivan o freou:

– O que é isso, cara? Você não vai bater em mulher, vai?

Houve um murmúrio por parte dos homens concordando. Eles conheciam a fama de conquistador barato, do gostosão e estavam até gostando do castigo. Ele não podia bancar o covarde, não bateu. Mas apanhou. E apanhou para valer com a plateia assistindo de camarote. Levou lambada, tapa, soco, chute, puxão de cabelo, tudo o que merecia. Quem disse que o chamado sexo frágil não tem força. Quem apanhou pode desmentir esse dito. O pobre ficou desfeito, todo doído e ainda por cima ridicularizado: apanhou de mulher. E sua fama mudou, não era mais tão "edificante".

As moças ficaram de alma lavada. A reconciliação de Zulmira e de Vânia foi até comovente. Naquele abraço elas derramaram o armazenamento de amizade que elas conservavam desde criancinhas. A amizade é um sentimento tão profundo quanto o amor. Elas recobraram a alegria, a felicidade e Ivan e Robert voltaram contentes para a Escócia. Mais que contentes. Eles deram boas gargalhadas quando Ivan contou da coça que o Casanova tupiniquim levou da mulherada.

Todos foram embora e o sítio ficou outra vez vazio. Eugênia e Dora continuaram suas práticas e, porque não, depois de aliviar as saudades, desfrutavam do silêncio e da paz que voltou a reinar no sítio. Elas eram felizes assim também.

Zulmira e Vânia passaram no concurso e estavam trabalhando juntas na redação de uma revista. Elas estavam felizes, novamente desfrutando da companhia que tinham pensado ter perdido. Tinham decidido que quando tivessem algum problema, elas, que eram confidentes para tudo, se comunicariam para passar a limpo e evitar abusos como o que sofreram.

Que bom! Tudo parecia na santa paz naquela numerosa família. É, mas só parecia. Numa família grande sempre há um probleminha com um ou com outro. Ou problemão.

Cristóvão saiu mais cedo do trabalho e vinha pela Delfim Moreira quando parou num sinal e viu a Valentina na praia. Tudo bem se um cara não estivesse passando hidratante nas suas costas. Ele estacionou e ficou olhando. Quando terminou, o rapaz entregou o frasco, ela agradeceu e ele foi embora, sem dar conversa. Era a sua maneira de atrair os rapazes que passavam. Valentina estava sempre alerta para chamar a atenção, se exibir e paquerar. Era isso o que ia fazer na praia. Cristóvão se sentiu burlado, ultrajado.

Quando ela chegou a casa ele estava com as malas feitas para ir embora.

– Você não pode fazer isso comigo. Eu não fiz nada de mais. Pedi só um favor ao rapaz.

– Não me interessa as suas explicações. Eu já devia ter ido há muito tempo. Estou farto de você.

– Eu estou grávida.

Cristóvão sentiu como se um balde d'água lhe caísse em cima. Demonstrou sua contrariedade. Valentina continuou falando:

– Se você for embora, eu tiro essa criança. É responsabilidade sua também. Eu não vou criar filhos sozinha.

– Como se você os criasse... joga tudo no lombo da babá.

– Seja como for. Eu não quero mais filhos, você sabe disso.

Ela sabia que Cristóvão era radicalmente contra o aborto. As malas ficaram no chão. Ele se fechou no escritório em estado de ira, de descontrole. Sabia que Valentina era capaz daquela atrocidade, ele tinha que impedir. Afinal era um filho seu, uma vida que dependia da sua decisão. Novamente tinha que adiar aquela separação. Estava com o moral no chão, o orgulho em pedaços, controlando uma raiva acumulada. Se ele não tinha tomado uma providência antes, foi por Cristina. Só estando com Valentina teria a oportunidade de, sequer vê-la, a esperança de estar perto dela.

E pensando em Cristina, Cristóvão foi se acalmando. Ela foi como um sedativo que curou a amargura e encheu seu coração de ilusão... de desejo...

CAPÍTULO 20

Aquelas férias no Brasil eram para Robert como um combustível, um alimento para a sua alma. Ele reafirmava o vínculo com a sua mãe, com a família, com o sítio de sua infância e juventude e se nutria com o espírito alegre e feliz do povo carioca e fluminense. E isso também estava acontecendo com o Ivan. Ele sentia falta de tudo aquilo, embora estivesse contente com os estudos, o trabalho e com a companhia do tio Robert que, mais que um tio era um pai, um amigo. Claro que Robert, mais adaptado aos costumes escoceses, também se sentia bem no país dos seus antepassados. E, sobretudo com sua esposa e filhos. Parece que os céus ouviram os seus anseios e lhe mandaram a mulher que ele almejava. Por isso nunca se cansava de agradecer a Deus essa dádiva que só podia ser divina. Maria João era tudo o que ele tinha desejado para esposa. E agora se revelava uma mãe dedicada e carinhosa.

É que ela também se sentia uma mulher realizada. Tinha encontrado o homem da sua vida e o amava com devoção.

Robert e Ivan mal chegaram e já estavam preparando a próxima ida ao Brasil. Queriam assistir a formatura do médico Maurício. Ivan não podia perder e Robert tampouco, Maurício era da família, pertencia ao clã Mac Millan por mérito e pelo lado afetivo que conquistou.

No Rio, Ana Carolina ainda estava motivada pelo sermão que o irmão lhe imprimiu. A verdade era que ela tinha uma luta interna que não podia apaziguar e não a deixava decidir. Eram muitos anos de rancor, de decepção, de solidão, de despeito, acumulados e guardados mofando, mas pipocando no seu coração. Como esquecer e perdoar tanto abandono, tanto desamor? Onde ia ficar seu amor-próprio, seu orgulho? Ele por um acaso merecia? Estaria realmente arrependido? Teria coragem e valor para arrancar toda aquela podridão que ele plantou no seu coração? O que esperava encontrar?

Quantos dias, quantas noites de solidão, de dúvidas, de ciúmes mesmo. Onde, com quem estaria o marido enquanto a deixava só? Quantas vezes o necessitou com um filho doente ou ela mesma enferma e ele nunca estava... estava longe, se divertindo. Agora vinha esperando atenções, aconchego, amor... amor... por que não ia buscar por aí onde ele espalhou? (O meu apodreceu no lixo que ele jogou). Pensava.

Todas essas queixas maltratavam os ânimos de Ana Carolina. Ela não esquecia. Por mais que Elias tratasse de agradá-la, de se justificar, de se desculpar e de propor um recomeço, ela estava axiomática e ele ia ficando inexistente, sentindo que se esgotavam todos os meios de persuasão.

Até que chegou a temporada de pesca no Pantanal. Elias se entusiasmou e tomou a decisão que não queria tomar.

– Carol, eu estou indo embora.

– Que novidade! ...

– A menos que você queira, eu não voltarei mais. Não quero continuar sendo um estorvo na sua vida.

– Vai com outra mulher?

– Não. Mas suponho que isso também não lhe importe.

– Importa na medida em que eu não quero mais fazer o papel de trouxa. E se essa é a sua intenção, ao sair por aquela porta, não tem volta, ela estará fechada para você.

– Ao sair por aquela porta, não lhe interessa o que eu faça ou deixe de fazer. Mas esse surto de ciúmes não combina nada com a sua atitude de desamor comigo.

– Não é ciúme, não confunda. O que eu quero é respeito.

– Nem ciúme nem respeito. Acabou, Ana Carolina. Já entendi as suas intenções, confirmam as minhas conclusões. Estou saindo de casa e de sua vida. Não a importunarei mais.

Elias saiu e entrou no seu quarto cabisbaixo e visivelmente emocionado. Ana Carolina o acompanhou com o olhar e com o receio de que ele estivesse mesmo falando sério. Ela o tinha encaminhado para esse desfecho e agora... se arrependia? Mas afinal não era o seu desejo? Ana Carolina refletia com angústia. Não, ela não queria chegar a tanto, radicalizar. Mas foi o que fez e agora não tinha valor suficiente para voltar atrás. Onde ficaria a sua palavra e o seu orgulho?

A sempre resoluta Carol ficou esperando o Elias sair com uma tenaz luta interior: ou perdia o orgulho ou perdia o marido para sempre. Quando ele saiu do quarto com as suas mochilas, foi até a porta de saída e se virou. Ana Carolina estava acompanhando seus passos com intensa ansiedade.

– Adeus, Carol. – Elias falou com voz embargada.

Ana Carolina, no estremo de seu autocontrole, fraquejou:

– Também não precisa ser tão drástico.

– Eu também tenho meu orgulho... – Ele abriu a porta.

– E nós vamos permitir que o orgulho acabe com um casamento de tantos anos?

Elias virou-se e a olhou. Ana Carolina estava tensa, com os olhos encharcados. Ele sabia o quanto tinha custado a ela aquele sinal de fraqueza, se rebaixar. Ele vacilou um pouco. Ela o olhava ansiosa. Elias arriou as mochilas e ambos se aproximaram num abraço contido há muitos anos. Ambos estavam comovidos. Poderia ainda haver muitas coisas a dizer, mas tudo se havia dito e eles, naquele momento, enterraram aquele passado de mágoas e sofrimentos. Dali em diante iam começar vida nova.

– O que fazemos com as suas mochilas?

– Reacomodaremos tudo, porém no nosso quarto. Não quero mais ir pescar. Quero fazer como Rogério e Maria Clara, vamos fazer uma viagem de lua-de-mel. Mas a nossa vai ser longa, vamos dar a volta ao mundo. E a felicidade entrou pela porta por onde Elias ia sair e entrou para não sair mais. Eles saíram de viagem, mas levaram a felicidade na bagagem.

Zulmira e Vânia estavam muito contentes no trabalho. Elas saíam da redação para entrevistar gente importante e viajavam para São Paulo e outras cidades e até para o exterior para fazer reportagens. Estavam ganhando bem e subindo ligeiro de escalão.

– Agora vocês já podem pensar em casamento. – Disse Eugênia que era a rainha das alcoviteiras.

– Estamos procurando um distraído. – Disse Zulmira brincalhona.

– A mercadoria está escassa no comércio. – Completou Vânia.

Elas começaram a rir. Mas, para a avó, era difícil, nessa idade, não pensar num companheiro, num amor. Mas ela compreendia que os conceitos tinham mudado. O casamento não era mais a profissão da mulher como no tempo dela. As moças não precisavam estudar, e não trabalhavam fora. Ficavam em casa aprendendo prendas domésticas, preparando o "baú de esperança" e esperando marido. Agora elas estudam, trabalham, vão à luta, são donas da sua vida. Só depois se casam e constituem família. Os tempos mudaram e, o que será o certo? O que será melhor? (O único problema que eu vejo são os filhos se criarem sem as mães... enfim...) pensava ela.

Eugênia e Dora começaram a preparar com antecedencia suas toaletes para a formatura de Maurício.

– D. Eugênia, o Tuca e eu estamos orgulhosos dos nossos filhos. Quem diria, nós tão pobres e os nossos filhos doutores. E isso, nós devemos à senhora.

– Eles são meus netos. O Ivan de sangue e o Maurício de coração. Meninos tão bons, tão responsáveis, tão estudiosos, eles merecem.

– Isso é verdade. Deus nos abençoou.

– Eu só lamento o George não poder participar.

– É, isso é lamentável. Mas talvez, onde estiver, ele estará vendo.

– Disso eu tenho certeza. Tanto o George como o Willian estão presentes, vendo por nós.

Dora concordou sem pensar muito na dimensão do que Eugênia falou.

A casa de Valentina e Cristóvão estava em festa. Nasceu a Marlene, outra menininha para encantar o lar do casal. Menciona-se isso só porque é de praxe, mas não pode exagerar. Satisfação para Valentina era só porque se livrou do peso da gravidez. Cristóvão tinha mais instinto paternal. Recebeu a filhinha com amor.

Valentina, como sempre, entregou o bebê para a babá e foi se cuidar. Fazer regime, exercícios, massagens e se besuntar de quantos cremes existam. Queria deixar o corpo em forma, como antes da gravidez. Era um direito dela e tinha toda a razão.

Rogério e Maria Clara eram avós pela terceira vez e, como eles que só tiveram filhas, agora só tinham netas. Parece que na família só dava mulher. Mesmo assim, os avós estavam contentes, a nova bebezinha era uma graça, veio trazendo alegria. Eles não tinham ideia do ambiente pesado da casa da filha Valentina. Ela nunca tinha comentado nada nem com os pais nem com ninguém. Para Rogério e Maria Clara tudo estava bem. Achavam Cristóvão um homem muito correto e não analisavam a filha.

O relacionamento de Rogério e Maria Clara continuou com harmonia e amor como Eugênia dizia. Porém nem tudo seria tão florido todo o tempo. As mentiras, as coisas ocultas, chega um dia que saem à tona, se descobre, a verdade se mostra. E chegou a vez de algo que ficou escondido como se nunca tivesse acontecido na vida de Rogério e Maria Clara aflorar.

Ela entrou no cabeleireiro e uma mulher que fazia as unhas, a ouviu dizer o nome e a sua hora marcada. A mulher deu um jeito de se aproximar e iniciar uma conversa com Maria Clara. Certificou-se de sua identidade e...

– Eu a conheço muito de nome e conheci o seu marido. Rogério de Souza, não é? Nós fomos juntos para o Irã. Moramos lá mais de quatro anos. Foram tempos maravilhosos. As mulheres árabes usam muitas joias, eu adquiri muitas e muito preciosas.

Maria Clara estava em estado de choque. Mas percebeu que a intenção da mulher era indispor o casal. Então:

– Eu soube, ele me contou. Nós estávamos separados nessa época.

– Contou também que me deu um apartamento?

– Contou sim. – Outro choque disfarçado.

– Com certeza não contou porque nos separamos.

– Porque nós dois voltamos a nos entender.

– Isso foi o que ele disse? Te enganou. Ele voltou com você porque eu o dispensei. Não quis mais. Para mim tinha acabado o conto das Mil e uma Noites.

– Acho que para ele também. Valeu a separação para nós dois, descobrimos que nos amávamos. Recomeçamos nossas vidas como nos tempos de namorados.

Maria Clara se fazia de calma e segura. Mas por dentro se sentia desfalecer. Estava pasma, decepcionada, desejava deixar o choro desabafar a sua desilusão. Foi para casa chorar e pensar. E chorou muito, mas também pensou. Pensou e tomou uma resolução: ela e o marido estavam vivendo tão bem, como nunca. A intenção daquela mulher não era outra que desestabilizar o relacionamento deles talvez por despeito ou vingança. Ela não ia seguir o jogo dela. Estava claro que eles não tinham mais nada, que tinha sido uma aventura que passou, morreu. Maria Clara decidiu fazer de tripas coração e fazer de conta que não soube de nada, ia deixar tudo com estava. Rogério e ela estavam felizes, não valia a pena revolver o passado e arruinar a felicidade de agora.

Quando Rogério chegou do trabalho, Maria Clara ainda estava digerindo aquele episódio deprimente. Ele entrou e ela olhou assustada. Os olhos ainda acusavam que ela tinha chorado.

– O que aconteceu? Você estava chorando?

Ela não pôde evitar, seus olhos voltaram a lagrimejar. Ela se dirigiu a ele com os braços abertos.

– Me abraça? ...

E eles ficaram um tempo abraçados.

– O que aconteceu com você, meu amor?

– Um sonho ruim... Um pesadelo.

– Você acordou, então passou. – Eles entraram abraçados para o quarto.

Eugênia, as filhas e toda a família estavam contentes com o relacionamento do casal. E agora pelo mesmo motivo com a reconciliação de Ana Carolina e Elias. Eles voltaram da longa viagem como dois pombinhos. E aquilo tinha parecido absolutamente impossível. Elias não saiu para a pescaria nem na época boa de pescar e Ana Carolina "se cansou" de jogar. Adoraram tanto o passeio que estavam planejando fazer outro tour, agora pelo hemisfério sul. Eles tinham bastante dinheiro e nenhum compromisso.

Se em Mendes, mãe e avó tinham as toaletes prontas para a formatura de Maurício, na Escócia tio e irmão tinham as passagens reservadas para o mesmo fim. Valquíria também estava atarefada preparando as suas galas. Ela também ia se formar no científico embora ninguém tinha se lembrado. A formatura de Maurício abafou a dela. Só Maurício a prestigiou. Ele ia dançar a valsa com ela.

CAPÍTULO 21

Todos os Mac Millan e Machado estavam na formatura de Maurício. Afinal era uma honra ter o primeiro médico na família. Era uma pena que as formaturas não tivessem mais aquela cobertura de antigamente. A colação de grau no Municipal, a missa solene na Catedral e o baile de gala. Tudo agora era mais simples, descomplicado e... mais sem graça. Achava Eugênia, recordando a formatura dos filhos Willian e Robert. Mesmo assim foi muito prazeroso e emocionante, especialmente para Dora e Tuca. Eles assistiram toda a solenidade de mãos dadas, saboreando o êxito do filho e revelando o orgulho e a comoção que sentiam.

Depois da cerimônia de colação de grau, que foi no auditório da mesma universidade, novamente o tio Robert convidou todos para jantar. Era o seu presente de formatura. Não quis impor o mesmo do ano anterior, então perguntou a eles onde e o que desejavam comer. A família era pouco original e parece que tinha o mesmo gosto. Preferiram repetir a dose. Foram a uma churrascaria.

Quase todos ali eram casais e entraram de braço com seu par. Menos Zulmira e Vânia, mas elas estavam sempre juntas. Ivan foi oferecer o braço a Eugênia.

– Vó, você hoje é o meu par.

– Ah! Meu filho, até parece que eu estou entrando com o George. Você é a cópia fiel dele. A mesma estatura, a mesma figura, o rosto igual, a voz... bem, sem aquele sotaque carregado dele.

Eles começaram a rir e Ivan começou a falar imitando o avô:

– Minha querida, tenha a bondade de sentar-se. – Imitou também a galhardia e a gentileza, assim como ele a tratava. Ela sentou-se e ele ao lado.

– Você me faz sentir saudades. – Eugênia falou sorrindo.

– Eu também sinto saudades, vó. Eu amava o meu avô.

– Todos nós o amávamos. Ele escondia detrás daquela seriedade, uma alma boa e um coração muito terno.

– Uma fortaleza cheia de orgulho e sempre cortês.

– Você, para mim, representa tanto o meu George como o meu filho Willian, os dois amores que perdi.

– Perdeu dois. Mas vê vó, todos nós reunidos nesta mesa a amamos de todo o coração.

– É verdade. E eu amo todos. Este foi o presente que o George me deixou: a minha família, o clã Mac Millan.

Até Tuca e Dora estavam ali se sentindo do clã Mac Millan.

– Olha aí, Dora, nós estamos aqui como se fôssemos da família. Nos tratam como tal, com toda a consideração.

– Pelo menos o Maurício eles têm como da família. E o nosso filho não desmerece, ele é um doutor.

– Isso é verdade, e é um bom rapaz e um bom partido.

– E breve será mesmo, ele e a Valquíria se casam e…

– Que Deus abençoe esta família, a ela nós devemos tudo isso.

– Nós somos agradecidos. O que me preocupa é agora para a especialidade. São mais quatro anos de estudos. Nós não temos como pagar e eles não têm porque fazê-lo, já fizeram até demais.

Aquela pergunta tinha resposta. Pela manhã Robert e Ivan foram à casa de Rogério e Maria Clara conversar sobre o assunto. Combinaram que entre os três iam fazer uma vaquinha para pagar a pós-graduação do rapaz. Afinal a filha de Rogério se beneficiaria com isso. Valquíria e Maurício iam se casar e tanto Rogério como Maria Clara faziam muito gosto. Maurício sabia daquela solução, mas não teve tempo de contar aos pais. Maurício e Valquíria estavam felizes no jantar e não era só pela ocasião, era também pelo fato de terem resolvido seu futuro. Valquíria também ia fazer o vestibular, mas ainda não sabia para que, porém ia continuar os estudos.

Eles dois eram o centro das atenções ali. Afinal Maurício era o homenageado. Talvez por isso ninguém estivesse prestando muita atenção no que estava acontecendo entre Valentina, Cristóvão, Cristina e Gerson.

Em primeiro lugar, Gerson e Cristina se propuseram a ficar distantes do outro casal para evitar aborrecimento. Valentina até tentou, mas não conseguiu sentar-se junto de Gerson. Ficou o mais perto possível de jeito que podia flertar, e chamar a atenção do primo. Gerson sorria e disfarçava enquanto Cristóvão e Cristina fingiam desaprovação e seus olhares se encontravam languidamente.

Só Maria Clara, que estava na frente da filha, notou seu flerte e seu arrebatamento insistentes para Gerson e a aparente contrariedade de Cristóvão. Só não dava para ver a reação do outro casal, e nem a virtual sofreguidão dos olhares de Cristóvão e Cristina. Ela estava preocupada era com o comportamento da filha.

Houve outro olhar observador e perspicaz, que percebeu o jogo de sedução completo: Eugênia. Ela estava sentada num ponto estratégico do qual podia ver os dois casais. Aquilo não podia continuar, ela tinha que impedir de alguma forma. Porém, no dia seguinte, foi embora sem poder tomar nenhuma providência. Levou para casa essa baita preocupação.

Maria Clara não perdeu tempo. Logo no outro dia, chamou a filha em casa para ter com ela uma conversa muito séria. Valentina estava deduzindo qual seria o assunto do papo. Estava preparada para as respostas e não só negou como jurou que não tinha nenhum interesse pelo Gerson.

– Não faltava mais nada, mãe. Ele é meu primo e sempre fomos amigos e companheiros de brincadeiras, assim como a Zulmira e a Vânia. Nós nos gostamos sim, mas como irmãos. Ademais ambos somos casados. Mas, nem por isso, temos que deixar de nos querer.

– Seu comportamento se passava de amizade, dava a entender que você o estava conquistando.

– Ora, mamãe, pelo amor de Deus... que besteira!

– Se o que eu digo é engano, invenção de minha parte, então tome cuidado para não dar essa má impressão. A sua atitude era suspeita, induzia à malícia que eu tive e isso não convém nem a você nem ao Gerson. E menos ao seu marido, você o expõe ao ridículo e, já pensou que desagradável para Cristina também? Não, minha filha, isso não está certo. Você está criando uma situação embaraçosa para todos.

– Para aquele par de sonsos?

– Do que você está falando?

– De algo que só eu percebo. Mas nem me importa e também não quero falar sobre isso. Assim, por favor, mãe, esse assunto me contraria. Deixa que eu resolvo os meus problemas. Já estou grandinha, eu cuido da minha vida, não se preocupe comigo.

Tuca, Dora, Eugênia, Maria João e os dois filhos tinham voltado para Mendes. Maurício e Valquíria só não foram porque eles tinham que registrar os diplomas. Logo depois dessa diligência eles iam passar as férias lá.

Como Maurício tinha contado a Ivan do esquecimento de todos da formatura de Valquíria, ele comentou com o tio e Robert ficou no Rio para amenizar a falta de todos com sua sobrinha. Ivan também quis ficar, queria estar com as primas Zulmira e Vânia, elas só iriam para Mendes para o Natal e eles não tiveram ainda tempo de se falar.

Convidou as duas para jantar, conversar e matar as saudades. Foi um jantar divertido, falaram de tudo e até de assuntos confidenciais que eles só falavam entre si. Como por exemplo, de namoro. Foi aí que se soube de muitas novidades e de segredos. Ivan foi o primeiro a se abrir respondendo as perguntas das primas.

– Estou paquerando uma garota da minha universidade. Ela é uma graça. Mas não queria ter compromisso com moças da Escócia. Porque eu, de toda forma, quero morar aqui no Brasil e acho difícil uma garota de lá querer vir morar aqui e, se vier a adaptação não vai ser fácil. A vida lá é muito diferente.

– Mas o nosso avô se adaptou. Poderia ter levado a vó, mas preferiu ficar aqui.

– Eu também prefiro ficar aqui. – Ele riu e elas o acompanharam.

Zulmira e Vânia também revelaram suas aventuras amorosas. Zulmira estava gostando de um garotão que acabou de se formar e começou a trabalhar na redação nesse ano. Ele era encantador, segundo ela, e estava gostando dela. Só tinha um problema: era sete anos mais moço, um garoto.

– E isso o que importa? Se vocês se gostam… – Disse Ivan e Vânia completou:

– Isso é o que eu digo. O cara a procura, a convida para sair, faz tudo para agradar, para conquistá-la e Zulmira fica aí dando uma de durona.

– Você também está se fazendo de durona. Conta para ele. – Instigou Zulmira.

– Ele é o nosso chefe. Tudo bem, se ele não tivesse um compromisso.

– O que, ele é casado?

– Dizem que não, mas parece que vive com uma mulher. E eu não quero encrenca pro meu lado. Estou contente no meu trabalho, não vou arriscá-lo por homem nenhum.

– Parece que é o certo. Mas ele também faz de tudo para chamar a atenção de Vânia. Mas para falar a verdade, nesse caso eu não sei o que aconselhar. E você o que acha, Ivan?

– É melhor dar um tempo. Se ele está interessado, primeiro tem que terminar com a outra. Depois… bem, isso se você também estiver gostando dele.

– É o que eu penso. Eu o admiro, ele é competente e honesto. Por isso foi preso pelos milicos. Você sabe… a censura. Nessa nossa "democracia relativa", a gente tem que andar pisando em ovos. Não se diz o que se pensa ou o que é, mas o que querem eles que a gente diga. Eles estão de olho nos jornalistas. Jônatas foi expressar suas ideias e foi parar no Dops. Só saiu de lá porque tinha pistolão, um tio chefão no exército. Teve sorte de não ter sido torturado como muitos colegas nossos.

– Isto é certo: exercer a profissão aqui com a verdade, é crime. Nós duas não nos metemos em assuntos políticos porque, primeiro não é nossa área, segundo porque não gostamos e terceiro porque para que? Para não poder ter opinião? É isso aí. E quem não estiver de acordo, é subversivo e… xilindró: tortura, desaparecimento ou morte. Se conseguir sair, fica inservível para o resto da vida pelas sofisticadas torturas dos "cultos, inteligente e alucinados" homens fardados. É o preço que se paga pela verdade.

– É uma pena. Mas se aqui há censura, a imprensa internacional publica muitas das atrocidades que acontecem por aqui. Eu vi na TV, uma sessão ao vivo, de militares aprendendo a torturar presos assistidos pelos altos mandos. Chocante, bárbaro, selvagem. Me deu vergonha de ser brasileiro.

– É, é uma vergonha para o nosso país.

– Mas isso não vai durar muito. Está difícil de segurar o povo inteiro. Eles estão se sentindo acuados pela opinião e pela pressão pública.

– Isso é o que esperamos. Sempre fomos um povo da paz.

Em outro restaurante, jantavam Robert e Valquíria e o tema era bem outro. Mais ameno, até afetivo. Robert quis fazer uma atenção especial à sobrinha. Ele sempre fez questão de prestigiar todos os sobrinhos e, no entanto, a formatura de Valquíria havia ficado despercebida. Ele pretendia mostrar que não era assim. Era um jantar em homenagem a ela pela sua formatura.

Valquíria ficou surpresa e muito contente com o convite e demonstrou quando saiu de casa sorridente e cumprimentou o tio com carinho.

– Tio, que bom estar com você.

– O felizardo sou eu, saindo com uma garota tão bonita.

Valquíria riu e saíram para um restaurante elegante.

– Minha querida, eu quero que brindemos com champanhe pela sua formatura.

– Como você soube tio? Não, não me diga, foi o Ivan. Ele foi o único que me cumprimentou. Nem os meus pais se lembraram.

– Foi ele sim. E eu quis fazer uma homenagem por todos. A formatura do Maurício encobriu a sua.

– Obrigada, tio. Eu estou encantada, adorei o convite do meu tio predileto. – E começou a rir.

– E você tem outro? – Robert a acompanhou no riso.

– Ter, eu tenho, mas nem os conheço. Mas se conhecesse você continuaria sendo o preferido.

– Gostei. Mas eu quero falar sobre seu namoro com o Maurício, vai tudo bem?

– Claro. Eu adoro ele... e ele a mim.

– Mas o casório demora. Quantos anos você tem?

– Vou fazer dezoito no mês que vem.

– Você quer se casar?

– Lógico, é o que eu mais quero e ele também. Mas nós compreendemos que, por enquanto, não dá.

– Acho que a gente pode dar um jeito.

Valquíria o olhou ansiosa e com muita candura. Era o olhar da mãe dele. O mesmo jeito, a mesma delicadeza, a mesma meiguice. Ele nunca tinha reparado que a sobrinha se parecia com Eugênia. E isso encantou Robert.

– Ainda não posso prometer nada, mas vou pensar. Quero ver a minha sobrinha feliz.

Valquíria abriu um sorriso amplo. Pois a mão sobre a mão do tio.

– Obrigada, tio. Eu amo você.

– Vamos ver se eu mereço esse amor.

– Você não pode tirar ele de mim.

Robert sorriu. Ela também era carinhosa como a mãe dele. Ele pensou e disse:

– Eu também amo você. Mais ainda porque você se parece com a minha mãe.

– O Maurício também diz isso, e muitas pessoas, as que prestam atenção em mim.

Valquíria falou com certa mágoa e Robert se incluiu nos que não a notavam. Porém, não era por não gostar dela, era pelo seu comportamento discreto, que não chamava a atenção como as outras. No entanto, ele a estava achando encantadora e, nesse momento se comprometeu a compensá-la pela sua e pela falta dos demais.

Aquele jantar foi uma revelação para os dois, tio e sobrinha. Valquíria sempre gostou do tio, mas nunca pensou que ele fosse tão "bonzinho, legal e tão carinhoso". E Robert, que ela fosse tão parecida com a sua mãe. (A graça, a ternura, a faceirice da mulher do clã Mac Millan também vai perdurar) Foi o que deduziu Robert.

CAPÍTULO 22

Nas vésperas do Natal chegou toda a família. Toda menos Valentina e Cristóvão e Gerson e Cristina. Com certeza Valentina soube que Gerson não iria. Quem sentiu foi Eugênia porque estava decida a ter uma conversa com eles. A propósito, nenhum dos casais comentou entre si sobre o jantar de formatura. Estranho? Deve ser porque todos tinham o rabo preso.

Logo que chegou, Robert foi conversar com a mãe.

– Mãe, você já notou como a Valquíria se parece com você?

– Dizem isso sim, mas eu não acho. Ela é tão bonitinha, tão graciosa...

– É meiga e terna igual a você.

– É uma mocinha comportada, nunca deu trabalho nem quando era criança.

– E por isso, acho que não prestamos muita atenção nela.

– Talvez você tenha razão. Por ser boazinha, não chama a atenção.

– E ela nota isso.

– Dora e eu prestamos sim. Ela, como futura nora, aprecia muito a Valquíria, a adora. Eu... porque ela é minha neta e porque o namoro dela com o Maurício me lembra o meu com o seu pai. – Eugênia sorriu talvez recordando tempos idos, pensando no seu eterno George.

Nisso, chegou Maria João mostrando o croché que Eugênia estava ensinando a ela. Da outra vez ela aprendeu tricô e foi muito útil: fez blusas, pulôver e cachecol para a família. Agora estava aprendendo croché, para enfeitar a casa com paninhos como os do sítio. Maria João estava encantada, aprendendo tantos trabalhos bonitos e úteis. E Eugênia gostava de ensinar. As filhas não se interessaram em aprender e das netas, só a Valquíria que aprendia nas férias. Outra que aprendeu de tudo foi a Dora. E foi através desses trabalhos caseiros, que Eugênia e Maria João se tornaram amigas. A sogra considerava que o filho estava muito bem casado e a nora compreendia porque o filho dela era um marido tão carinhoso. Maria João admirava a sogra e Robert gostava de ver as duas juntas. Sempre desejou que a esposa fosse como a sua mãe. Até parecia uma fixação que o filho sentia pela mãe, o chamado complexo de Édipo. Porém todos na casa e até fora dela tinham realmente muito carinho por Eugênia. Ela era uma alma boa que só tinha o bem para dar.

Tanto Maria Clara como Ana Carolina vieram com grandes novidades e bem similares: ambas iam viajar, embora por motivos bem diferentes. Ana Carolina e Elias iam fazer um tour pelo hemisfério sul: África do Sul, Austrália etc. e depois por toda Sul América. E Rogério tinha sido escalado para uma obra no Chile e, naturalmente, Maria Clara ia com ele.

Isso deu uma grande ideia a Robert e ele comentou com Ivan.

– Olha a solução que buscávamos aí: Zulmira vai ficar em casa com Maurício e Vânia na outra casa com Valquíria. Por que não se faz uma troca?

– Você quer que Vânia vá morar com Zulmira e Valquíria com Maurício, depois de casados, lógico, na outra casa?

– Isso. O que você acha?

– Que todos vão adorar!

Os pais continuarão mantendo a casa, isto é, pagando os serviços e a alimentação e quando Rogério e Maria Clara voltarem do exterior, Maurício já estará empregado e ganhando o suficiente para manter uma casa.

– Perfeito. Vamos contar para eles.

– Não, primeiro vamos falar com os donos da casa.

Para Elias e Ana Carolina, sem problemas. Mas Rogério tinha uma ponderação.

– Mas eles são como primos. Além disso, Valquíria precisa estudar.

– Qual é a diferença de estudar solteira ou casada? – Replicou Robert, que estava se tornando um casamenteiro e tanto.

– O que você pensa disso, Maria Clara?

– Eu faço gosto nesse casamento. Se não prejudicar o estudo deles, não tenho porque não estar de acordo.

– Agora sim, vamos conversar com os interessados.

Foi tanta a alegria que Valquíria se jogou nos braços do tio num abraço de agradecimento. E os quatro se abraçaram felizes.

– É, mas há uma condição imposta pelos seus pais e que eu aprovo.

Maurício e Valquíria olharam Robert, esperando algo contra. Mas concordaram com a preocupação dos pais dela.

– Nós não tínhamos pensado em deixar os estudos.

– A propósito, o que você vai estudar? – Perguntou Robert.

Valquíria pensou e respondeu levantando os ombros.

– Não sei. Para dizer a verdade, eu não gosto de nada. O que eu gosto é de ser dona da casa, mamãe...

– É, dona Eugênia? – Revelou outro predicado igual ao da mãe dele. – Então estude o que você gosta. No Colégio Bennett tem uma carreira de Economia Doméstica. Eu sei porque quando eu estava na faculdade, uma colega minha tinha uma irmã que estudava lá. E há campo para trabalhar se você precisar ou quiser.

– Poxa tio, que boa ideia! Vou lá verificar.

Maurício e Ivan só sorriam enquanto tio e sobrinha conversavam. De repente Valquíria fez todos estranharem:

– Eu também tenho uma condição. E é para você, tio. – E todos esperavam qual poderia ser a tal condição.

– Que você seja o meu padrinho de casamento. Você e a Maria João.

– Aceito. – Robert a abraçou e a beijou. Eu agradeço pela minha mulher também. Nós nos sentimos muito honrados.

– A minha madrinha vai ser a minha vó. E o meu padrinho... – Maurício olhou matreiro para Ivan. –... vai ser o meu irmão.

– Eu também aceito muito feliz.

– Eu também tenho minhas condições: que vocês aceitem o meu presente de boda. – E os olhares ansiosos se viraram para Robert. – A lua-de-mel na Escócia, na minha casa. – E todos aplaudiram e gritaram vivas.

– O meu presente é ceder o meu quarto. Eu vou dormir com as crianças.

Aí todos riram e saíram os quatro rindo à toa.

Combinaram com a família que o casamento seria no próximo verão em Mendes.

Aquelas, como sempre, foram umas férias agradáveis e divertidas também. Foi pena que Zulmira e Vânia voltaram ao trabalho logo depois do Ano Novo. Ivan perdeu suas companheiras, mas para ele não era muito problema. Se metia na oficina que foi do avô, e agora dele, e lá ficava com Robert experimentando mil coisas, sempre gostaram disso. Maria João não aprendeu apenas prendas domésticas. Aprendeu também a montar a cavalo e ia com Robert pelas mesmas trilhas da Mata Atlântica que ele percorria quando era menino e jovem. Ambos adoravam o passeio. Foi também o passeio predileto de George e Eugênia. Tanto que, apesar da idade, às vezes, ela bem que saía com Maurício e Valquíria.

Eugênia andava muito inquieta com o que viu no jantar de formatura de Maurício. Não lhe saía da cabeça o jeito explícito de Valentina tentar conquistar Gerson e ele, dissimuladamente desfrutar das insinuações da prima. Ademais, apesar de veladas, as miradas cheias de desejos de Cristóvão para Cristina e a resposta dela tacitamente aceitando, também eram suspeitas. Eugênia gostaria de ter tido uma conversa particular com os quatro para tentar solucionar essa situação perigosa. Porém eles não vieram naquelas férias, com certeza por esse mesmo motivo e ela acreditava que não podia deixar passar mais tempo. Tinha que evitar que o problema aumentasse e tudo aquilo estourasse. Então resolveu dar a incumbência às mães, mas parecia que suas filhas não tinham a mesma preocupação. Será que não conseguiam prever o que aquele lance poderia gerar?

Ana Carolina apenas lavou as mãos.

– Mãe, o Gerson é um homem feito. Eu não posso me meter na vida privada dele, mesmo porque ele não permitiria. Sempre foi muito independente.

– Pode se meter sim. Pode e deve. Ele é seu filho, você tem obrigação de abrir os olhos dele.

– Ademais, o que você acha que ele pode fazer? É ela que o assedia. Acho que você deve falar é com a Maria Clara, para dar um jeito na filha dela.

Mas...

– Eu vi sim, mãe. E a chamei a ordem. Mas ela negou e até jurou que não tinha nada demais com o Gerson.

– Você viu e assim mesmo acreditou nela?

– Não, mas me vi de mãos atadas. Ela me pediu que não me metesse na vida dela. Ela é maior de idade, independente, o que eu posso fazer?

– Que fale então o Rogério. Se for o caso, alerta o genro, ele também tem sua cota de culpa.

– O que você está dizendo?

– Que ali só há culpados. Que de qualquer maneira tem que se fazer alguma coisa antes que seja tarde demais.

Maria Clara disse que ia falar com Rogério.

Mas Eugênia continuou intranquila. Pensou que, ao terminar as férias, se ninguém tomasse providência, ela mesma iria ao Rio conversar com os quatro.

As férias acabaram, cada um foi para o seu canto, as filhas foram viajar e nada se fez para sanar o problema dos dois casais.

Eugênia chegou a se preparar para ir ao Rio, porém, nas vésperas, não se sentiu bem e resolveu adiar a viagem. Às vezes ela sentia umas tonteiras e ficava com medo de passar mal na viagem.

No Rio as duas namoradeiras estavam mais propensas a aceitar os requebros dos candidatos a paquera. Zulmira aceitou sair com o garotão. Apesar de mais moço, não fazia diferença com ela. Nem física nem mentalmente. Ele era um rapaz centrado e bem estruturado. Sabia o que queria e estava, realmente, interessado em firmar um compromisso com ela.

Osvaldo era fluminense embora de outras bandas do Estado. O pai e a mãe se separaram e ambos tornaram a se casar. A mãe foi para Natal e o pai, veterinário, continuou morando na granja onde morava antes com a família. Agora tem outra família com filhos pequenos. Ele morava no Rio com o único irmão que era mais velho que ele. Assim, Zulmira estava namorando e muito contente.

E a Vânia, quando Jônatas veio falar de sair e de namoro, seguiu o conselho de Ivan. Indagou primeiro se ele tinha algum compromisso.

– Vivi com uma mulher durante sete anos. Ela foi muito boa comigo quando eu fui preso. Foi ela quem fez todas as diligências para me soltarem. Pediu e implorou para o seu tio que me tirasse do Dops. Ele também era da linha dura, porém ela insistiu tanto que ele foi me soltar, isso com muitas restrições, tive que jurar que não me metia mais com as "gloriosas" ou ele mesmo mandaria me pegar e me deixar apodrecer na prisão. E eu jurei, queria viver. Eu devo isso a ela e sou grato.

– Então, meu caro, não há papo.

– Espere, eu ainda não terminei. Ela é separada do marido e tem filhos. Vira e mexe, tem problemas com eles. Parece que eles não podem se desligar completamente e isso é muito desagradável para mim. Cansei de reclamar e ela não é capaz de dar um basta na situação. Então terminamos, há meses estamos separados. Porém ela está fazendo comigo como faz com o marido, não ata nem desata. Vacila em cima do murro entre nós dois. Não deixa o cara e não quer me deixar. Me procura, insiste, mas eu, definitivamente, não quero mais. Quero refazer minha vida, ter um lar, esposa e filhos, formar uma família. Estou até passado de tempo para isso, entende?

– Compreendo sim. É um caso complicado. Eu espero que você termine suas pendências com ela. Não quero fazer parte dos seus problemas. Assim, não vamos ter um relacionamento tranquilo. Acho que devemos dar um tempo para que tudo se normalize e você tenha o campo livre.

O rapaz se desconcertou, ficou um tanto frustrado, mas lhe deu razão. Prometeu que ia dar um ultimato a ela, por um fim no seu caso. Vânia apenas respondeu que ficaria esperando.

Dos três solteirões só faltava Ivan para desembuchar. Quando ele chegou à sua universidade na Escócia, não viu a garota que ele estava gostando. Ficou contrariado porque a procurou por todos os lados e não a viu. Pensou que ela não fosse voltar e se desanimou. Até que ela apontou no campus. Ele se alegrou, mas só por dentro. Ela passou e ele ganhou um flerte e um sorriso. Era uma abertura importante para o recato escocês e ele não aproveitou. Ainda não estava seguro se devia paquerá-la.

Então para que suspirar por ela?

CAPÍTULO 23

Eugênia tinha razão de se inquietar com seus netos Valentina e Gerson e seus respectivos consortes. Valentina estava mesmo cismada com Gerson. Ela não podia se conter, tinha que dar um jeito de vê-lo. E encontrou uma chance esdrúxula, mas era a única que dispunha. Cristóvão ia receber uma medalha de condecoração da Marinha e Valentina, sem falar nada com o marido, na cara de pau, convidou Gerson e senhora, claro. Eles não encontraram pretexto para escusar-se, inclusive pensaram que o convite vinha de parte de Cristóvão e era extensivo à família.

Quando chegaram lá, Valentina os estava esperando. Cristóvão estava com os oficiais. Recebeu sua medalha enquanto Cristina o olhava, o detalhava e pensava: (Que homem tão charmoso, atraente, tentador, então assim com essa farda, dá de 10 a 0 no Gerson. Será que a Valentina não vê isso?)

Terminada a cerimônia, quando Cristóvão foi onde eles estavam, tanto ele como Cristina se perturbaram.

– Que tal, amor? Gostou da surpresa? – Valentina perguntou irônica.

– Gostei sim. – Cristóvão respondeu estendendo a não para cumprimentá-los – Obrigado por terem vindo.

Gerson e Cristina o estavam felicitando e, como tinha terminado a solenidade iam se despedir também. Mas...

– Gente, eu estou com uma fome... Por que não vamos jantar? Sei de um lugar aconchegante para terminarmos esta noite de comemoração.

E os olhares se cruzaram entre eles e uma emoção invadiu os seus ânimos. Era como a frase do comediante mexicano: "No querer, queriendo".

– Claro, vamos sim, porque não? – Foi Cristóvão quem decidiu.

E eles foram tal como Valentina tinha planejado. O ambiente que poderia ser tenso era apenas ansioso. Enquanto Valentina dava em cima de Gerson com olhares, gestos e palavras e Gerson, como sempre, sorria e desfrutava, os olhos de Cristóvão e de Cristina se encontravam furtivamente, mas com tanta intensidade que eles não resistiam se encarar.

Depois do jantar Valentina tirou Gerson para dançar. Cristóvão e Cristina ficaram sozinhos na mesa. Nenhum sabia o que dizer. Comentaram sobre sua terra gaúcha. Logo:

– Você quer dançar, Cristina? Eu não sou bom para isso, mas podemos tentar.

Cristina sorriu.

– Vamos sim.

Saíram para a pista. Cristina sentia seu corpo tremer como uma adolescente inexperiente. Para ela era demais estar outra vez nos braços daquele homem que a seduzia tanto.

Cristóvão a segurava fortemente, fechou os olhos para senti-la melhor. Porém não se atreveu juntar a cabeça na dela. Eles estavam tão compenetrados que nem viram a Valentina e o Gerson dançando pegadinhos e depois, num canto mais escuro, se beijarem. E não foi um, foram muitos beijos. Em seguida Valentina saiu dali porque viu o marido com Cristina se aproximando. Eles nem perceberam, mas Valentina observou bem o jeito contido e apaixonado de Cristóvão e Cristina.

– Olha lá aqueles dois sonsos. Estão que se derretem. Eles também sentem atração um pelo outro. A diferença comigo é que eles fingem. E você me reprimindo por fidelidade. Eles estão apaixonados.

Gerson até a soltou:

– Você está louca? A Cristina não…

– A Cristina sim. – Interrompeu Valentina. – E o Cristóvão também. Não é de hoje que eu os observo. Eles fingem, mas está na cara.

Foi aí que Gerson ficou inquieto e quando voltou à mesa, mostrou desejo de ir para casa.

– É que amanhã é dia de trabalho, não é meu amor?

Cristina nem respondeu, mas Valentina ficou contrariada. Gerson estava com ciúmes da mulher. Cristóvão também ficou calado. Porém ficou decidido que a festa tinha terminado.

Em casa, Gerson perguntou a esposa.

– Cris, o Cristóvão dá em cima de você?

– Ele não é nenhuma Valentina nem eu sou o Gerson.

A conversa terminou ali. A nenhum dos dois interessava continuar falando.

– Cris, foi um bom presente dar a você a oportunidade de dançar com a Cristina, ou estou enganada?

– Não, pelo contrário. Só que ela não é como você.

– Sabia que você tinha que me fisgar. É assim como você me agradece? – Valentina era sarcástica.

Mas os questionamentos mais sigilosos se deram na cama:

Valentina transbordava sua exasperação. (Gerson não acredita, acha que a mulher é incapaz de enganá-lo, uma santinha. Claro, ela só põe chifre virtual).

Gerson foi radical: (Será que Cristina é capaz de me enganar? Será que não me ama mais? Esses encontros terminaram hoje).

Cristina dormiu sonhadora: (Aquele homem me enlouquece, não posso mais vê-lo, ele é irresistível).

Cristóvão ainda sentia Cristina nos seus braços: (Aquela é a mulher que eu queria para mim. Não a resisto e ela também balança por mim, ainda que disfarce. Eu não me seguro mais. Hoje quase perco a cordura e a estreito nos meus braços).

Resumo da história: Eugênia era que tinha razão. A situação daqueles quatro estava ficando insustentável. E ela no sítio inquieta por isso.

Novamente estava se preparando para viajar ao Rio e novamente foi impedida por aquele mal-estar súbito que às vezes lhe dava. Dessa vez foi mais sério. Ela teve mais que uma tonteira, um desmaio. Caiu e quase não volta a si. Dora se assustou e chamou o médico. O doutor a examinou e mandou fazer uns exames. Mas ela, como o marido no passado, adiou as recomendações médicas. Tinha algo mais urgente que fazer. Ela não encontrava sossego no seu coração. Se não podia viajar, resolveu agir de outra maneira. Ligou para Valentina e pediu que ela desse um pulinho em Mendes. Ela tinha algo para falar com ela, mas teria que ser pessoalmente. Valentina imaginou do que se tratava. Porém ela, como toda a família, além do carinho, tinha por Eugênia muito respeito. Ela foi e estava resolvida a repetir o mesmo livreto que interpretou com a mãe.

– O que é isso, vozinha? Como você pode pensar uma coisa dessas? Desde pequenos que o Gerson e eu brincamos assim. O que há entre nós dois é só isso, uma brincadeira.

– Não minha, filha. Você a mim não engana. Essa é uma brincadeira séria e, nesse caso, desde sempre. Você sempre gostou do Gerson e gosta até hoje. – Valentina a olhou angustiada. – Acalme-se, fique tranquila. Desabafe com a sua vó. Isso lhe fará bem, vamos ver se eu posso ajudar.

Os olhos de Valentina se encharcaram. Ela deitou a cabeça no colo de Eugênia e chorou. Eugênia a acariciava e:

– Descarregue seu coração, meu anjo. Não há nada nesse mundo, além da morte, que não se possa remediar. Minha filha, amar não é nenhum pecado. Pecado podem ser as consequencias do amor.

– Então, o que eu posso fazer? Você tem razão vozinha, eu sempre amei o Gerson. Mas ambos somos casados e não sou capaz de tirá-lo do meu pensamento, do meu coração.

– Você já ouviu falar no amor proibido? Ele é intenso enquanto for proibido. Quando acaba a proibição o amor acaba como por um ato de mágica. Seu amor pelo Gerson pode ter essa medida. Você na Colômbia se casou e não se lembrou dele e ele era livre. Aqui, se casou outra vez.

– Me casei por despeito. Porque ele ia se casar.

– Assim mesmo eu suspeito que o seu amor por ele não seja tão cego. Você acha que ele também a ama?

– Nem quero saber.

– Amor sem reciprocidade não funciona, nem amor sem esperança. Não se constrói a felicidade sobre a infelicidade dos outros. Pense bem, minha filha. Eu sei que você gostaria de ouvir coisas contrárias, mas pense bem, o que eu digo não é só para o seu bem, mas para o bem de todos. Há os seus e os filhinhos deles de permeio. Direcione o seu amor a eles e ao seu marido que é um homem bom.

– Vó, ele também se interessa pela Cristina.

– Bem, eu vou falar com ele também. Antes de morrer eu quero ver vocês todos felizes.

– Quem falou em morrer, vó?

– Ué, todo mundo vai morrer. Valentina, minha querida, busca a sua felicidade onde ela possa estar. Você mesmo pode se surpreender com os enganos da vida. A vida nos engana e nós pretendemos enganar a vida. Não se deixe enganar nem se engane. O seu destino não está no Gerson, e um dia você mesmo vai ter certeza disso.

Se a conversa com a avó não apontou a solução que Valentina desejava, pelo menos a deixou pensativa.

Uns dias depois foi a vez do Gerson. E ele também pretendeu se esconder no disfarce.

– Vó, a Valentina sempre cismou comigo. Ela é assim, sempre foi, desde pequena. Eu não dou importância aos arrebatamentos dela.

– Pois deveria dar. Isso não é nenhuma brincadeira. Não se brinca com os sentimentos das pessoas. E é o que você está fazendo. Brincando com os sentimentos dela e com os da sua esposa. Ao mesmo tempo desfruta de certa vaidade que a atitude dela faz transbordar no seu ego. Talvez você não perceba que a Valentina sofra com essa fixação em você.

– Não, vó. Eu nunca pensei em nada disso. Nunca levei a sério. Eu amo a minha mulher, quero a Valentina só como prima.

– Então você vai ter comiseração, e vai falar muito seriamente com ela, tratar de acalmar o coração dela. Ser sincero sem machucá-la. E isso vai depender da sua habilidade e da sua inteligência. Eu conto com você, meu filho. Quero ver vocês felizes, cada um com a sua família. Só isso lhe vai dar a verdadeira felicidade.

– Vó, conte comigo, é o que eu desejo também.

Agora Eugênia precisava falar com o Cristóvão e a Cristina, era o justo. Mas também o mais delicado. Ela se dava o direito de invadir a vida dos netos, com a intenção de desviá-lo do caminho errado. Porém, se acanhava em se intrometer no íntimo dos outros dois. No entanto, sua consciência a induzia a seguir adiante.

Cristina se assustou, ficou envergonhada e desabou a chorar. Não negou nada, mas se acanhava de se confessar.

– Acalme-se, Cristina. Eu não estou aqui para censurar ninguém. Só quero o seu bem e o bem de todos. Eu percebi os olhares ansiosos e ao mesmo tempo esquivos entre você e o Cristóvão. E ante o desacato com o seu marido e com a mulher dele, encontrei certa desculpa. Afinal vocês estavam sendo ofendidos. O que eu quero é chamar a atenção sobre a continuidade. O Cristóvão é um rapaz atraente, sedutor. Você se sentindo ameaçada por outra, o amor-próprio entra em ação e um substituto é uma forma de revanche.

– A senhora tem razão, eu tentava suportar o desplante deles dois. Mas confesso que o Cristóvão, por mais que eu não queira, ele me atrai. Por isso trato de evitar a presença deles. Mas a Valentina é imprudente, insistente...

– A Valentina tem sim uma fixação pelo Gerson e isso vem desde criança. Mas o seu marido a ama. Me disse que não quer perdê-la, nem os filhos e nem o lar. Ele vai falar muito em sério com a Valentina, acabar com o assédio dela. E você, minha querida, não se deixe encantar pelo canto da sereia. Você e o Gerson levavam uma vida tão amorosa, não deixe esse encantamento acabar. A sua felicidade está aí.

Só faltava o Cristóvão, este sim, que era bem difícil, porque, no fim, as mulheres se entendem. Mas Eugênia não podia deixar o rapaz de fora. Ele também era interessado e o dever dela era com ele também. Ela se encheu de coragem e o chamou. Eugênia se admirou da delicadeza e da candura do rapaz. Cristóvão a tratou mais que com consideração, com afeto.

– Dona Eugênia, a senhora me inspira respeito e carinho. Eu sempre a admirei e me disponho a ouvi-la, porque da senhora só pode vir coisas do bem.

– Ah! Obrigada, meu filho. Você é tão sério que eu nunca pensei que fosse tão terno. Você se parece com o meu finado marido. Ele também era assim.

Com esse preâmbulo de simpatia se abriu um espaço de boa vontade entre eles. E a conversa foi difícil mas sincera. Ele confessou que não amava a Valentina e que estava apaixonado pela Cristina. Porém nunca houve nada entre eles além de troca de olhares. E prometeu que ia evitar encontrar-se com o casal e tratar de esquecer a Cristina, apesar de que ele tentava protegê-la do tratamento que recebia por parte do marido e da Valentina. Disse também que seu encanto por Cristina tinha começado justamente por isso, para compensá-la do abuso da Valentina e do Gerson. Ela era prudente e delicada, não merecia. E desse pesar, veio o encantamento.

Eugênia acreditou nas palavras dele. Se o seu caráter fosse como o de George ele cumpriria...

Os quatro agradeceram e, com certeza, iriam acatar suas palavras. Eugênia descansou. Obrou como sua consciência mandava e confiava no bom resultado. Tinham sido conversas francas e de coração aberto. Ela se sentia em paz.

CAPÍTULO 24

Dora estava muito preocupada com o estado de saúde de Eugênia. Embora ela não tenha desmaiado mais, suas tonteiras eram cada vez mais frequentes. As filhas estavam viajando e Maurício agora vinha pouco a Mendes porque estava trabalhando nos fins de semana, para ganhar uns trocados extras para o casamento.

Ana Carolina escreveu dizendo que não ia demorar. Na última carta contava que esteve no Chile visitando a Maria Clara. Parece que adoraram o país, foram até o sul ver os famosos lagos chilenos. Rogério e Maria Clara estão muito felizes lá. Ana Carolina anunciou então que em breve ela e o Elias iam voltar. Só faltava passar pela Argentina e pelo Uruguai, e viriam direto para o Rio. Porém eles não tinham compromisso com nada e Dora não podia esperar mais. Desobedeceu as ordens da patroa e chamou o filho para vir examiná-la.

– Vó, você precisa fazer uns exames. Eu mesmo vou levá-la. E não me venha com desculpas, eu sei que você não gosta e que ninguém gosta. Mas é preciso, eu sou o seu doutor e você a minha primeira cliente particular. Eu tenho que curá-la e você não vai me deixar ficar mal.

– Não, meu filho. Eu vou fazer tudo direitinho para provar a todos que você um bom médico.

– Esta é a minha vovó. – Maurício falava enquanto a examinava. – Por outro lado, eu quero a minha madrinha bem bonita no meu casamento.

– Dora e eu estamos fazendo nossos vestidos bem chiques, não é Dora?

– Claro, e providenciando a decoração da igreja com muitas flores e os doces, salgadinho, bebidas e o bolo de noiva, tudo com tempo. – Confirmou Dora que assistia o exame.

– Eu estou contando com vocês. Porque, com a Valquíria, vocês formam as três mulheres da minha vida.

Efetivamente, na conversa, Maurício levou a "avó" a fazer todos os exames necessários.

Na Escócia, Robert e Ivan também conversavam sobre o casamento e algo mais.

– Logo que você terminar seus estudos, vamos fazer nossas malas e voltar de vez para o Brasil para montar o nosso negócio.

– É o que mais quero. Mas, e a Maria João?

– Ela está mais entusiasmada do que eu. Adora aquilo lá, especialmente o sítio.

Valquíria começou os estudos, mas também estava se preparando para o casamento com a ajuda de Zulmira e de Vânia que eram mais versadas em moda.

Zulmira estava cada vez mais firme com o garotão Osvaldo. E Vânia na boca de espera, enquanto Jônatas solucionava o fim do seu relacionamento.

Estavam todos nos seus trabalhos quando foi entrando na redação, uma mulher de aspecto meio estranho e uns modos mais ainda.

– Qual de vocês, aqui, está de conquista com o meu homem?

Todos os companheiros a olharam, Jônatas não estava no seu escritório naquela hora.

– E quem é o seu homem? – Perguntou um dos colegas.

– O chefe de vocês.

Ninguém respondeu e ela insistiu.

– Tem medo, é? Para roubar o marido dos outros não tem. Vamos covarde ou eu começo a quebrar tudo aqui.

Pegou um cinzeiro que estava em cima de uma mesa e o arrebentou no chão.

– O que é isso? Pare com isso minha senhora ou eu chamo os seguranças. – falou um dos funcionários.

Ela pegou um peso e jogou no chão.

– Quero saber quem é a desgraçada.

Vânia estava nervosa. Notava-se que aquela mulher era capaz de tudo. Quando pegou um vaso de planta para arremessar também, Vânia disse:

– Sou eu.

Zulmira quis defende-la e repetiu:

– Sou eu.

Outra colega disse o mesmo e até os homens repetiram. Nisso, chegaram os seguranças e a levaram gritando e esperneando.

Todos os companheiros ficaram horrorizados. Ninguém podia entender como Jônatas, tão educado, podia aguentar uma mulher assim. Quando ele chegou e lhe contaram ele pediu desculpas a todos, envergonhado. Soube também que os seguranças tiveram que chamar a polícia para levá-la porque ela estava histérica. Gritava, xingava e até lutava com eles.

Jônatas foi à delegacia, o caso deles já era de polícia. Depois ele contou tudo à Vânia. Ele pagou a fiança para ela sair, mas registrou a queixa da perseguição dela. Ela saiu ante a fiança, porém o delegado a advertiu que se ela não deixasse o rapaz em paz que, na próxima vez, ela ia ficar na cadeia. Antes de sair, ela disse a Jônatas com a cara cheia de ódio.

– Eu lhe salvei a vida e é assim que você me paga?

– Paguei a fiança para você sair daqui. Estamos quites.

– Assim foi, Vânia. Agora você viu que eu não posso ficar com aquela mulher. Ela parece que não está nos seu juízo. Vamos ver se agora ela sossega e eu posso me livrar desses vexames.

– Seria bom. Sinceramente ela me assustou. Me deu medo. Parece mesmo que estava perturbada.

Vânia falava sério. Por isso mesmo ainda se recusava em sair com ele.

Tal como prometeu à avó, Valentina também deixou Gerson em paz. Porém estava fazendo um esforço gigantesco. Gerson conversou com ela francamente. Disse que amava a esposa e a ela, estimava como prima. Pediu, encarecidamente, que ela parasse com aquele jogo de sedução com ele porque não podia haver nada mais que amizade entre eles.

– E a sua mulher com o Cristóvão?

– Isso é coisa minha. Só nos concerne a ela e a mim. Controle o seu homem para que ele deixe minha mulher em paz.

Isso foi demais para Valentina. Ela nem podia acreditar. Mas Gerson falava sério. Eles não se viram mais.

Cristina respirou aliviada. Queria, acima de tudo, preservar o seu lar. E Cristóvão? É difícil quando a razão não pode vencer os sentimentos. Ele nunca tinha sido o tipo de homem que se apaixona, aquela era a primeira vez. Por isso a presença de Valentina cada vez se fazia mais pesada para ele. E, à medida que o fastio por ela crescia, surgia com mais força a luz da lembrança de Cristina.

Estava sendo um ano de duras decisões. Mas que, até agora, se vinha cumprindo os propósitos.

Estava chegando o casamento de Valquíria e, impreterivelmente esses quatro personagens teriam que se encontrar. Seria a prova de fogo para eles.

Os Mac Millan passaram as festas do fim de ano e logo depois estava marcado o casamento de Maurício de Valquíria. Aí sim, não faltou ninguém da família e até os pretendentes para entrar nela, estavam lá. Jônatas e Osvaldo foram convidados.

Estava tudo cuidadosamente preparado para a cerimônia religiosa na Matriz de Santa Cruz. A igreja muito adornada, pais, padrinhos e noivo impecáveis no altar esperando a noiva.

Valquíria entrou como uma princesa. Estava uma noiva muito linda. Quando Eugênia a viu entrar, se emocionou. Estava parecida com ela quando se casou naquele mesma igrejinha de Mendes. Por um momento ela voltou ao seu passado. Olhou o Ivan ao seu lado e viu o George. Parecia vivendo o seu próprio casamento. Ao voltar à realidade, bateu uma saudade... Saudade do George, dela mesma vestida de noiva, do seu casamento, daquele tempo. Aquelas recordações a comoveram. Porém, na festa, Eugênia se animou. Estavam todos muito alegres e muito felizes.

Valentina, Gerson, Cristina e Cristóvão estavam passando na sua prova de fogo. Eugênia os observava aliviada.

Os noivos, Ivan e Robert e família se retiraram antes, foram pernoitar no Rio, deveriam tomar o avião no dia seguinte cedo, rumo à Escócia. Mas a festa continuou animada. Só Eugênia se retirou porque se sentiu cansada. As filhas estranharam, ela sempre acompanhava os convidados até o fim. Elas duas e a Dora ficaram na sala conversando com ela.

No jardim, as bebidas e a comilança eram para se fartar. Afinal, era um casamento na roça. Rogério, Elias e Tuca lá estavam conversando, comendo e bebendo como se fossem sacos rotos.

Zulmira e Vânia, distraídas com os respectivos namorados. Cristina estava pondo olho nas crianças que brincavam por ali e Gerson ao seu lado só biritando.

Por incrível que pareça, Cristóvão entrou para por a caçula, Marlene, na cama, porque Valentina não estava em condições por causa de bebida.

Cristina se levantou para atender o filho que tinha caído e Valentina aproveitou e foi puxar o Gerson. No inicio ele se negou, mas logo cedeu e saiu com ela. Ninguém prestou atenção para onde. Quando Cristina voltou, o marido não estava mais ali. Ela esperou, procurou, não encontrou e ficou aguardando a sua volta.

Os convidados estavam indo embora e Gerson nada de aparecer. Cristóvão veio pegar as duas filhas. Elas estavam com os filhos de Cristina.

– Parece que os nossos consortes desapareceram. – Falou Cristóvão olhando-a nos olhos.

Cristina abaixou a cabeça. Estava abalada, contrariada.

– Vamos esperar lá dentro, está esfriando e não se sabe onde foram e a que horas vão voltar. Outra vez nos fizeram de babacas.

Cristina concordou e foram em direção a casa.

– Acho que tenho que fazer a mamadeira da Marlene.

– Eu posso ajudar. – E Cristina mandou os filhos por os pijamas no quarto e foi até a cozinha.

Cristóvão pôs a filhas para dormir. Cristina trouxe a mamadeira e foi ver se os filhos estavam deitados. Voltou e tocou a porta do quarto de Cristóvão.

– Será que eu posso ajudar em algo com o bebê? Vou trocar a fraldinha dela...

– Eu já troquei. Dei a mamadeira e ela tornou a dormir. Obrigado, Cristina.

Cristina estava acanhada. – Bem, então boa noite.

– Não vai embora assim, você está tensa, abalada. A mim não importa se eles venham ou não. Mas você não merece.

Os olhos de Cristina se encharcaram de lágrimas. Não disse nada, apenas meneou a cabeça.

– Se você quiser esperá-los na varanda eu posso acompanhá-la.

– Eu não quero esperar ninguém. Não desejo nem ver o Gerson. É inútil, isso não vai acabar nunca. – Por fim ela desabafou.

– Para mim acabou hoje mesmo. Se não fui embora antes foi pelas minhas filhas. Mas não vou suportar mais.

Cristina soluçou e Cristóvão instintivamente foi abraçá-la e ela se deixou. Recostou a cabeça no peito dele.

– Acalme-se, Cristina, eu a levarei ao quarto, fique tranquila, por favor.

Cristina se trancou no quarto. Por um nada, não se abandonou na ternura de Cristóvão. Ela estava sedenta de afeto... afeto dele. Naquela noite ela não pôde reconciliar o sono. Mas não foi no marido infiel em quem ficou pensando.

Cristóvão só não a estreitou e a cobriu de beijos, porque queria preservar a sua promessa, respeitar o lar honrado de Eugênia. Porém, naquela noite, ele viveu toda a sua paixão com Cristina. E um mundo de decisões o acompanhou na cama.

CAPÍTULO 25

Valentina e Gerson só chegaram a casa de madrugada. Jogaram-se na cama assim mesmo, vestidos. Ambos cheiravam a bebida, a mato, a sexo.

No dia seguinte, cedo, Cristóvão arrancou para o Rio. Valentina se levantou tarde com aquela ressaca. Gerson também foi levantar lá pelo meio-dia. Cristina levantou cedo, deu o café da manhã para os seus filhos e para as filhas de Valentina. Ademais, pegou a pequenininha, mudou a fralda dela, deu a mamadeira e a entregou para a avó, Maria Clara.

Ninguém ficou sabendo o que tinha acontecido com os dois casais. Estranharam por Cristóvão ter ido embora, era domingo, não havia trabalho.

– É que ele é chato mesmo. – Valentina ainda jogou a culpa no marido.

Quando Gerson acordou, Cristina também tinha tudo pronto para viajar.

– Meu amor, eu nem sei o que faço para você me desculpar. Perdão... perdão...

– Não precisa. Não quero, não acredito, para mim, basta.

– Por favor, Cristina. Eu estava bêbado, a Valentina me levou como um autômato.

– E rolaram no mato, fizeram sexo, tudo sem querer. Ora, me poupe.

– Você pode não acreditar, mas foi assim.

– É, eu sou trouxa mesmo. Pode me enganar que eu gosto. Para mim, chega Gerson. É inútil, o seu caso com a Valentina não tem jeito.

– E o seu com o Cristóvão. – Gerson partiu para a agressão. É um meio de defesa.

– O meu o que, Gerson? Fala...

– Vocês se olham. Quem sabe o que sentem um pelo outro?

– O Cristóvão é um homem sério, ele me respeita porque eu me respeito também. Não sou uma vira-lata como a sua prima nem ele é um fraco como você.

– Mas vocês se gostam. Ele é um homem atraente…

– E eu sou uma mulher casada, mãe de família. Nós nos respeitamos. Não julgue os outros por você. Você e a Valentina são os que não respeitam ninguém. Sabe por que, Gerson? Porque vocês não se respeitam. Mas eu não quero mais papo. Vamos embora e lá no Rio nós resolvemos nossas vidas. Arrume-se que eu vou agradecer e me despedir do pessoal. Advirto que, felizmente, ninguém ficou sabendo do que houve por aqui esta noite.

Eles foram embora. Cristina não podia esconder sua indignação. Estava de cara amarrada e não disse uma só palavra em toda a viagem. Também não podia, com os filhos ali.

Gerson não sabia como explicar-se. Ele mesmo concordava que tudo aquilo foi a gota d'água. Cristina tinha razão, estava saturada. Na hora de ir para a cama ela confirmou:

– Não, Gerson. Vai procurar onde dormir. Eu não o quero aqui. Ainda tenho entranhado no meu nariz aquele cheiro fétido de bebida, suor e sexo.

Valentina chegou a casa no domingo pela noite. Cristóvão não estava lá. Ela abriu os armários e viu que ele tinha ido embora. (Já foi tarde. Tomara que a santinha de pau oco mande o Gerson ir embora também).

Efetivamente, Cristóvão foi dormir no hotel. Logo no outro dia foi procurar um apart hotel para morar e foi falar também com um advogado para abrir um processo de separação.

Antes de voltarem para Santiago, Maria Clara conversou com Ana Carolina sobre a saúde de Eugênia. Elas estavam inquietas, mas Ana Carolina disse que ia estar mais atenta e ficar mais tempo com a mãe. Essa mesma inquietação Robert levou. Porém suas visitas dissiparam suas preocupações.

Os recém-casados passaram uma lua-de-mel como nunca puderam imaginar. A família os levou para conhecer a cidade e de tudo fizeram para que eles estivessem contentes. Depois eles foram para Londres antes de embarcarem para o Brasil.

Ivan voltou para a faculdade e, dessa vez não foi ele quem procurou a garota que gostava. Ela o estava esperando. Mais afoita, especialmente para os padrões escoceses, ela foi falar com ele. Traduzindo do inglês carregado dos escoceses:

– Oi, pensei que você não viesse mais.
– Os meus estudos ainda não acabaram.
– E depois?
– Depois eu volto para o meu país.
– Para o Brasil?
– É, como você sabe?
– Eu averiguei.
– Averiguou, como?
– Na empresa que você e o seu tio trabalham.
– E como você pôde…
– Eu vi você entrando lá e perguntei.
– É inacreditável. Com tanta segurança… Como, a quem você perguntou?
– A secretária do meu pai. Ela procurou saber para mim.
– A secretária do seu pai?
– É, às vezes ele vai trabalhar lá.
– Não entendo, como assim?
– Ele é o dono. O seu tio dirige a firma dele.
– O dono?
– É.

Ivan ficou pasmo. Ela falava aquilo com a maior naturalidade. No entanto o pai era dono de uma das maiores empresas da Escócia. Ela era uma milionária e esse fato fez acabar de murchar as esperanças de Ivan. E ele estava gostando da moça. Ivan não pôde falar mais. Ficou detalhando sua beleza e simplicidade e dando adeus as suas pretensões.

Em casa Ivan contou a Robert quem era a garota que ele gostava. O tio quase caiu para trás. Depois até brincou.

– Você é guloso, heim cara! Não podia ter um gosto mais modesto?

– E bem que eu teria preferido. Minhas chances rolaram por água abaixo.

– Vai desistir antes de começar? E se ela estiver mesmo interessada em você? Pelo menos foi isso que ela demonstrou. Foi se informar sobre você.

– Eu sou um pé rapado, mas sei onde meto o nariz.

– Você é quem sabe. Mas não vai fazer desfeita à moça... Deixa o barco correr.

Mas Ivan sabia que o mais prudente era se afastar dela. Gracie era sedutora na sua simplicidade. Fácil de se fazer apaixonar, ainda mais a ele que tinha uma visível inclinação pelos seus encantos.

Depois de uns dias sem vê-la, ele ouviu:

– Ivan! – Era ela. Ele parou e os dois se aproximaram sorridentes. – Ivan, você está se escondendo de mim? Eu não o vejo em nenhum lugar.

– Não... – Ivan a olhava e a via mais linda que nunca. – Na verdade, sim. Você é uma garota muito bonita, fácil de deixar um homem apaixonado. E eu não tenho chance com você. Dentro de alguns meses estarei longe daqui e não quero ir com o coração partido.

– Mas eu gosto de você. Faz tempo que eu esperava que você viesse falar comigo.

– E faz tempo que eu desejava isso. Você agora sabe qual foi o motivo.

– Para mim isso não é motivo para não podermos ter um relacionamento.

– Então eu vou lhe dar outro: eu não tenho onde cair morto. Só conto com a minha profissão e o emprego na empresa do seu pai.

– Tem cultura, moral, bondade no coração e é muito sedutor também. O resto a se acrescentar, é adorno.

– Adorno?

Gracie começou a rir.

– É que eu estudo Arte Decorativa. Há uma estrutura e nela se faz a decoração. Você é a estrutura: sólida, de proporções gregas, de forma e linhas perfeitas. A decoração é o adorno. – Ela começou a rir outra vez e Ivan com ela.

– E você pensa decorar esta estrutura... Não vai fazer me um rococó.

– Não, não precisa, ela é perfeita para mim.

– Acho que você não tem juízo nesta cabecinha. – Ivan a tocou.

– Por que você não descobre se tenho ou não?

– Porque eu tenho.

– E não tem tino para a aventura, eu tenho e vou me atrever: convido você para lanchar comigo quando terminar a aula.

– Garota, você é mesmo afoita. Vou aceitar só para poder estar uns momentos mais com você.

– Combinadíssimo. Eu espero você aqui mesmo.

Ivan nem prestou muita atenção nas aulas. Só pensou em namorar aquela bela escocesazinha de cabelos dourados e olhos azuis, linda de morrer.

– Quando eu saí da classe, ela já estava me esperando. O carro dela era comum, o luxo estava no lugar onde fomos lanchar: um clube de golfe que só tinha bacanas. Eu estava me sentindo uma pulga. Eu, o filho do quitandeiro Tuca e da emprega doméstica Dora, naquele chiquê? – Ivan contou a Robert.

– O seu avô não ia gostar dessa referência. Você é um Mac Millan.

– Ainda assim, é muita diferença.

– Você é mesmo parecido com o pai. Só que ele era cheio de orgulho, você é para baixo. Mas ambos apegados ao status.

– Ele podia…

– No entanto, deixou tudo por uma mocinha simples do interior. E você deixa sua mentalidade simplista e aceita o seu amor.

– E não é nada difícil. Eu, pela Gracie, deixaria qualquer coisa.

– Você não deixaria nada, acrescentaria. – E Robert começou a rir.

– Não falo pelo que ela tem, mas pelo que ela começa a representar na minha vida. Acho que estou me apaixonando.

– Mister George Mac Millan encontrou a sua Eugênia, mas invertido. Você é que é a Cinderela. E a história continua. – Robert debochava

Ambos riram. Mas a conversa era séria.

Uma história que começa e outra que termina.

Cristóvão se instalou num apart hotel e Valentina recebeu uma comunicação do processo de separação. Ela assinou sem dar importância ao caso. Pelo contrário, foi uma chance para ela se comunicar com Gerson. E ela ligou:

– Gerson, o Cristóvão saiu de casa, está se separando legalmente de mim.

– A Cristina também está braba comigo. Nem estamos dormindo juntos. Viu, Valentina, o que você foi arranjar?

– Eu só? Vai dizer que você não gostou?

– Eu estava bêbado.

– Eu também. Mas concretizei um sonho antigo: estar no nosso canto do amor com você.

– Que amor? Aquilo foi sacanagem.

– Mas com amor.

– Não quero falar nesse assunto. Para mim chega.

– Eu preciso falar pessoalmente com você.

– Nem pensar. Você quer piorar as coisas?

– Piorar o quê? Você não percebe que o nosso caso com eles acabou?

– O meu não. Vou tentar me explicar, me redimir.

– Vai se ajoelhar, se arrastar? Eu preciso ver você. Se não marcarmos um encontro eu vou aí.

– Aqui não.

– Então onde nos vemos?

– Num lugar onde ninguém possa nos ver.

– Num motel?

– Você está louca?

– Quer lugar mais discreto que esse?

– Valentina, você me assusta. Para você o seu casamento não importa, mas o meu me importa e muito.

– Deixe de ser hipócrita. Louco está você para um novo encontro comigo, não negue.

E foi tanta a insistência que finalmente ele concordou com o encontro.

Seria aquele o fim de outra história e o começo de uma terceira? Ou mais…

– Cristina, eu estou me separando da Valentina para me casar com você. – Cristóvão ligou para Cristina para dizer isso à queima-roupa.

– O quê? – Cristina ficou atônita.

– Exatamente o que você ouviu. Você também tem que se livrar daquele cretino. Você não está só, eu estou com você.

– O que é tudo isso, Cristóvão? Você me faz essa proposta para me salvar?

– E a mim também. Somos burlados por quem não nos quer e nem nos merece.

– O que você pretende é solucionar uma situação?

– É. Eu a amo, Cristina. Me apaixonei por você e se aguentei a Valentina até agora, foi porque ela era o meio de não me desvincular de você. Você também me ama, eu sinto…

– Por favor, Cristóvão, isso é um impacto muito forte… Eu…

– Cristina, eu quero que você pense no que estou dizendo. O que poderá representar nas nossas vidas. Esse é apenas o preâmbulo da história que vamos escrever juntos.

Cristóvão desligou e deixou a Cristina estática, como se um trator tivesse passado sobre ela e deixasse sua alma flutuar numa nuvem de ilusão.

CAPÍTULO 26

O que Valentina tinha que falar pessoalmente e urgente com Gerson era mesmo uma pérola:

– Vamos sair de viagem por esse planeta inteiro. Todo mundo, ao menos uma vez na vida, tem o direito de uma aventura. Vamos aproveitar essa conjuntura fastidiosa para ventilar nossas cabeças. Tomar um banho de cultura e conhecimento, viver livre, sem compromisso, desfrutar das coisas boas da vida. Uma viagem por toda parte para conhecer o mundo inteiro, sem tempo para voltar. Com tudo pago nos melhores hotéis, os melhores restaurantes, todos os passeios, tudo de primeira, com a maior mordomia e comigo, com um amor que nenhuma mulher pode lhe dar.

– É realmente um sonho fantástico, mas não comigo, Valentina. Eu tenho família, responsabilidade.

– A Cristina não é tão eficiente? Não é sua sócia no negócio? Ela se vira enquanto estivermos fora.

– Para você tudo é fácil...

– Porque eu não complico. Eu só quero passar um tempo feliz com você, fazer você feliz. Essa vida burguesa que você leva há anos, com sinal de mudança só para pior, com uma mulher pasmada que, ainda por cima, o desdenha. Isso é vida? Eu ofereço uma oportunidade para você viver como um rei. O meu primeiro marido me deixou muito dinheiro e eu ainda não tive tempo nem companhia para desfrutar. Vamos Gerson, isso só pode acrescentar a você. Vamos viver... viver...

– É tentador, não nego. Mas não vou arriscar a minha família.

– Se a sua mulher tivesse a oportunidade que eu estou lhe dando, ela lhe daria uma banana e se mandava com o Cristóvão.

– Você não conhece a Cristina.

– Ela não é melhor que ninguém. É um ser humano como qualquer outro. Põe isso na sua cabeça.

– Como vou abandonar minha família, minha empresa...

– Você mesmo diz que a Cristina tem os mesmos estudos que você, que ela é muito capaz...

– Não Valentina, não me tente mais. Não posso aceitar esse mundo fabuloso que você me oferece. O meu mundo é o da realidade.

– O que eu ofereço também. Não é nenhum sonho. É só querer e se vive nesse sonho e o torna realidade.

Era muita tentação. Gerson estava balançado. Aproveitaram o ensejo e fizeram o que todo mundo vai fazer num motel. Ora, estava pago e ninguém viu nem ia ficar sabendo.

Gerson passou a noite no sofá da sala pensando nas maravilhas que Valentina lhe oferecia. Era tentador, ainda mais com aquela atitude de desprezo de Cristina que não compreendia, não o perdoava nem queria conversa com ele.

Esse último ano da década dos anos setenta estava cheio de surpresas, dúvidas, incógnitas e decisões.

Osvaldo convidou a Zulmira a jantar para apresentá-la ao seu irmão, ele mostrou interesse em conhecê-la. Quando Zulmira o viu, quase caiu para trás. Eles tinham se conhecido na universidade e até paqueraram. Mas Osmar tinha outra namorada e quando Zulmira soube, ficou balançada... desistiu dele. Ambos se cumprimentaram como velhos conhecidos. Relembraram o tempo de universidade e ele contou que quando o irmão falou no nome dela, ele supôs que se tratava da mesma Zulmira, o nome não é tão comum. Contou também que tinha terminado com a namorada antes de terminar o curso, mas depois de Zulmira ter saído da faculdade. Com todas essas revelações e recordações, eles, praticamente, conversaram o tempo todo e Osvaldo ficou de ouvinte.

Na Escócia, Gracie também fez um convite a Ivan: ir a sua casa conhecer os seus pais.

– Gracie, eles não vão aprovar o nosso namoro. Você é uma herdeira rica. Como eu vou me apresentar?

– Você pensa que o meu pai foi sempre rico? Ele foi pobre, operário de uma fábrica. Mas ele era hábil e inteligente, inventou uma peça para uma máquina que aumentava a produtividade em oitenta por cento. Com o dinheiro que ganhou, montou uma pequena fábrica. Ela foi crescendo e ele ganhando dinheiro e se tornou rico com a empresa onde você trabalha.

– Meu avô também era inventor industrial.

– É verdade?

– É sim. Vivia das patentes de suas invenções, mas nunca ficou rico com isso.

– O meu pai vai gostar de saber disso.

– Eu também estou gostando de saber. Vou contar ao meu tio. Ele vai achar uma coincidência interessante.

– Então vamos fazer o seguinte: convida o seu tio e a esposa dele para jantarem lá em casa.

– Vou falar com eles. E agradeço o convite por eles.

Porém os pais de Gracie foram fazer uma viagem de negócios e de turismo nos Estados Unidos e Canadá e o convite ficou pendente.

Estava também em suspense a resposta de Gerson. Ele ainda tinha dúvidas sobre o que poderia acontecer na sua ausência e depois que ele voltasse. Porém os encontros no motel para acertar os prós e os contras continuavam cada vez com mais frequencia.

Cristóvão tornou a ligar para a Cristina:

– Então, Cristina, pensou no que eu disse?

– Eu não tenho coragem de pedir a separação legal a Gerson. Não tenho forças nem personalidade para isso.

– Tem sim. Trata-se da sua vida...

– E os meus filhos? Eles amam o pai.

– Eu posso ser um pai para eles. E você pode ser mãe para as minhas filhas. Preciso tirá-las do convívio da mãe. A Valentina não cuida delas, quem as cria é a babá. Cristina, eu posso contar com você?

– Não me pressione Cristóvão. Esse é um passo muito sério nas nossas vidas e na vida dos nossos filhos.

– Mas é a melhor solução. Melhor para todos.

– Eu vou criar coragem e falar com o Gerson. Tenha paciência comigo.

Esse era outro caso para os três pontinhos do suspensivo.

Finalmente chegaram as férias e os Mac Millan se reuniram para as festas de fim de ano. Estavam quase todos, Maria Clara e Rogério podiam estar presentes com maior facilidade, porque estavam relativamente perto. Esse era o último ano de sua permanência no Chile. Antes de chegar a Mendes, Valentina lhe contou de sua separação com Cristóvão.

– Mãe, não me diga nada, eu não o suportava mais nem ele a mim. Só peço que você, por enquanto, não conte nada para a vó.

E Valentina não compareceu nem Cristóvão, claro. Maria Clara inventou que eles estavam viajando. Os outros ausentes foram, naturalmente, Gerson e Cristina. Não se ficou sabendo da ausência deles, Gerson não dava satisfações aos pais.

Em compensação, Jônatas e Osvaldo estavam lá. E mais uma vez o recanto do pecado foi cenário de seus amores. Os pares se alternavam para expandir os seus desejos.

As férias estavam sendo alegres como sempre. Eugênia se sentia muito feliz quando a família se reunia. Por enésima vez ela comentou com o filho:

– Robert, seu pai gostava tanto de ver o seu clã reunido. E eu também.

– Meu pai estava orgulhoso da família. Era um pai amoroso dentro da sua autoridade.

– Muito, muito amoroso. – Eugênia suspirou, se deu um tempo talvez para rememorar e: – Eu sinto tantas saudades dele. Ele prometeu vir me buscar faz tanto tempo… mas está demorando… demorando demais.

– Mãe, você quer que ele venha tirar você da gente?

– Vocês não precisam mais de mim. George e eu cumprimos nosso dever aqui. Agora podemos ser felizes juntos.

– Mãe, o que você está dizendo?

– Não fique triste, não. Eu amo muito todos vocês, toda a minha família. Mas o seu pai está me esperando e eu preciso dele.

Robert ficou pensativo. Bateu uma tristeza tão grande no seu coração, era comovente um amor assim. E a noite toda ele pensou nas palavras da mãe. (Ela quer morrer para se encontrar com o pai. Fala isso com a certeza de que será assim. Ele vem buscá-la e estarão juntos para sempre).

No outro dia pela manhã todos acordaram e Eugênia, que era a primeira a sair do quarto, não tinha se levantado. Eles começaram a se preocupar. Dora e as filhas entraram no quarto. Eugênia jazia na cama com um semblante tranquilo, até sorridente. Morreu como viveu: serenamente.

Robert levou um choque. Pensou na conversa que tiveram antes de ela ir se deitar.

– Ela estava esperando esse desenlace. Meu pai veio e ela partiu com ele para a eternidade. Agora estão juntos e felizes como desejavam. O amor deles é eterno.

Porém isso não foi consolo para ninguém. Filhos, netos, todos ali lamentaram, choraram copiosamente. Eugênia era muito amada por todos.

Ana Carolina avisou a Gerson e Cristina telefonou para Cristóvão. Todos foram para lá. O enterro foi à tarde. Cristóvão fez questão de prestar sua homenagem com pesar e respeito à dama que ele pessoalmente estimava. Cumprimentou todos e voltou para o Rio.

A família não sabia que Eugênia era tão querida na sua terra. Mendes inteiro a acompanhou a sua última morada no Cemitério da Irmandade de Santa Cruz. Lá ficou o emblema dos Mac Millan e de muitos mais, no jazigo da família junto com o seu amado filho e com o seu eterno amor. E juntos estariam agora nas estâncias infinitas das dimensões cósmicas, numa das muitas moradas do Senhor.

Pela Dora foi que se soube quantas famílias, quantas pessoas ela ajudava. Aquela assistência ao seu funeral era um ato de gratidão e carinho. Realmente foi um enterro triste. Estavam todos ali contritos e chorosos.

À noite, em casa, Robert se sentou no mesmo sofá onde, na noite anterior, ele conversava com a mãe pela última vez. Recordava cada uma de suas palavras, não ia esquecê-las nunca e nunca pensou que eram as últimas, que era a última vez que a via com vida. Robert estava inconsolável. Maria João não sabia o que fazer para acalmá-lo, ele adorava aquela mãe.

Mas quem não estava inconsolável ali? Ana Carolina nem saiu do quarto. Maria Clara providenciava tudo na casa com Dora. Mas ambas se davam descansos para exprimir a sua dor. Rogério e Elias estavam jururus na varanda, nem conversavam. Tuca foi acompanhar e consolar Ivan na sua oficina. Valquíria encontrou

Maurício abraçado ao porta retratos da avó e choraram juntos. E Zulmira e Vânia buscavam consolo nos namorados.

Valentina estava realmente triste. Pensava nos conselhos da avó e, intimamente, lhe pedia perdão.

Gerson tentou se aproximar de Cristina.

– Gerson, vamos respeitar a dor de todos e, sobretudo, a memória da dona Eugênia. Eu estou consternada, gostava muito dela.

– Eu também amava a minha avó. Queria cumprir a promessa que lhe fiz.

Foram dias lúgubres, de tristeza e pesar. Que saudade! Era quase impossível pensar naquela casa sem a presença de Eugênia. Ela sempre estava em toda parte. Que vazio, que frio ficou aquilo tudo.

Cada um foi se retirando para as suas vidas. Ivan, Robert e família deveriam voltar para Escócia. As irmãs foram conversar com eles dois sobre assuntos relacionados com a sucessão, herança etc., já que eles só voltariam dentro de um ano.

Robert foi cortante:

– O que vocês resolverem para mim está bom. Nada mais aqui faz sentido para mim.

Ivan acrescentou que o que lhe pudesse corresponder, que dessem a seu pai e a sua mãe:

– Porque sem a vó, eles vão ficar desamparados.

Eles partiram. Na porteira da casa, Robert parou e ficou olhando a casa que o pai construiu para a mãe. Onde ele e os irmãos nasceram, cresceram, foram felizes e... Ivan veio acompanhá-lo.

– Se quando o meu pai se foi este lugar perdeu um pouco a pompa, o orgulho, o charme, agora sem a minha mãe perdeu o aconchego, a ternura e o amor que reinava na casa.

Eles se abraçaram, derramaram suas últimas lágrimas e partiram dando adeus ao cenário cálido da infância e da juventude que ficaram ali.

CAPÍTULO 27

Maria Clara e Rogério tinham que voltar para o Chile. Porém, antes de partir, ela e Ana Carolina, combinaram que Dora e Tuca continuassem na casa cuidando de tudo. Elas arrumaram toda a roupa e sapatos de Eugênia e mandaram doar para os necessitados. Distribuíram o dinheiro que Eugênia recebia mensalmente para os gastos do sítio, pagar os empregados e para Dora. O restante iam depositar no banco.

A ideia era de ter o sítio funcionando para qualquer um dos parentes irem veranear ou passar o fim de semana lá. Estavam pretendendo preservar aquele bem tão querido pelos pais e por eles mesmos. Além de ser, realmente, um lugar cativante e agradável para viver ou para passar temporada.

Depois de organizar e combinar tudo com Dora, as irmãs foram embora para o Rio com seus respectivos esposos e ainda guardando no coração aquele imenso pesar.

No Rio, Gerson tinha conversado com Cristina e o resultado não foi animador.

– Cris, eu prometi a minha avó preservar o nosso casamento. Por favor, releve aquele episódio deprimente que vivemos no sítio. Foi uma questão de momento. Eu estava bêbado e a Valentina também. Ela pagou caro por isso, o Cristóvão saiu de casa e está se separando legalmente dela. Não permita que o nosso caso termine assim também. Eu amo você Cris, amo os meus filhos, não quero perder o nosso lar.

Cristina não respondeu. Pôs sobre a mesa uma caixa de fósforos de um motel. Gerson ficou até pálido, pegou a caixa e disse:

– Isso não quer dizer nada. É uma propaganda que me deram na rua.

– Eu detesto quando tentam me fazer de burra. Tenho ligado para o escritório, percebi que você sai cedo e chega aqui tarde. Porque não assume de uma vez?

– Está bem. Fui a um motel uma vez com uma garota de programa. Você não quer saber de mim, eu sou homem…

– A Valentina agora é garota de programa? E você não foi uma vez, foi várias.

– Com a Valentina não. Isso você está inventando.

– Quando você sai, ela também não está em casa, tenho verificado isso também.

– A Valentina nunca está em casa…

– Você sabe muito sobre a vida dela... Sinto muito, Gerson. Sinto muito mesmo. Mas eu não acredito mais em você. Se você realmente me quisesse não iria procurar outra mulher e menos ainda a Valentina. Você não vai poder cumprir a promessa que fez a sua avó.

– O que você está querendo dizer?

– Que não dá mais. Eu não quero um meio marido, compartilhar você com a Valentina ou com mulher alguma.

– Não Cris, não faça isso comigo, por favor. Eu não quero perder você. Eu posso estar cheio de erros, mas posso e quero acabar com isso tudo e viver bem com você como sempre vivemos. Vamos cumprir com os nossos sonhos, os nossos objetivos. Se não por nós, pelos nossos filhos.

– Esquecer? Perdoar? Tão fácil dizer essas palavras, mas apagar a dor do coração…

Cristina não disse mais nada e se fechou no quarto.

Maurício e Valquíria estavam passando uns dias de muitas tristezas.

– Valquíria, ela não era minha vó verdadeira, mas eu a amava como tal. Ela sempre foi tão boa comigo. Nunca fez diferença com os outros netos.

– Ela foi boa com todo mundo. A vó foi a pessoa mais terna que eu já conheci.

– Você se parece com ela.

– Quem me dera que eu chegasse aos pés dela.

– Se parece sim.

– Se é assim, eu fico muito honrada. E se isso lhe serve de consolo…

– Você é mais que um consolo, Valquíria. Você é tudo para mim.

Aquele casalzinho vivia tão bem. Eram tão certinhos, tão organizados, tão amorosos. Que Deus conserve essa raridade sempre assim.

Quando Ivan chegou à universidade, foi logo procurar a Gracie. Precisava de consolo, de colo e, de fato, os encontrou nela. Ela alugou os seus ouvidos para ele despejar os seus queixumes e lamentações. Nem precisava falar nada, só de ouvir bastava, ele precisava era desafogar-se. Mas ela fez mais. Disse as palavras certas que ele necessitava ouvir e isso o aliviou sobremaneira.

Robert também estava caidíssimo. Para ele nem os afagos, o carinho de Maria João o tiravam daquela tristeza que ele queria esconder empurrando para o fundo do coração.

As irmãs também guardavam esse mesmo sentimento. Maria Clara, por vezes, se sentia muito só, se metia num canto a choramingar. E Ana Carolina pediu a Elias que fossem fazer outra viagem em algum lugar onde ela pudesse espairecer aquela tristeza.

Valentina ligou para Gerson.

– Valentina, vamos parar com isso. A Cris sabe dos nossos encontros no motel.

– Não me diga isso. Eu estou me sentindo muito só, muito triste. A morte da nossa vó me abateu muito.

– Então lembre-se da promessa que fizemos a ela.

– Ora Gerson, a vó esperava de nós que nos enquadrássemos dentro dos padrões do tempo dela. Quando os casamentos eram para sempre, como foi o dela. Hoje é diferente e isso ela não compreendia e jamais aceitaria ou se adaptaria. Nós não podemos nos guiar pelos pensamentos superados dela. Eu agradeci os conselhos, ela só queria me conduzir pelo caminho do bem. Mas com o Cristóvão? Ele nunca me amou nem eu a ele. Só porque cometemos o erro de nos casar, tínhamos que viver juntos no inferno?

– Mas o meu caso é diferente, eu amo a minha mulher.

– E se ela amasse você o teria perdoado, apagado do pensamento o seu deslize e voltado com você. O amor é jogo de dois. Você vai passar o resto da vida com uma mulher que não o ama?

– Eu tenho esperança de reconquistá-la.

– Você está bancando o babaca.

– Eu sei o que faço.

– Tudo bem, faça algo por mim também. Vem me tirar desse estado de melancolia.

– Valentina, eu não quero abusar. Cada vez eu me afundo mais com a Cris.

– Por favor, Gerson, eu estou precisando de você. Não me negue o seu consolo. Eu não tenho mais ninguém.

Cristina tinha razão. Ele era um fraco: foi. Foi até buscar consolo também. A dor deles era igual. Mas... será que o sexo cura a tristeza?

O telefone da casa de Cristina tocou. Era o Cristóvão.

– Cristina, eu quero ver você. Eu a vi muito triste no enterro de dona Eugênia. Estava tão só, eu desejei ampará-la. Encontre-se comigo, vamos jantar juntos ou tomar um café, eu preciso vê-la, falar com você.

– Não, Cristóvão, isso não. Até que nos separemos, não quero que nos vejam juntos. Se nos pegam, seremos nós os culpados da separação. Eu já falei com o Gerson.

– E ele?

– Não quer a separação de jeito nenhum. Ele e a Valentina estão se encontrando no motel.

– São dois safados.

– Cristóvão, depois falamos, tocaram a campainha, vou atender.

Eram dois chatos duma religião oferecendo livros, quer dizer, empurrando insistentemente para comprar e ao mesmo tempo doutrinando.

– Não quero, não insistam, estou de luto, muito triste.

– Neste livro vai encontrar o consolo que está necessitando.

– Vão embora, por favor. Não vou comprar nada, não percam tempo e não me façam perder o meu.

– Se a senhora nos der a oportunidade de explicar...

– Não dou, não. Vão embora, já perdi a paciência. Respeitem a minha vontade. Não vou comprar nada e, se me interessasse, não compraria pela insistência e pela chatice de vocês. Então, passem bem.

Cristina abriu a porta mandou-os embora.

– Calma, minha senhora...

– Eu estava calma, vocês me tiraram do prumo. Fora... fora... – E bateu a porta. – (É a segunda vez nesta semana. Haja saco!)

Elias propôs a Ana Carolina fazer a viagem pelo Brasil todo, inclusive pelo Amazonas e pelo Pantanal, até onde ele ia pescar. Terminariam o tour no Chile para voltar com Maria Clara e Rogério. O passeio agradou a esposa. Era o que ela precisava para refrescar a cabeça e o coração.

Como Valentina não conseguiu convencer o Gerson nesse último encontro no motel, decidiu tomar medidas mais drásticas. Telefonou para Cristina. Ela até pensou que era Cristóvão outra vez para continuar a conversa interrompida pelos "crentes". Quando viu que era Valentina, Cristina até tremeu, ficou tensa.

– Cristina, é para lhe comunicar que o Gerson e eu somos amantes, nos encontramos assiduamente no motel Paradise. (O mesmo dos fósforos. Pensou Cristina). Eu me separei do Cristóvão. O Gerson só não se separa com pena dos filhos e de você. Estou lhe avisando porque não gosto de coisas escondidas, de hipocrisia. Eu assumo o que faço, seja certo ou errado. O nosso amor não é de hoje. Nós nos amamos de toda a vida e esse é um fato indissolúvel, que resolvemos encarar. Agora que você sabe da verdade, estará pronta para qualquer eventualidade e tomará as medidas pertinentes.

Como Cristina estava pasma, não dizia nada, Valentina continuou.

– Alô! Cristina... você está me ouvindo?

– Estou ouvindo, sim, obrigada. – Ela falou aleatoriamente, sem pensar no que dizia. E bateu o telefone.

(Estúpida... É babaca mesmo, ainda agradece. Se fosse eu dava uma bronca. Pode ser que ela faça isso com o Gerson quando ele chegar a casa. Aí ele virá a mim como um bebê chorão).

Não deu outra. Foi exatamente o que aconteceu. Cristina ficou tensa, mas decidida. Pediu a Gerson que desaparecesse da vida dela, que tinha se cansado de ser humilhada, desdenhada e burlada. Empurrou-o para fora e bateu a porta como tinha feito com os "bíblias" de tarde.

Gerson pensou que ela tinha descoberto a sua última ida ao motel com Valentina. Ele ficou assustado, agora era mesmo o fim. Cristina estava furiosa, determinada. Gerson foi para o escritório. Lá ele chorou, se desesperou e ligou para Valentina.

– Ela me expulsou de casa.

– Por quê?

– Ela deve ter sabido da nossa última ida ao motel.

(Ainda bem que a burra não contou). Valentina pensou e disse:

– Gerson, vai para o Hotel Bon Nuit. Me espera, eu estou indo para lá.

– Valentina, eu estou com a roupa do corpo. A Cris não me deixou entrar em casa. Não vi meus filhos, ela me pôs pra correr da minha própria casa.

– Tudo bem. Espere-me, vou para lá e então, conversamos. Não se preocupe com roupa, para isso damos jeito, se resolve nas lojas.

Valentina desligou o telefone. (Não disse? O coitadinho está pedindo colo). Ela pensou e entrou no quarto para encher umas malas. Ao sair disse à babá: – Não sei quando vou voltar. Qualquer coisa chame ao Cristóvão no trabalho dele. O telefone está na agenda telefônica. – E saiu sem se despedir das filhas.

No hotel ouviu os queixumes e as lamentações esperadas e:

– Não disse? Você não acreditava. Vamos embora, Gerson, esquecer tudo isso, refrescar a cabeça. Você volta com novos ânimos e quem sabe se, com a ausência, Cristina fique mais razoável, afrouxe e melhore o mau humor?

– Ela não me dá alternativa. Estou decidido, vamos o mais rápido possível.

– Assim é que se fala.

E Valentina começou a providenciar papéis, passagens, hotéis, tudo o mais rápido possível, antes que Gerson reconsiderasse.

Cristóvão tornou a ligar para Cristina e ela, ainda abalada, contou tudo o que aconteceu.

– Acalme-se, Cristina. Eu seria hipócrita se dissesse que sinto muito, porque era justamente o que eu desejava. Mas não gosto de saber que você está abalada. Ânimo! Esse é um novo começo que se vislumbra em nossas vidas. E eu confesso que estou feliz. O que eu mais quero é ter você para mim, Cristina. Eu amo você.

– Eu estou assustada, não sei o que vou fazer.

– Não faça nada. Espere tranquila, deixe a poeira assentar. Os acontecimentos vão mostrando o caminho. Não se culpe, não se martirize, meu amor. Eu gostaria de estar com você para ampará-la. Mas vamos esperar, lembre-se que você não está só, eu a estou esperando.

E os acontecimentos foram que, depois de todos os embaraços resolvidos, Valentina e Gerson saíram do Galeão rumo ao mundo.

Se Gerson ainda estava um pouco na expectativa, algo vacilante e muito doído, Valentina estava radiante. Tinha conseguido, para sempre, o amor de sempre. Pela primeira vez se sentiu plena, com tudo o que desejava na vida: o primo Gerson.

CAPÍTULO 28

Ana Carolina e Elias estavam viajando pelo Brasil, não ficaram sabendo da fuga de Valentina e Gerson. Nem eles nem ninguém, eles foram às escondidas. Foi, de fato, uma fuga. Gerson não deu satisfações no escritório nem Valentina em casa. Simplesmente desapareceram sem compromisso.

No segundo dia que Gerson faltou ao escritório, a secretária telefonou para a casa para saber dele e fazer algumas perguntas sobre o andamento dos negócios. Cristina, que estava inquieta pelo paradeiro dele, aumentou sua estranheza, mas disse à funcionária que ia dar um pulinho no escritório. Antes ligou para Cristóvão.

Cristóvão também tinha recebido uma ligação da babá das filhas dizendo que fazia dois dias que Valentina tinha saído de casa com duas malas, não disse aonde ia, não se despediu das crianças e só avisou que não sabia quando ia voltar.

– Eles fugiram, Cristina. Mas não se aflija. Agora podemos tomar providências mais facilmente.

– Eu estou confusa, não sei o que fazer.

– Calma. Resolve os problemas do escritório. Deixa que eu resolvo o resto.

Rogério e Maria Clara também estavam fora do Rio. Cristóvão então marcou um encontro no escritório de Cristina com Zulmira, Vânia, Valquíria e Maurício e então lhes contou o que estava acontecendo.

Sobra dizer que eles ficaram pasmos.

– Abandonaram os filhos assim, sem mais preâmbulos? – Valquíria foi a primeira a mostrar espanto.

– Valentina sempre foi irresponsável e sempre teve uma queda por Gerson. Mas ele? Parecia se dar muito bem com a Cristina. Valentina o tentou. – Vânia estava indignada.

– Nem sei o que dizer. – Zulmira estava chocada.

– Assim também é como me sinto. – Era Maurício acabrunhado.

Cristóvão e Cristina ouviam as opiniões. Eram as que queriam ouvir.

– Cristóvão, quem vai cuidar das meninas? – Perguntou Valquíria.

– A que sempre cuidou, a babá. Eu voltarei a morar na casa com elas.

– E você, Cristina, vai poder levar os negócios sozinha?

– Eu posso ajudar a Cristina, me sinto com certo dever.

Aquela tinha sido uma reunião para dar a conhecer a irresponsabilidade de Valentina e de Gerson. Cristóvão achou melhor ir devagar, com prudência ir revelando aos poucos a decisão dele e de Cristina de se juntarem. Ele começou a abrir o caminho se oferecendo para ajudar a Cristina. Portanto, se os vissem juntos, estavam avisados.

Os irmãos foram embora atônitos. Porém acharam melhor não contar aos pais ainda. Outro golpe acabaria de afundá-los.

Cristóvão e Cristina ficaram sozinhos, frente a frente. Eles se olharam fixamente, Cristina estava tensa. Cristóvão abriu os braços e ela se aconchegou. Foi um abraço longo que se complementou com afagos e terminou com aquele beijo tantas vezes desejado.

– Eu amo você, Cristina.

– Eu também o amo. Mas ainda estou desatinada, como se estivesse fazendo algo errado.

– Não há nada errado entre nós. Fomos os enganados. Eles abriram campo para decidirmos as nossas vidas. É isso que estamos fazendo. Eu não vou renunciar a você nem você a mim. Mas, oficialmente, agora estamos resolvendo o melhor caminho para os nossos filhos.

– Eu sei, mas estamos enganando também.

– Não, Cristina. Apenas vamos atuar com discrição. O que fazemos será, realmente, para o bem dos nossos filhos. Vamos nos converter numa grande família: os seus dois filhos e as minhas três filhas. Estamos nos organizando para isso.

– Meu Deus! – Cristina sorriu e cobriu o rosto com as mãos.

Cristóvão também sorriu. Apertou mais a Cristina nos seus braços:

– Nos ajudaremos mutuamente, seremos capazes, amamos os nossos filhos. Vou ganhar dois filhos, sempre desejei um filho homem, agora vou ter dois.

– E eu sempre desejei uma menininha. Agora ganho três de uma vez?

Eles estavam levando o caso no bom humor. Porém haveria muita coisa para se assentar. Mas, naquele momento, eles voltaram ao prazer de estarem juntos e da felicidade de poder compartilhar a vida com trabalho sim, mas com amor.

Na Escócia, ninguém estava sabendo dos acontecimentos no Brasil. Os sobrinhos quiseram dar um tempo e preservá-los de mais pesares.

Finalmente tinha chegado o dia do jantar das apresentações na casa dos Mac Adam, os pais de Gracie. Apresentação familiar, claro, Robert e o patrão já se conheciam. Apesar de ser um tipo exigente e de estar a par de todos os movimentos da sua empresa, confiava em Robert e deixava a direção por sua conta. Notava-se que não tinha um berço muito fino, digamos, mas era um cara accessível e, aparentemente, fácil de lidar.

Depois de um preparo cuidadoso por parte de Maria João e de tentar driblar a ansiedade de Ivan, chegaram à mansão. Rica, com certeza era, porém adornada demais. Era enfeite por toda parte. Não se sabe como Gracie, estudante de Arte Decorativa, não se aturdia com aquela violação dos mais elementares princípios de arte. Porém os donos da casa receberam a família com simplicidade e cordialidade, enquanto desfrutavam dos aperitivos que precedem o jantar. Espontaneamente foram se formando os grupos de conversa. Os namorados se isolaram cochichando. As duas mulheres logo encontraram coisas de seus interesses para conversar, naturalmente, os homens falavam da empresa.

Na hora do jantar a conversa se globalizou e todos participaram do mesmo papo. Após o jantar, naturalmente, os grupinhos tornaram a se formar.

Foi uma reunião agradável. Maria João ficou sabendo que Gracie era filha única depois de muitas tentativas para engravidar. Portanto, era a única herdeira do império que o pai criara.

Robert foi informado de projetos futuros para a empresa e, bastante veladamente, o interesse do patrão em deixar, definitivamente os negócios em mãos honestas e competentes. Ele se sentia cansado e gostaria de desfrutar um pouco do dinheiro que acumulou durante toda a vida e que, por estar sempre trabalhando, não teve tempo para fazê-lo.

Robert intuiu que ele o estava sondando e sondando o Ivan. Isso só o envaidecia. Porém, pensava no negócio que ia montar no Brasil. Mas, como foram só suspeitas, Robert não comentou nada em casa.

Gostaram dos anfitriões e cumprimentaram Ivan.

– Você é guloso mesmo, não só pegou a filha do chefe como a garota mais bonita do pedaço. – Robert brincou com o sobrinho.

– Isso porque você não sabe como ela é bonita por dentro.

Era evidente que Ivan estava apaixonado por Gracie. E Robert viu perigar o seu negócio no Brasil outra vez. De repente ia perder o sócio.

Não muito longe dali, Valentina e Gerson descansavam no hotel em Londres. Gerson estava jururu. Depois de passar por Portugal e Espanha desfrutando da viagem, os lugares visitados em Londres decaíram seus ânimos. Ele lembrava que tinha percorrido todos eles com Cristina na sua lua-de-mel. Não comentou nada com Valentina, ela não ia entender. Porém, a partir dali, seu encantamento pelo passeio começou a decair. Seu pensamento viajava até o Rio e sentia falta de sua família e um terrível pressentimento se apossava dele: e se Cristóvão e Cristina estivessem, realmente, interessados um pelo outro e, de repente se juntassem?

Estava quente. Era isso mesmo o que Cristóvão estava planejando. Ele marcou um encontro com Cristina para expor suas providências. Trancaram-se no escritório de Gerson para conversar particularmente. E, particularmente também trocaram carícias e beijos antes de começarem. Ninguém é de ferro.

– Cristina, você sabe que Valentina arcava com muitas das despesas da casa. Ela pagava as empregadas e a babá. Eu ganho bem, mas não para tanto.

– Eu também ganho, vou ficar com os negócios do escritório.

– Disso é o que eu queria falar com você. A babá das crianças é especializada e tem um salário muito alto para o meu padrão. Temos outras duas empregadas em casa. A Valentina não fazia absolutamente nada, pagava o que fosse para fazerem por ela. Fiz as minhas contas e cheguei à conclusão de que não poderia pagar mais que uma empregada.

– Eu também tenho uma.

– Cristina, o trabalho com as crianças vai dobrar… Eu preferia que você ficasse em casa cuidando delas e do andamento da casa. Eu a ajudaria…

– Mas, e o escritório?

– Fiz minhas contas sem contar com essa entrada…

– Bem, eu posso continuar trabalhando em casa, não preciso ir lá. Mas então o que faremos com os negócios que Gerson empreendia?

– Isso é o que temos que conversar agora. Tenho medo que você não aceite minha proposta. Você é uma profissional e tem o direito de querer se realizar como tal. Porém eu gostaria de uma esposa do lar, mãe de família e vamos precisar, vamos ter cinco filhos. Suponho que nossa maior responsabilidade seja criar bem as nossas crianças. Eu confiava na babá das minhas filhas, mas nunca na Valentina como mãe. Mas em você eu confio. Observei o seu cuidado, a sua dedicação com os filhos. Eu quero uma mãe assim para as minhas meninas também: presente, carinhosa, mãe. Não quero acumulá-la de trabalhos, quero que você seja feliz comigo. O que queria é que nos compenetrássemos do nosso dever de pais, que construíssemos juntos uma família harmoniosa.

– Nós podemos conseguir isso sim, Cristóvão. Eu gosto do meu trabalho, como disse, posso fazer algo nas horas vagas, como sempre fiz. Eu atuo na bolsa de valores e isso eu posso fazer em casa. Mas antes de tudo eu sou mãe, e é aí que eu quero me realizar.

Cristóvão se levantou e novamente a abraçou.

– Nossa jornada não vai ser fácil. Mas se ambos nos empenharmos… – Houve outra sessão de chamego antes dele ir embora.

– Temos muitas coisas para resolver. Estou estudando possibilidades. – Falou Cristóvão antes de abrir a porta.

– É bom mesmo dar um tempo para não levantar suspeitas.

– Nos veremos logo, amor.

– Claro – E com outro beijo selaram a visita.

Dora continuava cuidando do sítio com o mesmo esmero da época de Eugênia. Só se queixava de que ninguém voltou lá, exceto Maurício e Valquíria alguns fins de semana.

Elias e Ana Carolina continuavam viajando pelo Brasil. Conheceram e se encantaram com o nordeste. Todas as maravilhas que essa região oferece ao turista. Agora estavam no norte. Chegaram ao Amazonas e foram ao lugar onde Elias costumava a pescar. Não era a praia de Ana Carolina, mas ela vendo o entusiasmo do marido fingia que estava gostando. Contudo, no final estava mesmo. O Amazonas e seus afluentes são impressionantes e a floresta, francamente, extasiante. Iam até o Acre e dali desceriam ao Pantanal, outra paixão de Elias. Como não reconhecer as razões do marido? Ana Carolina estava conhecendo e se maravilhando com o potencial turístico do seu país, o que nunca tinha imaginado. Ao mesmo tempo ela estava sendo preservada do problemão que sucedia na sua família.

Isso também estava acontecendo com Maria Clara e Rogério. Alheios dos problemas no Brasil que afetavam diretamente a suas netas. Estavam contentes esperando a visita da irmã e do cunhado e entusiasmados com sua volta a casa e a aposentadoria de Rogério.

Valentina e Gerson foram à Bélgica e à Holanda e agora estavam em Paris. E aí começaram os problemas entre os dois. Valentina se esbaldava nos lugares de entretimento, bebia demais, se exibia, chamava a atenção, trocava o dia pela noite e Gerson, de caráter mais..., como dizia ela, chato...

– Pô! Vir a Paris para dormir? Só mesmo um babaca. Vamos desfrutar a vida, Gerson. Nos divertir...

– Mas sempre é saudável descansar, dormir. Quem aguenta uma jornada assim?

– Essa não, será que você é outro chato? Que chato!

– Eu sou normal, como todo mundo. Necessito pausa para recuperar as forças.

– Para isso você tem a vida inteira. Depois de morto você vai dormir infinitamente debaixo de sete palmos de terra. – E começou a rir. Mas Gerson não achou graça. Ele começava a se cansar de Valentina, ou da vida que ela queria levar.

Grandes novidades apontavam no Brasil e na Escócia quase que simultaneamente. Foram encomendados dois membros mais para o clã Mac Millan. É isso aí. A casa dos Mac Millan na Escócia recobrou o brilho e o contentamento. Maria João esperava um bebê depois de quatro anos da última filha e Robert estava encantado com a notícia.

E os premiados no Brasil foram Valquíria e Maurício. Não só eles estavam radiantes, a Dora não sabia conter sua alegria e Tuca a acompanhava.

– Enfim vamos ser avós. – Disse Tuca contente.

– Pois é. Maurício vai nos dar essa alegria antes de Ivan.

– Se casou primeiro.

– Aquele solteirão parece não querer nada com compromissos.

– Nada disso, ele me contou que estava gostando de uma moça escocesa.

– Quando foi isso? Ele não me disse nada.

– Não houve tempo, foi no dia da morte de Eugênia. Foi um desabafo, ele só disse que gostaria que ela estivesse com ele naquele momento.

– Bem, já era tempo. Contanto que ele não fique por lá...

Era tempo, sim. Era tempo de um respiro de felicidade naquela família abalada pela perda. Chegou a hora de ganhar. E aqueles seres encomendados, viriam trazendo esta encomenda: consolo.

CAPÍTULO 29

– Cristina, eu não quero mais esperar, quero você comigo, morando juntos. Tento acelerar as coisas, mas não estou podendo – Falou Cristóvão no meio do chamego deles no escritório.

– É o que eu desejo também, mas temos que acertar os nossos ponteiros como você mesmo diz.

– Certo, é que às vezes fico impaciente, eu a amo demais, a desejo. Mas também é verdade que temos que ir com cautela, com parcimônia. Estive falando com o meu advogado sobre a partilha dos bens, para ver com que podemos contar. Valentina deixou o divórcio em suspense e somos casados com comunhão parcial de bens. Eu só tenho a metade do apartamento, que nós dois compramos. Não posso negociar sem o consentimento dela. Você também não pode vender nem o apartamento nem o escritório pela mesma razão. Vocês o comprarem em conjunto depois do casamento, eles pertencem aos dois. Mas podemos alugar. E é isso o que estou pensando. Não quero morar no apartamento da Valentina também não gostaria de morar no seu, mesmo porque não vai dar para uma família tão grande. Estive averiguando um apartamento na Barra da Tijuca, num condomínio. O bairro é novo, mas promete se valorizar. Eu tenho um dinheiro guardado que dá para a entrada. Com os aluguéis dos imóveis pagamos as parcelas mensais e compramos um quatro quartos, primeira locação, com segurança, clube e serviço de ônibus, que nos deixa no terminal do metrô em Botafogo.

– Mas lá, tão longe?

– É, eu vou ter que madrugar. Só vai ser mais longe para mim. No condomínio tem colégio desde o maternal até o ensino médio. Na Barra já tem um bom comércio, você não precisa vir trabalhar. Vamos ter o conforto de morar num lugar amplo, com muito verde e todas as comodidades. Por aqui não se conseguem imóveis assim por esse preço.

– Está bem, meu amor. Eu confio em você. Estou fechando os negócios do Gerson e vou dispensar a secretária.

– Ótimo, então, se você está de acordo, vou fechar a compra do apartamento. Logo que puder quero levá-la para conhecer o lugar e o apartamento.

Eles estavam felizes, mas Cristina tinha algo para contar que a mortificava.

– Meus filhos perguntaram pelo pai.

– As minhas filhas também perguntaram pela mãe. Eu disse, simplesmente, que ela foi viajar e não sabia quando voltava. Elas aceitaram numa boa. Não têm o mínimo apego à Valentina.

– Os meus filhos sentiram quando eu contei que o pai foi embora e nós íamos morar com o tio Cristóvão e as priminhas deles. O Anselmo perguntou se você agora ia ser o pai deles e eu disse que sim. O Luciano me olhou interrogativamente, mas não disse nada. Não sei se aceitou a ideia. Mas notei que ele ficou pensativo.

– Ainda não falei sobre isso com as meninas. Mas hoje mesmo vou falar. Acho que elas vão gostar, eles brincam muito juntos. Temos que ir acostumando-os com a nova situação aos poucos. Nosso maior trabalho vai ser justamente conquistá-los. O meu desejo é que eles cresçam como irmãos e nos vejam como mãe e pai deles.

– Cristóvão, eu fico com a sensação de que estamos usurpando algo deles.

– Os pais deles se desvencilharam desse algo. Eu quero dar às crianças um verdadeiro lar, um sentido de família que as minhas filhas nunca tiveram.

– Eu compartilho seu pensamento. Sempre desejei que os meus filhos se sentissem amparados no lar. E nesse ponto, não posso me queixar do Gerson. Ele foi bom pai até que virou a cabeça e sumiu de casa.

– Cristina, desde pequeno, em casa, que me chamam de Cris. No colégio, na Marinha e até no trabalho me chamam assim. Puseram-me um nome horroroso e depois amenizaram com o apelido. Ainda não pedi que você me chamasse de Cris, porque você também é Cris. Mas pelo menos o seu nome é bonito.

Cristina riu.

– Aí vamos ficar Cris e Cris. Eu também sempre fui Cris e me acostumei com o apelido.

– Eu gosto, é mais íntimo.

Eles riram e, a partir daí passaram a ser Cris e Cris. Um pouco confuso, mas na realidade mais carinhoso.

– Temos algo mais em comum: somos gaúchos e talvez por isso comungamos as mesmas aspirações e as mesmas tradições.

– É, ainda carregamos velhos costumes do interior do Rio Grande, o chimarrão, por exemplo.

Eles sorriram e um beijo selou o encontro.

Valentina e Gerson estavam percorrendo a Itália. Depois de uma bronca de Gerson, ela sossegou um pouco. Mas estava achando o Gerson paradão, que não sabia se divertir, não era boa companhia de viagem. Quer dizer, ao contrário do que ela pensava dele. Será que aquele relacionamento ia durar?

A viagem de Ana Carolina e Elias é que estava agradando. Ela até pescou no Pantanal. E gostou. Pois é, depois de passar a vida renegando a pescaria de Elias.

Tudo dava a entender que o namoro de Zulmira e Osvaldo e de Vânia e Jônatas ia às mil maravilhas. Porém, ambas carregavam seus problemas bem cabeludos.

Zulmira driblava uma situação bastante delicada e o problema tinha nome próprio: Osmar. Ele e Osvaldo eram irmãos e amigos, moravam juntos, não cabia entre eles nenhum sentimento que pudesse quebrar esses laços. No entanto, Osmar, mesmo sabendo que o irmão e a Zulmira estavam namorando firme, tentava de seduzir a moça.

No inicio era discretamente, porém as insinuações deram passo a atitudes inconvenientes, impertinentes e perigosas. E as reações de Zulmira iam respondendo ao atrevimento do futuro cunhado. Se no começo se fazia de desentendida, logo reagiu dando foras nele até que pediu abertamente a ele que não insistisse com aquelas atitudes, que a ela não interessava, que o tempo deles tinha passado e que estava gostando do Osvaldo. Pediu a ele que os deixasse em paz ou ela ia contar ao noivo, o que queria evitar para não expor a deslealdade dele com o irmão e por em risco o relacionamento deles. Mas ele não se dava por entendido. Ligava para o escritório, para a casa, e a convidava para tomar um café, já que iam ser cunhados. Ela e Vânia estavam indignadas com o mau caráter do cara e estavam bolando um plano para desmascará-lo.

Porém, por aqueles dias, quem entrou numa fria foi Vânia. Tudo ia bem com o namoro dela com Jônatas, até que ele mesmo teve que confessar algo que a deixou perplexa e decaída: a mulher que viveu com ele estava morando na casa dele.

– Pare Jônatas, já entendi, não me diga mais nada.

– Não entendeu nada, você tem que me ouvir.

– O que você quer, que eu aceite o que você acaba de me contar?

– Ainda não contei nada, apenas comecei...

– Não quero ouvir, não me ponha nos seus problemas. Não quero confusão na minha vida.

– Não se precipite, Vânia. Você tem que entender as coisas para poder julgar.

– Você está morando com a sua ex-mulher, o que quer que eu entenda?

– O porquê. Por favor, Vânia me escuta, sou eu que estou metido num beco sem saída. Você pensa que ela está lá por minha vontade? Pelo amor de Deus! Eu estou na maior enrascada. Essa mulher me leva ao desespero, está desvairada, doente, não tem para onde ir.

– Você não a deixou por causa dos filhos e do marido dela? Então, por que ela não está com ele?

– Aí é que está. Eles não a querem, a maltratam. Por que você acha que ela ficou comigo tanto tempo? O marido foi embora para o nordeste com os filhos e a deixou por aí jogada, ela não soube mais deles. Começou a trabalhar de manicure na barbearia que eu frequentava, tratava das minhas unhas enquanto eu cortava o cabelo. Ela não era como é hoje. Era agraciada, arrumadinha, sossegada, eu me engracei por ela. Namoramos e fomos morar juntos. Eu gostei de ter quem cozinhasse, cuidasse da minha casa, de mim. Passamos momentos difíceis, eu lhe contei. Graças a ela superamos aquela crise e tudo ia bem até que o marido voltou com os filhos já grandes e a estavam explorando e, por conseguinte, a mim. Como eu reclamei, começaram as desavenças também entre nós.

O marido e os filhos exigiam a presença dela, como se fosse obrigação, para lavar, passar, cozinhar e ainda ficavam com o dinheiro que ela ganhava como manicure. Bem, ela tentava se dividir, mas praticamente não fazia mais os trabalhos de casa e quase nunca ficava lá. Eu não suportei aquela vida dupla e me separei. Ela foi morar com a família. No entanto, eles a maltratavam, a chamavam de louca, ela até mudou de aspecto e de maneira de ser, com certeza pelo excesso de trabalho e os maus tratos, a estavam enlouquecendo mesmo. Por isso ela queria voltar comigo. A partir daí você sabe de tudo.

Fazia tempo que ela tinha desaparecido, conforme a ameaça do delegado. Há dois dias ela bateu lá em casa no meio da noite. Estava completamente desfeita: desgrenhada, rasgada, toda cheia de manchas roxas e meio alucinada. Tinha sido espancada e expulsa de casa pelo marido e pelos filhos. Proibiram-na de voltar a casa porque ela tinha sido despedida do emprego. Na barbearia a dispensaram, justamente, porque ela chegava tarde e, com certeza por causa da figura descuidada com que ia trabalhar. A família disse que se ela não aportasse em casa, não tinha direito à comida. Mesmo ela cozinhando e fazendo todos os serviços da casa. Com o agravante de que ela perdeu o emprego porque tinha muito que trabalhar em casa, chegava atrasada. Como ela protestou, com certeza respondendo a mesma agressividade deles, você viu como ela se tornou enfezada, deram a surra e botaram-na para fora de casa. Fiquei com pena dela. Ela estava amedrontada, como louca mesmo. Vânia, o que eu poderia fazer àquelas horas da noite com ela naquele estado? E agora, ela não tem para onde ir, como vou jogá-la na rua como os canalhas da família dela? E ela não quer sair mais de casa, é a proteção dela. Sinceramente não sei o que fazer.

– Realmente você está metido num problemão. Eu sinto muito por ela e por você. Porém não saberia como ajudá-los. Acho, entretanto, que seria a pessoa menos indicada para isso. É um problema seu, lhe concerne resolvê-lo.

– Eu pensei que você fosse me compreender, me apoiar, me ajudar a sair dessa enrascada sem fazer mais danos àquela pobre coitada. Pensei que o problema lhe concernia também por ser você, em parte, afetada.

– E assim me sinto. Estou muito afetada. Mas não quero me meter num problema que é só seu e de sua ex, isso não me diz respeito. Nego-me a meter o bedelho nas intimidades alheias. – Vânia se mostrava enciumada.

– Tudo bem, Vânia. Vejo que, definitivamente não posso contar com você.

– Para isso, não. Você não vê que não tem cabimento?

– Só esperava que você fosse mais razoável com a minha situação.

– Sinto muito, Jônatas. Eu sou assim: exclusivista, egoísta, incompreensível, impiedosa tudo o que você está me julgando. Porém não vou fingir. É bom que você me conheça como eu sou.

– E como você me julga?

– Eu não julgo ninguém. Cada um tem seu parecer, seu caráter, sua maneira de atuar. Nesse caso eu louvo o seu bom coração. Mas na minha posição, não posso imiscuir-me.

– E eu, Vânia, me sinto decepcionado, abandonado quando mais preciso de você.

– Eu também não me sinto a vontade com a situação que você me expõe. Se você considera que o nosso namoro acabe aqui, eu não vou me opor.

– Eu não quis dizer isso. Eu amo você e não quero perdê-la. Se você não me aceita com os meus problemas e a minha sinceridade, não saberia o que oferecer-lhe. Não sei como nem quando posso me desembaraçar de Marilda. Só sei que não quero ficar longe de você.

– Novamente teremos que dar um tempo. Eu ficarei esperando. Eu também o amo, mas sem essa bagagem pesada que você carrega.

E Vânia perdeu o namorado pelo menos por um tempo. Tudo bem se eles não estivessem tão tristonhos. Era evidente que se amavam. Porém Jônatas ainda não tinha conseguido resolver o seu problema com Marilda. Ela estava doente e tinha problemas psicológicos. Ele se preocupava em deixá-la sozinha em casa, não sabia o que ela poderia aprontar. Jônatas não podia entregá-la a família. Eles eram uns monstros, enlouqueceram-na. Se a levasse a um hospital, logo que ela estivesse aparentemente bem, lhe dariam alta e ela voltaria à casa dele. Para um hospício ele não tinha coragem de levá-la, aquilo não passava de um depósito de gente. Ele entrou mesmo numa fria.

Era uma pena que Vânia não pudesse avaliar aquele nobre coração. O ciúme cega, não permite discernir, é egoísta e irracional. Vânia não conseguia superá-lo, não a deixava perceber a grandeza dos sentimentos de Jônatas. Ele arriscava o seu amor em prol da comiseração.

CAPÍTULO 30

Valentina e Gerson estavam no Cairo. Iam fazer um tour pelo Egito e pelo norte da África. Depois partiriam para a Alemanha para percorrer o restante da Europa. Fora essa mania de chamar a atenção de Valentina, Gerson curtia a viagem, embora, muitas vezes, ficasse abstraído pensando na família e no que tinha feito. Temia que Cristina estivesse em dificuldades ou, o que era mais preocupante, se ela se engraçasse com Cristóvão. Isso não o deixava desfrutar plenamente da viagem. Além de que, definitivamente, Valentina não era a mulher para ele.

Ana Carolina e Elias estavam a caminho de Goiás e depois iriam para Minas Gerais, onde pensavam percorrer as regiões mineiras.

Zulmira continuava recebendo telefonemas e convites de Osmar. Ela nem dava papo, batia o telefone. Com o atual estado decaído de Vânia, elas ainda não tinham planejado a tal revanche para o petulante.

Se bem foi verdade que no inicio, recordando os tempos de faculdade, ela chegou a se balançar por Osmar, ele era inegavelmente um homem charmoso, agora lhe causava fastio. Além de impertinente era um mau caráter, traidor e desleal com o irmão.

O sítio de Mendes é que permanecia solitário. Mas não abandonado. Dora estava à frente da manutenção de tudo. Porém, por mais que fizesse, era como se a vida tivesse acabado por lá. Talvez tivesse acabado mesmo. Era Eugênia que enchia o ambiente. Sem ela… ninguém ia lá.

Na Escócia altas preparações para o jantar que iam retribuir aos Mac Adam. Maria João estava se esmerando no arranjo da casa, no cardápio e nos cuidados preliminares e pessoais. Para ela era uma grande honra receber pessoas de tanto gabarito em sua casa. Ivan também estava cheio de dedos, não querendo fazer feio. Só Robert estava tranquilo.

– Calma pessoal. O chefe não é nenhuma majestade, é gente boa, simples. Ele foi pobre e sabe que pobreza não é defeito. Papel feio fazem os mal-educados. Nem nós somos pobres nem eles tão finos. São só ricos e dinheiro não implica propriamente classe. Somos todos pessoas comuns e não temos porque aparentar o que não somos. Eles vêm nos conhecer, nos sondar. E nós vamos ser honestos, vamos nos mostrar o que temos e como somos. Foi o que eles fizeram. Nos receberam com simplicidade, sinceridade e cordialidade. – Isso acalmou os ânimos da família. Esperavam os convidados até com satisfação.

Enquanto isso, Cristina e Cristóvão preparavam os filhos para a viravolta que ia haver na vida de todos: novo pai, nova mãe, iam ganhar irmãos do sexo oposto. Mudança de casa, de bairro, e até de escola.

Cristóvão sentou-se na sala com as três filhas. Marlene no colo dele. Depois que ele contou sobre todas essas mudanças, as filhas ficaram pensativas. Logo:

– Com a tia Cristina? – Aline.

– Com ela mesma e com o Luciano e o Anselmo.

– Eu acho bom. – Suely.

– Vocês vão ter com quem brincar. O colégio é perto, não precisam ir de ônibus nem madrugar tanto.

– Isso também é bom. – Aline.

– No condomínio tem piscina e muita criança.

– Tia Cristina vai ser nossa mãe? – Suely.

– Vai, ela gosta de vocês.

– Eu sei, eu também gosto dela. E a Cacilda? – Aline.

– Infelizmente a Cacilda vai ser dispensada. Não vamos mais poder pagar uma babá. Mas vocês estão grandes, não precisam mais de quem as cuide, vão ter mais irmãozinhos e tia Cristina vai ficar o tempo todo com vocês.

– Mas eu gosto da Cacilda. – Aline.

– Eu também gosto. – Suely.

– Está bem, meus amores. Vamos ficar um tempo mais com ela até vocês se acostumarem. Porém eu espero que vocês ajudem a Cris para que possamos nos tornar uma grande família feliz.

– Eu ajudo. – Suely.

– Eu também. – Aline.

O mais incrível é que nenhuma mencionou a mãe. Definitivamente a babá era a mãe das meninas.

E a Cristina? Teria ela algum problema com os filhos nesse sentido? Parece que não foi tão fácil. Em primeiro lugar, eles sempre perguntavam quando o pai ia voltar e demonstravam pesar, sentiam falta do pai. Por outro lado, não aprovaram a substituição do pai. Cristóvão era muito sério. Sobre morar com as meninas, Luciano teve uma resposta em forma de prosopopeia:

– Buáaaaaaaaa….. Imitou a ânsia do vômito. Ainda se fossem garotos para a gente brincar.

– Mas vocês brincavam no sítio.

– Porque não tinha menino. As meninas não sabem brincar.

– Eu brinco. – Anselmo.

– Elas vão ser como irmãs de vocês. Aliás, primo é como irmão. Mas no clube vai ter muito garoto.

E disso, eles gostaram. E gostaram de mudar para uma casa com clube e piscina. E até trocar para um colégio perto de casa que não precisassem madrugar, acharam uma boa. Essa foi a primeira tentativa. A partir daí até a mudança, que se aproximava, Cristina e Cristóvão continuaram motivando e incentivando os filhos para a nova vida e, eles mesmos se preparavam na organização do novo lar.

Cristóvão estava muito entusiasmado com o apartamento que comprara. Foi levar a Cristina para ver. Ela também adorou. Novo, grande, arejado, com vista para o mar e para a explanada da Barra. Gostou do colégio dentro do condomínio, matricularam todos os filhos, até a Marlene no maternal. Cristina achou o clube uma maravilha para todos praticarem esportes. Estava certa de que ali eles iam viver tranquilos e felizes. Eles estavam que não se continham da felicidade.

– Não vejo a hora de vir para cá de uma vez. Acredito que, finalmente vou ter um lar.

– Entre os dois vamos construí-lo tijolo a tijolo.

– E cada tijolo vai se chamar amor.

Eles riram, vislumbravam um futuro promissor e sabiam que deles dependia o êxito da empreitada e era o que ambos desejavam.

A casa dos Mac Millan estava impecável. Os pratos prontos e a mesa posta com esmero para o jantar. Maria João conhecia a etiqueta do serviço à mesa e a aplicou com todas as regras. Os convidados chegaram pontualmente como é o costume. Estavam todos alegres e sem cerimônias. Como na casa dos Mac Adam, ali também, pouco a pouco, foram se formando os mesmos grupinhos de conversação. Os namorados com seus amores, as mulheres com as suas curiosidades e a conversa mais profissional de Mr Mac Adam e Robert. Bem, dessa vez não foi tão profissional.

– Vocês seriam dos mesmos Mac Millan que moravam numa mansão nas aforas de Edimburgo?

– Meu pai e tia Janneth Mac Millan herdaram a mansão. Meus dois primos: um faleceu na guerra e o outro emigrou para os Estados Unidos. O meu pai nunca se interessou por ela. Com a morte da tia, o primo vendeu a mansão e mandou um nada para o meu pai e ele não quis pleitear.

– Por um acaso o seu pai se chamava George?

– Isso mesmo.

– Ora, eu conheci o seu pai, George Mac Millan, engenheiro, inventor como eu. Nós nos conhecíamos, tínhamos os mesmos interesses, conversamos algumas vezes. Só que ele era um cavalheiro e eu, um operário. De repente ele sumiu do mapa, nunca mais o vi.

– Foi trabalhar no Brasil, se apaixonou pela minha mãe e lá ficou.

– E Ivan Mac Hado? Esse sobrenome eu nunca vi por aqui. Será irlandês?

Robert riu.

– Não, é brasileiro. Não é Mac Hado, é Machado, se escreve junto.

O mister começou a rir também, Logo:

– Mas ele não é seu sobrinho?

– Legítimo. Filho do meu falecido irmão Willian Mac Millan. Não leva o sobrenome por uma questão de família.

Robert nem ia contar, porém o sobrenome na Escócia é muito importante. E ele teve que contar toda a origem do sobrenome diferente de Ivan. O patão ficou satisfeito.

O jantar foi muito elogiado pelos comensais e as famílias se despediram contentes. Um alívio para Ivan e para Maria João.

Finalmente entregaram o apartamento de Cristóvão e Cristina. Enquanto eles faziam a mudança, Cacilda levou as crianças ao clube. Eles simplesmente amaram. Além da piscina havia muitos brinquedos e entretimentos infantis para eles se distraírem. Portanto, estava aprovado.

Na casa muita coisa para organizar. Levaram todo o fim de semana na labuta, mas felizes da vida. Mais felizes ficaram quando, à noite, entraram na suíte deles. Aí, nem o cansaço subtraiu o desejo. Cristóvão e Cristina se amaram. Aquela era, definitivamente, a mulher que ele tinha buscado toda a vida. Finalmente a encontrou. E Cristina se amarrava no jeito másculo e ao mesmo tempo terno do novo marido. Eles estavam absolutamente apaixonados.

Quando o apartamento estava todo montado e completo eles convidaram a Zulmira, a Vânia, a Valquíria e o Maurício. Consideraram que deveriam dar alguma satisfação aos irmãos dos respectivos ex-cônjuges, já que os pais ainda estavam fora.

Eles foram francos e determinados. Disseram que as circunstâncias os uniram e daí aconteceu o amor. A conjuntura os fez enfrentar as dificuldades e decidiram viver juntos, criar os filhos e construir uma grande família.

– Eu ainda estou pasma com a atitude do meu irmão. Contudo, o que posso dizer mais além de desejar-lhes felicidade? – Foi como Zulmira se pronunciou.

– Conhecendo bem a minha irmã, não me estranha o que ela fez. Só posso aprovar a resolução de vocês. Foi uma decisão corajosa que requer disposição. Controlar uma criançada dessas… Vânia deu sua opinião sorrindo.

– Acho que a decisão de vocês foi acertada. Requer coragem, sim. Mas se há amor… É muito lindo uma grande família.

Enquanto Valquíria falava, tanto Cristóvão como Cristina tiveram um “insight”, como se fosse a Eugênia que estivesse falando. Elas eram tão parecidas. E isso lhes imprimiu certo conforto, como se recebessem a aprovação de Eugênia.

– Faço minhas as palavras da minha mulher. Acrescento um mundo de felicidades para a nova grande família. – Maurício tirou o casal do enlevo.

Além das aprovações do caso, eles também aprovaram o apartamento, o lugar e o sistema de condomínios que estavam adotando na Barra da Tijuca.

Maurício e Valquíria se animaram em ir viver por lá. Eles estavam procurando apartamento para se mudarem no fim do ano. Maurício tinha conseguido um bom emprego, estava ganhando bem e gostariam de ter seu próprio lar.

Cristóvão se ofereceu para procurar, disse que naquele condomínio havia apartamentos de dois e três quartos. Maurício agradeceu, mas respondeu que primeiro tinha que fazer contas.

Zulmira e Vânia também gostaram do apartamento e do lugar e não se importavam de estar longe do emprego delas, ainda mais com o recurso do ônibus próprio que o condomínio oferecia.

Enfim, o que interessava mesmo se logrou: a aprovação deles. Mais um ponto a favor do casal Cris & Cris.

As crianças estavam contentes, Cacilda ficou lá mais um mês ajudando e cuidando especialmente da Marlene, para não ser um baque tão radical para ela. Todos deveriam ir se amoldando aos poucos. Estavam desfrutando. Os quatro maiores brincavam juntos apesar do buáaaa.... que a perspectiva tinha provocado no Luciano. Cristina estava encantada com a nova vida e Cristóvão mais ainda. Ele agora chegava até mais cedo em casa e com prazer. As paredes de tijolos de amor, da construção daquele lar, cada dia subiam mais. Como diriam os matutos do sítio lá de Mendes: “Benza Deus”!

CAPÍTULO 31

Robert e Ivan, em conversa, decidiram não ir no fim do ano ao Brasil. Era exatamente na época que o filho de Robert ia nascer. Por outro lado, ele não se sentia com ânimos de ir ao sítio e topar com ele vazio, sem a sua mãe. Preferia deixar passar um tempo até a saudade se acomodar e se esconder a ponto de não causar mais dor.

Ivan apoiou o tio. Porém, o caso dele era outro. Estava muito apaixonado e não queria se separar da Gracie.

O pai dela ficou muito bem impressionado com a família de Robert. Era gente como ele gostava: simples, honesta, trabalhadora e competente. Não só fazia gosto no casamento da filha com o Ivan, como até gostaria de apressar a boda.

Mr. Mac Adam, além de cansado, andava com problemas de saúde. O médico tinha recomendado repouso e ele desejava aproveitar o tempo que lhe restava de vida para viver plenamente, sem preocupações, desfrutar da fortuna que forjou durante toda uma vida de trabalho e dedicação.

Robert era um tipo competente, assim como seu futuro genro. Se sua empresa continuasse nas mãos da família, ela estava fadada a progredir, crescer para a amplidão da fortuna de Gracie, sua única herdeira.

Essa perspectiva agradava sobremaneira a Mr. Mac Adam. Ele se tranquilizou. Só esperava que os fatos se concretizassem para entregar suas responsabilidades.

Robert estava notando a intenção do chefe e ainda não podia decidir se aquilo era o melhor para ele. E o seu negócio no Brasil? Porém Ivan estava disposto a qualquer coisa desde que fosse junto com a Gracie. Grandes incógnitas se vislumbravam naquelas vidas ansiosas em busca de felicidade.

Depois de conhecer os países do leste da Europa, os da Escandinávia e a Rússia, Valentina e Gerson estavam na Grécia. Iam fazer um cruzeiro pelas ilhas gregas antes de ir a alguns países árabes e a Israel. Não se podia negar que essa surpreendente viagem, Gerson só poderia realizar assim, com a Valentina. Porém a saudade estava apertando o seu coração e a mente estava sobressaltada com o pressentimento dos amores entre Cristóvão e Cristina. E claro que a suspeita não era sem pé nem cabeça. Ele tinha precedente para se basear e deixou o campo livre. E essa preocupação ia, cada vez mais, inquietando seus ânimos.

Por sua vez, Cristóvão e Cristina estavam na mais apaixonada e movimentada lua-de-mel. Era uma lua-de-mel a sete. Era o momento de trabalhar na conquista dos enteados, torná-los filhos.

Cristina não teve problema. Na verdade, as meninas de Cristóvão eram amorosinhas e respondiam ao trato carinhoso da madrasta com desejo de tê-las como filhas.

Não foi o caso de Cristóvão com os dois garotos. Eles não estavam com os mesmos ânimos das meninas. Talvez porque as meninas nunca tiveram mãe e eles sim, tiveram pai. Porém Cristóvão atacou por um lado infalível. Convidou os dois garotos para irem ao Maracanã ver um jogo do Flamengo, o time deles que, por certo, também era o de Cristóvão. Acertou em cheio. Eles adoraram. Na hora do gol o padrasto até ganhou um abraço do Anselmo.

Quando terminou o jogo e eles se levantaram, Luciano perguntou:

– Ah! Não vamos ver os melhores momentos?

Cristóvão escondeu o riso, esfregou a cabeça dele acariciando e disse:

– Esses, vamos ver em casa.

Mas em casa ele até esqueceu. Chegaram eufóricos contaram todas as emoções da partida à mãe. Foi um sucesso total. Eles nunca tinham presenciado uma partida ao vivo.

A família também iniciou atividades esportivas no clube: natação, futebol e artes marciais. Era outro ponto de união. Em pouco tempo, Cristóvão se tornou um companheiro dos enteados. Gerson estava perdendo o seu lugar. Não perdeu só o amor da esposa, estava perdendo também os filhos.

Vânia disse a Zulmira que tinha bolado um plano para desmascarar Osmar. Quando ele a convidasse outra vez para um café, que ela aceitasse, recomendou. Isso não demorou muito a acontecer. Zulmira levou um mini gravador e Vânia uma filmadora. Esperaram que o cara se comprometesse com declarações e convites com Zulmira, até que a moça fez sinal e Vânia apareceu na mesa mostrando a filmadora.

– Eu estava filmando vocês.

Osmar sentiu, no ar, certa ameaça.

– Apenas tomávamos um café.

– Zulmira gravou a conversa de vocês.

Osmar se irritou.

– O que vocês estão pretendendo?

– Que você deixe a minha prima e o seu irmão em paz. Ouviu bem, mau caráter? Temos provas do seu assédio. Outra investida e nós mostramos tudo ao Osvaldo.

– Gostei do seu estilo. Uma mulher valente, determinada. – Falou e sorriu com deboche.

– E eu não gosto do seu. Só tem fachada. Para mim um homem precisa mais do que isso, tem que ter caráter e intelecto. Algo que você nem sabe o que é, portanto, com esse vazio, como vai impressionar uma mulher?

– Por isso vocês são duas solteironas frustradas. Uma caçando garotos e a outra bancando a detetive. Sai de mim...

– E você, o que é? Alguma vez pensou em se analisar também?

– Vânia, vamos embora, já temos o que precisamos.

– Vão mesmo, além de passadas são perigosas. São bruxas fantasiadas de gente.

– Além de ignorante é palhaço. É um nada fantasiado de coisa nenhuma.

– Vamos, Vânia. Me cansei de assistir esse bufão de opereta. – E se levantaram para sair.

– Balzaquianas, mal amadas, mal resolvidas.

– Garanhão sem documentos... – Elas estavam saindo. Vânia se virou e o ouviu arrematar:

– Quer experimentar? – Elas tinham saído da cafeteria. Estavam morrendo de rir.

– Essa última foi demais, Vânia. Estourou o orgulho de macho dele. – Zulmira ria.

– Vai ver que eu acertei, se ofendeu tanto... – E as duas não paravam de rir.

Osmar ficou furioso:

– Filhas da puta... essas duas merdas vão me pagar. – Foi embora furioso, nem deixou gorjeta. Achou que o sorriso do garçom era de deboche.

No caminho foi preparando a revanche: (Com aquela sonsa o meu irmão não vai ficar. Porém tenho que ferrar é aquela tal prima... Mas tenho que andar com cautela. Elas também podem me ferrar).

Osmar se esquivou mesmo de Zulmira, mas estava elaborando castigos e calúnias para a sua vingança.

E falando de Vânia, lembremo-nos de Jônatas que estava vivendo os momentos mais angustiantes de sua vida. E seu problema tinha nome próprio: Marilda. E ela levava o seu martírio por dentro. Estava caminhando para a demência. Num dos seus surtos, fugiu de casa e foi parar na casa do marido. Novamente foi espancada e voltou toda machucada. Era realmente perigoso deixá-la sozinha em casa.

Ela também tinha momentos de lucidez e era quando mais sofria. Reconhecia seu estado, sentia sua solidão: sua família a odiava e Jônatas não a queria mais, apenas a recebia por caridade. Porém esses instantes eram curtos e escassos.

Jônatas aproveitou um desses momentos de lucidez e tentou convencê-la da necessidade de um tratamento psicológico. Propôs levá-la a um hospital mental. Para quê? Ela fez o maior escarcéu.

– Ir para um hospício? Nem morta. Você pensa que eu estou louca? – E gritava e andava pela sala aflita.

– Calma, Marilda, é só por um tempo, até você ficar boa.

– Quem entra lá não sai mais, enlouquece.

– Eu não vou deixar que isso aconteça.

– Você quer é se livrar de mim, seu ingrato. Mas eu só saio daqui dentro de um caixão, ouviu?

– Eu quero que você se cure.

– Para depois me mandar embora? Pensa que eu sou boba?

– O importante é você ficar boa. Não podemos deixar a doença avançar sem fazer nada. Por favor, Marilda, seja razoável. Eu quero o seu bem.

– Não, não é isso o que você quer, eu sei. E manicômio não. Por favor, não... não... – E ela se ajoelhou aos pés dele chorando.

Jônatas não tinha coragem de chamar a ambulância do sanatório para levá-la a força. Partia o coração ver a Marilda assim. Ela foi uma moça bonitinha, alegre e trabalhadeira. Ele chegou a amá-la. Hoje, coitada, era um farrapo de gente. Nem banho tomava mais. Era um verdadeiro estorvo na vida de Jônatas, ele não tinha sossego com ela. Para sair de casa trancava as janelas e as portas de saída, para ela não fugir e se perder pela rua ou voltar para a casa do marido e apanhar outra vez. Contudo, ia trabalhar levando a preocupação do que poderia acontecer dentro do seu apartamento.

E, de toda essa tragédia pela qual estava passando, o que mais lhe doía era a incompreensão e o abandono de Vânia. Ela tinha um coração de ferro. Escassamente o cumprimentava no escritório. No entanto, ele ansiava vê-la. A presença dela era como um lenitivo para sua alma amargurada.

Vânia também sofria, mas fazia questão de esconder seus sentimentos sem pensar o quanto isso incrementava a angústia de Jônatas.

– Vou botar o nome do meu filho de Willian. Willian Mac Millan. Em homenagem ao meu falecido irmão. Ou será que quando você tiver um filho vai querer dar a ele o nome do seu pai? – Conversavam Robert e Ivan.

– Não, tio. Quando eu tiver meus filhos vou deixar a minha mulher escolher os nomes.

Robert ficou pensativo. Logo continuou a conversa:

– Sabe Ivan, você me fez cair em conta do meu egoísmo. Eu nunca perguntei à Maria João que nome ela queria dar aos nossos filhos. Eu os impus e ela, simplesmente, aceitou. Agora vou deixar que ela escolha. Ela vem aí, vamos perguntar.

– Maria, você já escolheu o nome do nosso filho?

– Eu? – Ela perguntou estranhada. – Você não tinha dito que ia ser Willian?

– Eu tinha dito isso?

– Claro.

– Mas ainda não botei. Desta vez eu quero que você escolha. Ponha o nome que você gostar.

– Eu gosto de Willian. E se você gosta... – E Maria João continuou o seu caminho.

– Está vendo Ivan? Ela gosta do nome.

– Ela gosta de tudo o que você gosta.

– É verdade. Ela não me contraria em nada, nem nas menores coisas. Eu é que herdei o jeito autoritário do meu pai.

– Meu avô só parecia autoritário. Ele fazia todas as vontades da vó. A preocupação dele era vê-la feliz.

– Você acha que eu devia ser mais comprazente com a Maria?

– Não foi isso que eu disse. Eu admiro vocês como casal. Inclusive o tratamento entre vocês me lembra muito o vô e a vó. Sempre um agradando o outro, com delicadeza e muito afeto.

– Você acha isso mesmo?

– Acho sim. Eu gostaria de ter um casamento assim.

– Ivan, eu sempre admirei o amor e a compreensão que havia entre o meu pai e a minha mãe. Eu também desejei ter um relacionamento como o deles. Agora, você me dizendo isso, me deixa tranquilo e feliz, porque vejo que estou logrando o meu objetivo. E eu desejo que você encontre a mulher com quem você possa ter um casamento como o de George e Eugênia Mac Millan.

– Ué, já encontrei. Ou você não acredita que eu estou apaixonado pela Gracie?

– Bem, eu não falava por você. Mas se ela é mesmo a mulher da sua vida... isso me alegra muito. Eu não a conheço muito, mas, além de bonita e rica, noto que ela é delicada e parece meiga.

– E é mesmo. E eu sou como o meu avô. Também vamos ser como George e Eugênia Mac Millan. – Eles riram e Robert ficou enlevado curtindo a palavras de Ivan sobre o seu casamento.

À noite, ele, amoroso, abraçou a esposa e fez uma declaração de amor a ela.

– Maria João, eu sou o homem mais afortunado desta terra. Me casei com a mulher mais maravilhosa e a amo cada dia mais.

– Dizer que eu o amo, Robert, é pouco. Você para mim é a minha razão de ser. Sem você, eu não sou.

– Maria, isso é filosofia ou poesia?

– É amor.

E foi mesmo uma noite de amor.

CAPÍTULO 32

Finalmente Gerson não pôde mais suportar suas saudades e suas suspeitas.

– Valentina, para mim, esta viagem, termina aqui. Quero voltar para casa. Sinto falta dos meus filhos e da Cris.

– Você não pode fazer isso comigo. Tenho passagens e reservas para a Índia e todo o Extremo Oriente. Agora é que vamos conhecer civilizações diferentes. Nem um pateta rejeitaria uma oportunidade dessas.

– Eu sou mais que pateta, estou rejeitando. Preciso ir reconquistar minha família. Você mesmo não disse que Cristóvão e Cristina estavam se engraçando? Então? E se isso for verdade? Nós deixamos o campo livre para eles. E se eles…

– Eles já estão juntos. Não são bobos, você acha que eles iam perder essa oportunidade? E, ainda por cima, vão jogar a culpa em cima de nós dois. Coitadinhos, foram abandonados. Então…

– Não diga isso, Valentina. Você sempre pensa o pior.

– E você não pensa... Raciocine, cara.

– Não quero pensar nisso. Vou voltar e retomar o meu lugar.

– Qual lugar? Você não tem mais lugar… dançou. – E Valentina riu.

– Você não se importa, não é? Não se importa nem com as suas filhas.

– Eu vivo o agora. Estou viajando, conhecendo, me divertindo… vivendo.

– E os outros que se danem.

– Os outros que façam o mesmo. É o que a Cristina e o Cristóvão estão fazendo. Você é o único bobão que não sabe aproveitar o que o destino está lhe oferecendo.

– Não sei como você pode ser tão egocêntrica, egoísta.

– Vamos, Gerson, seja razoável. Uma oportunidade dessas, você não vai ter nunca na sua vida. Aproveita. Amanhã é outro dia, você não sabe o que lhe depara o futuro. Então passe o melhor possível hoje.

Gerson abaixou a cabeça. Basicamente, Valentina o convenceu. Ele não falou mais nada, no dia seguinte, tomaram o avião rumo à Índia. Dava, mais uma vez, as costas à realidade para ir ao encontro da aventura. Ainda bem, porque a sua realidade era bem outra. Se ele fosse suspicaz como Valentina, saberia disso.

Ana Carolina e Elias viajando pelo Brasil rumo ao Chile para encontrarem-se com Maria Clara e Rogério. Robert e Ivan na Escócia, se decidindo não virem este ano... A família nunca esteve tão dispersa e o sítio de Mendes nunca esteve tão só. E só se sentia Dora naquele casarão tão grande. Tuca saía pela manhã e voltava à noite. Maurício e Valquíria apareciam de vez em quando e agora, com a notícia de que nem o Ivan viria no Natal, deu para desanimar. Trabalho não faltava, Dora cuidava de tudo, mas para quem? Ninguém ia lá... e era uma pena. Uma casa tão boa e tão bonita num lugar tão agradável, campestre, com todo o conforto e com todas as comodidades estava ficando esquecida. A esperança era a volta de Ana Carolina e Maria Clara para que tudo continuasse funcionando.

Naquela noite, quando Jônatas chegou a casa, estava tudo de pernas pro ar. O surto de Marilda dessa vez passou dos limites. Ela revirou a casa, quebrou pratos e copos, jogou vários livros das estantes no chão tirou as roupas dos armários e a das gavetas e espalhou pela casa, era como se por ali tivesse passado um furacão. E o pior, ele deixava quentinhas para ela se alimentar. Marilda resolveu tomar um banho com elas, se lambuzou toda com a comida. A casa e ela estavam um verdadeiro caos. Ele a encontrou estirada no tapete da sala, exausta pelas suas próprias peripécias.

Jônatas até teve medo de que ela estivesse morta. No entanto, ela respondeu ao seu chamado com uma reclamação:

– Você me deixou aqui como um bicho enjaulado. Não pude sair. – Começou a gritar e a se mover.

– Calma... Calma... Olhe tudo o que você aprontou. Olha o seu estado. Toda ensopada, engordurada com comida até pelos cabelos.

Marilda se olhou, olhou tudo e, ela mesma se espantou.

– Eu estou louca, não estou?

– Vamos para o chuveiro tirar essa imundice. – Ele a levou.

Jogou a roupa que ela estava no lixo. Vendo-a nua, reparou que ela ainda tinha marcas arroxeadas das pancadas que levou.

(Quem sabe o que ela fez para merecer semelhante castigo. Talvez algo parecido com o que fez hoje aqui. Marilda está demente, não me cabe a menor dúvida. Ela tem que se tratar, mas não quer nem ouvir falar em médico. Não pode ficar sozinha e eu não posso ficar com ela nem pagar uma pessoa para que a cuide. Não há outro jeito, tenho que interná-la. Outro surto e o que ela seria capaz de fazer?) Ele pensou.

Marilda saiu do banho, Jônatas a levou para a cama e deu o calmante que ela tomava. Ele ficou até tarde limpando e organizando o apartamento. Depois não podia dormir pensando no que ia fazer com Marilda.

Ele tinha muita pena dela. Quando ela estava calma, sofria pelas coisas que tinha feito. Ainda agora, quando Jônatas a levou à cama ela olhou tudo e disse envergonhada:

– Perdão, Jônatas, perdão… perdão. Eu não estava sabendo o que fazia. – E lhe beijou a mão.

Jônatas compreendia que tudo aquilo era consequencia da doença, lhe doía o coração, porém não encontrou outra solução, no dia seguinte ele ia interná-la numa clínica especializada. Por bem ou pela força. Inclusive ele temia pela vida dela, ela ficava fora de si. Tudo poderia acontecer.

Pela manhã quando Jônatas foi trabalhar Marilda ainda estava dormindo. Ele chamou um amigo médico e marcou com ele para almoçarem juntos com o fim de conversarem e o amigo dar instruções a respeito de Marilda. A sugestão do doutor não foi diferente da de Jônatas, ele aconselhou interná-la. A opinião de um profissional, claro, reforçou a decisão do rapaz. Faltava saber como convencê-la ou mandá-la à força.

Nesse dia, Jônatas nem trabalhou direito com tantas preocupações. Até a Vânia notou o seu abatimento e comentou com a Zulmira.

Terminado o expediente, Vânia e Zulmira desceram rapidinho, Zulmira ia jantar com Osvaldo. Lá em baixo eles se despediram no estacionamento, o casal saiu de carro e Vânia foi caminhando em direção ao seu, quando foi interceptada por Osmar.

– Oi doçura, vim convidá-la para conhecer os meus documentos.

– Vai convidar a sua vó, grosseiro.

– A minha vovozinha está no céu. Mas você está aqui e foi quem mostrou interesse. – E segurou o braço dela.

Vânia estava tentando se soltar quando Jônatas apontou em busca do seu carro. Viu a cena e a entendeu. Foi acudir a moça e para lograr que Osmar a soltasse, lhe pegou um soco na cara que o fez cair no chão.

– Vai, Vânia. Vai embora. Eu me encarrego dele.

Vânia estava assustada, foi embora, nem disse nada a Jônatas. O rapaz esperou Osmar se levantar. Ele estava com a boca sangrando e cambaleando. Mas não tinha acontecido nada de mais grave.

– Sinto muito, cara. – E Jônatas foi embora.

Osmar estancou o sangue com o lenço e também foi para casa. (Se eu perder o dente quem vai pagar será aquela marginal). Pensava.

Jônatas foi rápido para casa, não sabia o que podia encontrar lá. Felizmente estava tudo normal. Ele estava com os nervos à flor da pele, mas tinha que aproveitar que Marilda estava serena para falar sobre sua internação.

Ela respondeu com um grito histérico e histérica também foi a sua reação. Desgrenhou-se, queria quebrar as coisas e como Jônatas a segurou, ela lutou com ele. Quase que o rapaz não a pôde dominar. Não se sabe de onde ela tirou tanta força. Jônatas, impaciente a sacudiu:

– Pare com isso, sua louca. Pare ou eu a levo agora mesmo para o hospício.

Marilda se desarmou, fez uma expressão de medo, de horror e caiu no pranto.

– Não, covarde, coisa ruim, eu não vou, prefiro morrer.

Chorou, teve um espasmo, Jônatas lhe deu o calmante e a levou para cama. Ficou ali até ela dormir. Porém ele, novamente, não pôde pregar os olhos. Ficou pensando como sua vida tinha se tornado um inferno, como ele mesmo, que sempre foi tranquilo e ponderado, estava tendo reações violentas.

Quando Zulmira chegou a casa, Vânia contou o ataque de Osmar e a defesa de Jônatas.

– Nós vamos ter que tomar uma providência. Acho que ele está me atacando de outra forma mais sutil. O Osvaldo veio com umas perguntas que eu estranhei e não gostei nada.

– Sobre o quê?

– Foram um pouco vagas, porém vou averiguar bem.

Por sua vez Osmar surpreendeu Osvaldo:

– Olha só o que o amiguinho da sua cunhada me fez. – E mostrou a boca inchada.

– O Jônatas? Não acredito. O tipo mais calmo e equilibrado que eu conheço… E como foi isso?

– Acho que foi por ciúme. Eu estava cumprimentando a Vânia, ele chegou e, sem mais nem menos, me deu um soco.

– O que é isso? Não dá para acreditar. Inclusive o relacionamento deles está estremecido. Deve ser porque pensou que você estava se engraçando com ela.

– A reação foi a de um bruto irracional.

– Estou pasmo. Mas, por favor, Osmar, deixa as coisas assim. Ele é meu chefe e não quero perder o emprego.

– Pode deixar, eu não me meto com gente dessa classe. Você é que deve selecionar mais com quem anda.

O mau caráter estava armando direitinho por todos os lados.

As preocupações de Jônatas só permitiram que ele adormecesse ao amanhecer. Por isso levantou tarde. Pensava resolver o lance da Marilda antes de ir ao trabalho, mas não pôde, estava atrasado. Foi olhá-la no quarto, ela estava dormindo. Então ele saiu pretendendo fazer a diligência na hora do almoço.

Ao chegar ao trabalho, Vânia o abordou:

– Jônatas, eu queria agradecer, você ontem me salvou.

Ele a olhou com os olhos cansados, avermelhados, vidrados, meneou a cabeça e seguiu o seu caminho. Vânia estranhou a aparência e o comportamento dele e foi comentar com a prima. Ambas concordaram que ele andava tenso, reservado, diferente do que sempre foi. Porém ele não estava dando abertura para a aproximação.

Com efeito, aquela manhã Jônatas estava disperso demais. Não podia se concentrar, estava inquieto, se notava o estado de pressão que carregava. Não era só a Vânia e a Zulmira, mas todos os colegas estavam percebendo a inquietude do chefe. Osvaldo até veio falar com elas aproveitando um momento em que ele saiu de sua sala.

– O que está acontecendo com o chefe? Ele está num nervoso que não se aguenta. – Perguntou Osvaldo às duas primas.

– Estamos falando sobre isso mesmo. Ele hoje está que nem pôde trabalhar. Entrou e saiu do escritório, parece que não se encontra. – Zulmira respondeu.

– Hoje não, desde ontem está tenso. Vânia deve saber. Ontem só porque meu irmão foi cumprimentá-lo, levou um soco dele que quase perde um dente.

– Foi isso o que ele contou?

– Foi, claro. O Jônatas deve estar com algum problema sério e eu até posso supor que seja por estar separado de você, Vânia. Pela reação de ciúmes que teve…

– Sinto muito decepcioná-lo, Osvaldo. A reação do Jônatas não foi de ciúmes, foi de defesa. O seu irmão me agarrou e me puxou para ir com ele. Deixo que você adivinhe para que. Ele apenas me defendeu.

– O que você está me dizendo?

– É isso mesmo que você ouviu. Seu irmão não é quem você pensa… Aí vem o chefe. – E cada um correu para a sua mesa.

E foi outro que não pôde trabalhar. Osvaldo ficou estupefato. Agora o que não podia acreditar foi no que Vânia tinha dito do irmão.

Mal sentou na cadeira da sua escrivaninha, o telefone tocou. Jônatas atendeu, empalideceu e saiu imediatamente sem falar com ninguém. Ai foi quando a curiosidade pipocou naquela repartição. Ninguém poderia imaginar que, ali sim, ia começar um novo calvário para Jônatas.

CAPÍTULO 33

Os tijolos do amor continuavam construindo o lar Cris & Cris.

Cristina estava contente com as suas novas filhas. A Cacilda foi dispensada e sua transferência para madrasta foi numa boa. Cristina se dedicava a elas quando vinham da escola. Fazia roupinhas para as bonecas e fizeram até bruxinhas de pano para cada uma. Elas adoraram. Até a Marlene tentou rechear a dela. Depois pintaram as carinhas e ajudaram a Cristina a fazer os vestidos. E, ainda que aos "irmãos" parecessem horrorosas, ficaram sendo as bonecas preferidas. As que dormiam com elas. Cristina também estava encantada. Sempre desejou ter filhas mulheres e Marlene a chamava mãe. Não demorou muito e Aline e Suely também a tratavam assim.

Cristóvão passou a chegar sempre mais cedo em casa para ajudar a Cristina. E ajudava mesmo. Porém o seu trabalho maior era com os dois garotos. Cristóvão se dedicou a fazer camaradagem com eles. Ia levá-los às aulas de jiu-jítsu no clube, ajudava a fazer os deveres e todos a estudar. Mas o tratamento não mudou. Ele continuava sendo o tio.

Até que um dia o Luciano o escorou:

– Pai, no domingo o Flamengo vai jogar. Nós vamos?

Cristóvão acusou o tratamento dado a ele pelo menino e, ainda que soubesse que correspondia a uma bajulação, se surpreendeu e, naturalmente, gostou. Ele também tinha que explorar:

– Vocês querem ir?

– Claro! Vamos sim. – Luciano pulou de alegria.

Anselmo foi mais expressivo. Agarrou-se a ele e o beijou num agradecimento nervoso. O homem ficou feliz e foi contar à Cristina.

– Que bom, Cris, hoje pusemos mais dois tijolinhos... – E eles riram.

– Estamos conseguindo, meu amor. Eu sempre tinha desejado um filho companheiro para ir às partidas. Domingo vou com os meus dois filhos.

– Tudo bem. E eu vou ao teatro com as minhas filhas ver a Gata Borralheira. No próximo domingo podemos ir os sete ver Pedro e o Lobo.

– Combinado.

Cristóvão e Cristina se abraçaram e se beijaram felizes da vida.

E a verdadeira mãe das meninas e o verdadeiro pai dos meninos iam ficando esquecidos lá longe. Longe mesmo. Mas felizes, porque não? Naquele momento estavam em Agra, extasiados na frente do Taj Mahal.

Ana Carolina e Elias também estavam ante uma maravilha. Essa, da natureza: as Cataratas do Iguaçu. E, tal como Valentina e Gerson, estavam extasiados. Com efeito, vendo semelhante grandeza, a gente se sente pequeno ante a obra do Criador. As Cataratas do Iguaçu têm fascinado todos que têm a oportunidade de se deparar com elas. Dizem que Eleonora Roosevelt, esposa do presidente dos Estados Unidos quando a viu, exclamou: "Pobre Niágara".

Logo que Jônatas saiu, Osvaldo foi se reunir com Vânia e Zulmira.

– Vânia, você tem que me explicar direitinho o que você começou ainda agora. O que você tem contra o meu irmão.

Vânia olhou Zulmira pedindo autorização. Ela moveu a cabeça afirmativamente.

– O que eu disse: você tem um conceito muito equivocado do que ele é realmente. Não gostaria de envenenar o relacionamento de vocês, mas também não acho justo você ser enganado por ele.

– Deixe os preâmbulos, eu estou ansioso.

– Pois bem: ele me atacou porque eu o desmascarei. Filmei o assédio dele com a Zulmira e ela gravou o intento de conquista dele. Temos as provas se você quiser assistir. Eu o ameacei de mostrar a você se ele continuasse incomodando a Zulmira e ele quis se vingar. Jonatas chegou no momento em que ele estava me agarrando e me defendeu. Isso foi o que aconteceu. Agora você sabe que ele seduzia a sua namorada, portanto é desleal a você. Pode ser irmão, mas não amigo.

Osvaldo estava espantado. Olhou para Zulmira e ela confirmou.

– Se você quiser ver e ouvir as provas, nós as temos aqui. – Terminou Vânia.

– Gostaria sim. Não porque duvide de vocês, mas só vendo para poder acreditar.

– No intervalo do almoço. De verdade, Osvaldo, eu sinto muito em lhe causar essa decepção.

– Por que você não me disse antes, Zulmira?

– Você era tão amigo do seu irmão...

– Ele lhe faltou o respeito?

– Não chegou a tanto, mas à Vânia sim.

Jônatas só se deu conta da extensão da tragédia quando chegou a casa. A aglomeração de gente, carros da policia e uma ambulância que estavam acomodando uma maca com o corpo de Marilda nela. Quando lhe cobriram o rosto, ele compreendeu que ela estava morta. Jônatas tomou um choque. Quis ir junto, mas avisaram que iam levá-la para a medicina legal. Além disso, o delegado queria falar com ele. Jônatas subiu ao apartamento. Ainda se sentia um leve cheiro de gás. Então eles foram para a delegacia. O delegado lembrou-se do caso anterior, quando Jonatas pagou a fiança para soltarem aquela mesma mulher. Naquela ocasião, a pedido do rapaz, ele tinha advertido que ela seria arrestada se novamente importunasse Jônatas. Ele foi até o arquivo e pegou a denúncia para comprovar sua memória. Logo tomou as declarações preliminares. Jônatas respondeu todas as perguntas, relatou sua versão do caso e foi dispensado. Ele, porém, estava apreensivo, queria saber tudo o que tinha acontecido.

Voltou ao seu apartamento. O porteiro só disse que os condôminos sentiram cheiro de gás e o chamaram. Ele subiu com a chave mestra, abriu o apartamento e, como pôde, foi desligar o gás do aquecedor que era o que estava deixando escapar o gás.

– Vi a dona Marilda, mas tive que sair para tomar fôlego. Avisei ao pessoal e o colega e outro senhor entraram para retirá-la. Ela estava desmaiada, não sei se já estava morta. O vizinho tinha chamado os bombeiros. Eu voltei lá dentro, porém as janelas estavam fechadas com cadeados, só os bombeiros as puderam abrir.

Foi então que eu liguei para o senhor. Foram os bombeiros que chamaram a polícia. Ouvi dizer que era porque dona Marilda havia falecido.

Jônatas estava desatinado. Ele deduzia que Marilda se suicidou porque ele disse que ia levá-la para o manicômio e isso lhe pesava na consciência. Seu apartamento estava cheio de técnicos tirando provas de tudo quanto era parte.

O delegado voltou e estava fazendo perguntas aos vizinhos. Eles deram boas referências sobre o comportamento de Jônatas. Mas também disseram que nos últimos dias tinham ouvido a senhora gritar e na noite anterior, eles estiveram brigando. O porteiro acrescentou que por duas vezes a senhora chegou à casa machucada. A primeira quando voltou a morar ali e a segunda faz apenas alguns dias. Mas ele não soube o que lhe havia acontecido.

No escritório Vânia e Zulmira mostraram a Osvaldo o filme e as gravações do assédio de Osmar com Zulmira. O rapaz ficou pasmo, chegou a ficar com os olhos úmidos. Depois pediu desculpas às duas primas.

Jônatas não voltou à redação naquele dia. E Osvaldo também não pôde mais trabalhar, não era capaz de concentrar-se. Sentia uma grande decepção, uma grande tristeza. Afinal, há tempos Osmar estava desempregado e ele cobria todas as despesas dos dois. Osvaldo começava a analisar melhor o irmão: ele era mesmo um falso, um aproveitador e um caluniador. Estava querendo que ele acreditasse em defeitos de Zulmira que ela não tinha. Seria para ficar com ela ou para que Osvaldo não se comprometesse para continuar sustentando-o? (De qualquer maneira ele é mesquinho, um canalha. Mas eu vou tirar tudo isso a limpo). Osvaldo estava indignado.

Um repórter chegou com fotos e anotações do ocorrido no apartamento de Jônatas.

– O mais grave é que parece que surgiu um indício de suspeita. A mulher estava trancada em casa, não pôde sair para se salvar.

Todos ficaram petrificados.

– Por isso ele andava tão estranho, talvez intuísse algo grave. Foi com a maluca que esteve buscando briga com Vânia e com todos nós.

Vânia então explicou a todos, mais ou menos, o que estava acontecendo com o patrão e:

– Qualquer coisa que possa ocorrer a ele, devemos estar atentos para protegê-lo, todos o conhecemos muito bem, seu equilíbrio e seu caráter.

E todos estiveram de acordo com ela. Porém Vânia não se contentou com isso, foi procurar a Jônatas no seu apartamento. Ele não estava lá, mas o delegado a fez se identificar. Ela disse que era a noiva de Jônatas e gostaria de fazer umas declarações, o que foi prontamente aceito. E Vânia foi até a delegacia com o delegado.

Lá ela contou toda a história que sabia e se pôs a disposição.

– Não é porque nós estamos distanciados que vou me negar a esclarecer dados que poderiam ser importantes.

– Nós agradecemos senhorita, de fato suas declarações nos foram valiosas.

Vânia estava se despedindo quando:

– Uma curiosidade, o seu sobrenome Mac Millan é dos mesmos Mac Millan de Mendes?

– É sim. A familia é de lá.

– Então você é parente do finado Willian Mac Millan?

– Era meu tio.

– Um advogado bem conceituado, brilhante, foi pena ter morrido tão cedo.

– Muito cedo, morreu de desastre.

– Eu sei, fui ao enterro dele. Não me apresentei porque a família não me conhecia e estavam todos muito doídos.

– Eu era pequena, mas me lembro muito bem. Foi a grande tragédia dos Mac Millan. Tudo tão inesperado... Somos uma família muito unida.

– Com certeza. Eu também senti muito, nós fomos colegas de faculdade e muito amigos. – Tanto o delegado como Vânia ficaram em silêncio por um momento. Logo se despediram.

Vânia ainda procurou Jônatas, queria dar seu apoio a ele, mas não o encontrou.

Jônatas, não voltou ao apartamento. Queria estar só, pensar, refletir, talvez condenar-se. Sentou-se nas rochas do Arpoador vendo as ondas baterem nas pedras, se levantarem em espumas e voltarem ao mar numa função que se prolongava mais ou menos forte, porém, sempre, sem parar jamais. Assistiu o por do sol de Ipanema. Até se arrepiou e aplaudiu como era costume. (Esse pintor é inigualável. Todos os dias oferece uma obra distinta de tamanho incomensurável, de cores brilhantes e opacas, de luz e sombra, de beleza impar e de uma mensagem profunda de fé e de esperança: o sol se despede hoje, mas amanhã ele voltará com a mesma grandeza). Jônatas compreendeu o ciclo da terra. Entendeu o destino finito do homem: "O viver é um correr para morte", afirmou Dante no Purgatório. E cada ser carrega sua sina para chegar à eternidade.

Lembrou-se que Sully Prudhomme, o primeiro prêmio Nobel de literatura, achava que a voz da consciência era um testemunho do destino sobrenatural do homem. Jônatas se sentiu conectado com o todo.

Mas também se lembrou da máxima de João Guimarães Rosa: "O mundo é mágico. As pessoas não morrem, ficam encantadas".

(A Marilda sofreu muito, coitada. Mas talvez fosse a cota que ela tinha que pagar nesta existência. Pagou, ficou livre. Porque, do que eu sei, ela nunca fez mal a ninguém nesta vida, mais que a mim. E eu a perdoo e peço perdão a ela por talvez a ter induzido a acabar com a própria existência. Ou seria que ela quis cessar com o seu sofrimento, descansar daquela terrível enfermidade? Talvez esteja mais feliz agora... Está encantada. Marilda era baiana e dizem que baiano não nasce, estreia. Será que ela estará estreando no céu? Pelo menos não está mais só, se tornou parte da engrenagem do universo).

Jônatas sorriu. Quiçá pensando que dissera uma heresia ou pelo menos um disparate. No entanto sua alma estava mais leve, mais descansada.

A sabedoria mitológica grega considerava que nenhuma força era mais poderosa que o destino. E era o destino que determinava a vida do homem. Nenhum ser vivente ou imortal era capaz de intervir no seu designo. E a morte era a sua obra final.

CAPÍTULO 34

Osvaldo chegou a casa pensando em por Osmar contra a parede. Ele estava vendo TV e colocando compressas de gelo nos lábios inchados.

– Estou vendo a encrenca em que está metido o seu chefinho. Tenho até vontade de amanhã ir à delegacia mostrar como esse cara é violento, para ferrá-lo ainda mais.

– Você não vai fazer isso. O marginal não é ele. O mau caráter é você.

– O que você está dizendo?

Osvaldo pôs sobre a mesa o rolo do filme e o cassete da gravação. Osmar os olhou, se assustou, mas disfarçou.

– Eu só queria comprovar a fidelidade da sua amada. Elas levaram a sério. Vê lá se eu vou me interessar por balzaquianas…

– Se vê que você não ouviu a gravação. Arranje outra patranha, essa não vai pegar. Como não serviram os fuxicos que você tentou levantar sobre a Zulmira. Também soube porque você recebeu essa merecida porrada. Devia levar outra do outro lado pela canalhada que faz comigo. E eu, de boa-fé, sustentando, ajudando e você não passa de uma sanguessuga, uma víbora venenosa, um vil traidor. Hoje eu estive esculpindo o seu perfil. E entendi as suas fanfarronadas, os seus deboches, as suas mentiras, a sua desonestidade.

– Alto lá! Eu sou o seu irmão mais velho. Eu o trouxe para o Rio, lhe arrumei trabalho.

– O trabalho eu ganhei por concurso. Você me trouxe para trabalhar para você, "*bon vivent*", e não é só a mim que explora. Você não passa de um vulgar gigolô. Usa seu atrativo físico para aproveitar-se de mulheres incautas, vulneráveis, ricas e solitárias. Por isso tantas gravatas finas, perfumes franceses, presentes de todo tipo, porém todos caros. Não lhe dá vergonha?

– A vida é dos espertos. Como disse Nietzsche, o mundo está dividido em duas categorias de homens: os senhores e os escravos. Eu escolhi a melhor parte. Não sou otário. – E Osmar riu debochado.

Porém, de súbito, seu riso foi trocado por uma careta de dor com o soco que levou do irmão.

– Amanhã mesmo você vai desocupar o apartamento desse otário.

– O que é isso? Também virou violento? – Osmar soprou as palavras como pôde, tapando a dor do outro lado da boca.

Osvaldo saiu, foi até o apartamento de Jônatas. Queria oferecer a sua solidariedade. Porém não o encontrou. Ele não tinha voltado a casa, não teve coragem. Foi dormir num hotel.

Maurício telefonou para Cristóvão dizendo que tinha feito as contas e que, antes do fim do ano poderia ter a cota para um apartamento de três quartos. E era quando ele deveria se mudar antes que os sogros chegassem e o bebê deles nascesse.

Cristóvão, então, foi à administração do condomínio se informar. Havia apartamentos, o problema era que teriam que dar o sinal. Cristóvão foi falar com Cristina. Ela tinha ganhado uns trocados na bolsa e depositou no banco para qualquer emergência. Eles emprestaram o dinheiro da cota e garantiram a compra do apartamento. Maurício e Valquíria ficaram muito agradecidos e, claro, felizes. Igualmente felizes ficaram Cristóvão e Cristina por poderem ajudar aos amigos. Outros que ficaram contentes foram Dora e Tuca. Eles torciam pelo casalzinho modelo.

Na Escócia, Mr. Mac Adam não aguentou esperar e chamou Robert no escritório. Expôs a ele, com toda a franqueza, as suas intenções. Revelou ainda um segredo que guardava da esposa e da filha: ele tinha uma doença incurável. Robert não teve forças para rejeitar o oferecimento de fazer-se cargo total da empresa. A oferta era irresistível, o problema era que, aceitá-lo significava a renúncia do projeto tão sonhado da sua empresa no Brasil.

Robert aceitou. Porém não quis contar ainda à família. Foi conversar com Ivan.

– Você não acha que é tempo de você pedir a mão da Gracie?

– Por mim, estaria até casado. Mas com o meu salário para uma milionária?

– Ela sabe disso, os pais também e apoiam o relacionamento de vocês. Pobreza não é defeito e muito menos riqueza. Vocês não têm culpa dessa ambivalência.

– Vou falar com Gracie, se ela estiver de acordo, no fim de semana mesmo vou falar com os pais dela. E você vai comigo.

Robert ligou para Mr. Mac Adam e este, animado, convidou a família para fazer parte do evento.

– Gracie eu gostaria de oficializar o nosso namoro. Quero pedir sua mão em casamento se você me aceitar.

Gracie se jogou nos braços de Ivan.

– Quase que você não se decide…

– Eu me sinto um pouco constrangido…

– Ah! Não vai repetir essa história de diferenças econômicas. Isso para mim e para os meus pais não conta. Vou falar com eles para marcar logo o dia do noivado, antes que você desista. – Gracie riu brincalhona.

– Gracie, Gracie, até parece que eu não quero você. E isso é um grande engano. Eu a amo, Gracie, e muito. Não há nada que eu queira mais neste mundo que casar-me com você.

E a lua fria da Escócia se vestiu de noiva para enfeitar os amores de Ivan e Gracie. Seu véu iluminado e alcoviteiro os cobriram para que ninguém bisbilhotasse os cálidos e apaixonados beijos brasileiros.

Jônatas chegou à redação com aspecto cansado, abatido, desfeito. Cumprimentou todos, em geral e, antes de entrar no seu escritório falou a todos:

– Quero que vocês se sintam a vontade de publicar as notícias com veracidade.

Não esperou ninguém se pronunciar. Sentou-se em sua escrivaninha e começou a trabalhar.

Vânia, Osvaldo, Zulmira e todos os seus subalternos desejavam apresentar seu apoio e pôr-se às ordens. Porém ninguém se atreveu. Tudo indicava que ele não estava para conversas.

À tarde Jônatas não foi trabalhar. Tinha sido convocado a prestar declarações na delegacia.

– Senhor Jônatas Godoi, eu preciso que o senhor preste uns esclarecimentos.

– Estou às ordens, doutor.

– Em primeiro lugar o senhor deve aclarar por que deixou a senhora Marilda trancada em casa. Sem absoluta maneira de sair do apartamento.

– Ao contrário do que possa parecer, foi para protegê-la. Ela estava sofrendo de surtos psicóticos e eu temia que ela pudesse fugir e perder-se na rua ou que se jogasse pelas janelas.

– Não teve a precaução de que ela pudesse abrir o gás?

– Sinceramente, foi uma falha minha. Escondi facas e objetos pontiagudos, líquidos tóxicos. Deixava quentinhas para ela não precisar cozinhar, porém o gás me passou despercebido.

– Outra coisa, o IML acusou manchas roxas de pancada pelo corpo da vítima.

– Por essas surras que levou do marido e dos filhos, foi que ela se refugiou lá em casa. Talvez tivesse tido um surto lá e eles, gente ignorante, a castigaram e a enxotaram de casa.

– Os vizinhos a ouviram gritar e, na noite véspera da ocorrência, disseram que vocês brigaram.

– Como lhe disse, ela tinha surtos, gritava, quebrava coisas, porém eu estava trabalhando. Naquela noite, eu aproveitei que ela estava calma e tratei de convencê-la de se internar numa clínica especializada. Ela começou a gritar e me agredir. Quase não a contive. Então a ameacei de que no dia seguinte ia levá-la a força. Creio doutor, que isso pôde, realmente, precipitar um suicídio. Ela tinha pavor a hospício. Foi o que aconteceu. Também pode ter sido um descuido dela quando foi tomar banho. Francamente não sei o que pode ter acontecido. No estado em que ela estava tudo seria possível.

– Efetivamente esse item está difícil de decifrar. Não se pode descartar nenhuma possibilidade. Ainda estamos no inicio das investigações.

– De qualquer maneira, me sinto mal, incomodado. Se foi descuido dela, foi meu também. Porém, se foi suicidio, sinto que a induzi a isso.

– Ainda há coisas para esclarecer. Preciso conversar com a família. O cadáver já foi liberado.

– Eu posso me encarregar do sepultamento.

– Falarei com eles. O senhor pode se retirar. Obrigado. (Pela minha experiência esse homem está falando a verdade. Mas há que esperar a perícia se pronunciar). Pensou o delegado.

Jônatas voltou à redação. Todo mundo acompanhou seus passos até o seu escritório. Ele, porém continuava alheio. E assim ficou enquanto as investigações continuaram.

O delegado comprovou que as marcas das pancadas, realmente tinham sido anteriores a Marilda ter ido para a casa de Jônatas. Ele intimou o marido a ir dar depoimento. O homem, por certo bastante mal-encarado, disse que a mulher estava maluca, que queria quebrar tudo na casa e eles tiveram que impedir e expulsá-la, antes que acabasse com o pouco que tinham. E as porradas foram em "legítima defesa". Quando o delegado falou sobre a liberação do corpo, o marido alegou que era muito pobre, que não tinha com que fazer o enterro.

As investigações, as deduções continuaram. O delegado foi falar com o médico mencionado por Jônatas, e ele confirmou os depoimentos do jornalista. Mais uma prova a seu favor.

Jônatas esperava qualquer conclusão com certa angústia e muita solidão.

Osvaldo tinha contado à Vânia e à Zulmira que tinha intimado Osmar a se mudar da casa dele. Porém, quando chegou a casa, lá estava o malandro com a maior cara de pau, tal como na noite anterior: recostado vendo televisão e com as compressas geladas refrescando o outro lado dos lábios.

– O que você ainda está fazendo aqui? Em todo o dia não teve tempo de retirar-se?

– Você não pode estar falando sério. Eu não tenho para onde ir nem dinheiro e, além disso, estou ferido.

– Você é da categoria dos senhores, se não é capaz de fazer jus ao seu próprio critério, vai se pegar a uma de suas benfeitoras. Aqui, nesta casa, ontem houve a abolição da escravatura.

– Estou estranhando você. Está sendo muito bem manipulado.

– Manipulado eu estive por você, mas não quero mais papo. Você me convenceu, o mundo é dos espertos. Assim, como ficou combinado, desocupe.

– Não vai querer que eu durma na rua nas minhas circunstâncias. Amanhã, nas primeiras horas, eu me mando daqui.

Osvaldo se trancou no quarto. Osmar ficou preocupado. Esperava que o irmão tivesse reconsiderado, mas parecia que ele estava decidido. E a verdade era que ele estava num aperto, não sabia que caminho correr. Sua única saída seria a velha chata, mas podre de rica que o perseguia. Ele ia ter que empenhar sua liberdade em troca de abrigo, pelo menos por um tempo.

Naquele fim de semana, mais precisamente no sábado, os Mac Milan se dirigiram à casa dos Mac Adam. Os homens usavam kilt e as damas estavam de longo. Era um jantar de gala: o noivado de Ivan e Gracie.

As duas famílias estavam muito contentes, porém os noivos estavam nas nuvens. Será que estavam querendo se filtrar até a lua para que lhes servisse de alcoviteira outra vez?

Porém houve outra comemoração. Essa era inesperada. Mr. Mac Adam anunciou que, a partir daquele dia, ia delegar a Robert Mac Millan a direção total e a responsabilidade integral pelas finanças de sua empresa, já que ele estava prestes a fazer parte da família.

Robert e Ivan se olharam, talvez com o mesmo pensamento: e a empresa do Brasil? Porém, naquele momento, não era tempo nem lugar para ponderações. Mr. Mac Adam assinalou que o casamento se efetuaria no final do ano logo que ele e a esposa regressassem de uma viagem.

Só em casa Robert, Ivan e Maria João comentaram a promoção de Robert.

– Tio, e o nosso negócio no Brasil?

– E o seu casamento?

Maria João ficou esperando a resposta dos dois. Como nenhum disse nada, ela chegou à conclusão.

– O negócio dançou.

Ambos a olharam. Ela sorriu e os deixou a sós.

– Ou o casamento ou o negócio. – Robert

– Ou o super emprego aqui, ou ir arriscar o negócio lá. – Ivan.

O verso de Carlos Drummond de Andrade começa assim:

“No meio do caminho tinha uma pedra.

Tinha uma pedra no meio do caminho.
Tinha uma pedra.
No meio do caminho tinha uma pedra".
O problema era apurar qual seria a pedra do caminho deles.

CAPÍTULO 35

O corpo de Marilda foi liberado. Jônatas acompanhou o féretro até a sepultura. Ele estava acabrunhado. Ainda o inquietava a possibilidade de Marilda ter se matado por culpa da ameaça dele de interná-la no manicômio. Estavam descendo o caixão na cova quando ele sentiu uma mão apoiando o seu ombro. Era Vânia. Eles se olharam compadecidos. Ele já não estava tão só. Ela lhe oferecia consolo, apoio, companhia.

Iam saindo quando viram o marido e os filhos de Marilda. Dirigiram-se à tumba com umas flores artificiais. O propósito era chorar ali, se tivesse alguém para assistir. Mas não havia mais ninguém. O delegado só mandou avisar à família e à Vânia.

Ela e Jônatas saíram do cemitério. A família ficou olhando. Depois a filha fincou o arame das flores de papel crepom, eles foram embora economizando a cena do choro. Sem plateia? E já que não tinha espectadores, ela pensou, por que iam deixar aquelas flores ali? Servia para enfeitar a casa. E as retirou para levar.

Ao chegarem ao estacionamento, Jônatas e Vânia se separam cada um iria pegar o seu carro. Ela desejava acompanhá-lo, esperava que ele a convidasse para um café, que conversassem. Tinha até a ilusão de que poderiam reatar o relacionamento. Ela o desejava e considerava que ele também. Porém, Jônatas apenas lhe agradeceu e se despediu cordialmente, mas sem demonstrar nenhum interesse.

Vânia se sentiu desapontada. Ele estava sentido com ela e tinha razão. Ela o deixou só com os seus problemas. Não foi companheira, não esteve ao lado dele quando ele mais precisou dela. Agora era tarde para desfazer ou remediar sua atitude impiedosa e egoísta.

No entanto, Jônatas pensava outra coisa. Não queria se aproximar de Vânia enquanto não resolvesse sua situação penal. Entretanto, tinha-se sentido confortado com o seu intento de aproximação. Ele fazia esforço para controlar-se, necessitava tanto de apoio, mas considerava melhor assim.

Apesar de o Osvaldo ter feito o que deveria com Osmar, ele estava preocupado e sentido. Pensava que, se realmente não tivesse para onde ir, estaria perambulando na rua sem um centavo. Comentava ele com a Zulmira.

– Você fez o que era justo. Não foi você quem se portou mal.

– Estou muito doído. Muito decepcionado. Às vezes não posso dormir pensando que ele possa estar por aí enfrentando os perigos da noite.

– Ele não pensa em você quando o explora, o trai, o faz de babaca.

– O pior é que eu sei de tudo isso. Mas enfim, é meu irmão.

– É pena que ele não saiba disso.

– Tem razão. Mas eu queria falar outra coisa com você. O Luiz Paulo Macedo está de volta da Europa como correspondente. Você iria comigo se um de nós fosse enviado para substituí-lo?

– E você, iria?

– Claro que sim. Você tem mais chance, está aqui há mais tempo. Nesse caso eu pediria uma licença e ia fazer uma especialização. E vice-versa. Isso dependeria do Jônatas. Porém, nesse momento... Minha barra com ele deve estar pesada pelo ato estúpido do Osmar. O seu não estará tão favorável pelo relacionamento dele com a Vânia que está igualmente em baixa.

– Acho que hoje vão retomar o namoro. Ela foi procurá-lo.

Todavia, quando chegou a casa teve que ouvir outra sessão de queixume da Vânia.

– O Jônatas não quer mais saber de mim. Me tratou com a maior frieza.

– Eu lhe disse. A fria foi você com ele, o deixou só quando mais necessitava de você. Mostrou que ele não podia contar com você nas horas amargas. Agora que a mulher morreu você volta e quer que ele a receba como se não tivesse acontecido nada? Ele agora não precisa mais.

– Francamente, Zulmira, você para consolar...

– Falo o que penso.

Vânia esperava mesmo uma palavra de esperança. Mas considerava que a prima tinha razão. Foi ela que não serviu para consolar. Nem mesmo para mostrar solidariedade.

Os turistas continuavam desfrutando do seu passeio. Ana Carolina e Elias estavam saboreando as delícias do sul. E Valentina e Gerson depois de passar pela Indonésia, foram à Austrália. Valentina, encantada com tudo, tinha que carregar o mau-humor de Gerson que só gozava nos interesses turísticos. Quando chegava no hotel, fechava a cara e mal falava. Valentina começava a se encher. Ela oferecia a fabulosa ocasião de conhecer o mundo inteiro e ele respondia com reclamações e críticas a ela. Por vezes até dava vontade de mandá-lo de volta para a sua querida Cristina e seus encantadores pimpolhos.

Havia outros viajantes: Mr. Mac Adam e senhora. Ele iniciou seu merecido passeio com disposição e tranquilidade. Nunca tinha se sentido tão despreocupado. Sabia que sua empresa estava em mãos competentes e, portanto, pela primeira vez podia desfrutar com sua mulher umas férias completas e sem data de volta.

Claro que deveriam estar em casa no fim do ano para assistir a formatura da filha, o doutorado de Ivan e o casamento de ambos. No entanto, até lá, o seu descanso teria sido mais que suficiente.

À medida que o tempo passava o lar Cris & Cris ia se solidificando. As crianças estavam acomodadas e contentes com a nova família e Cristóvão e Cristina gozando de um ambiente amoroso como ele nunca teve e ela teve e perdeu. Cristina era organizada, atenciosa e meiga. Era tudo o que Cristóvão sempre desejou. E Cristóvão tinha algo que a Gerson faltava e que a Cristina fascinava: a sensação de que ela era o primeiro, o essencial na sua vida. Talvez por isso, ele também começou a figurar-se como o paradigma da sua existência. Parecia que o amor deles era cada vez mais sólido e apaixonado. O momento mais desejado de ambos era quando estavam juntos e a sós.

Chegou o dia da audiência de Jônatas. De acordo com a investigação, a perícia não tinha encontrado provas de culpabilidade do implicado e, nos depoimentos apresentados, não se achou evidência que pudesse comprometê-lo. Então, como não houve mérito, o caso foi enviado ao juiz de pequenas causas. E Jônatas rapidamente foi declarado inocente.

Terminada a audiência, o delegado foi cumprimentar o rapaz. Entre outras coisas, mencionou a propósito:

– Uma das coisas que agilizou o seu caso foi, basicamente, o depoimento da senhorita Vânia Mac Millan de Souza. Ela veio, espontaneamente, prestar depoimento e ratificou cabalmente as suas declarações.

– A Vânia?

– Ela mesma. Eu desejo que vocês agora possam ser felizes.

– Obrigado, delegado Assunção. Com certeza vamos ser sim.

– Boa sorte meu rapaz. – O delegado desejou de bom grado. Sentou-se em frente a sua escrivaninha, pensativo.

(Acredito que hoje paguei uma dívida antiga que tinha com o meu amigo Willian Mac Millan. Devolvi o amor da sobrinha dele, assim como Willian me devolveu a liberdade quando pôde provar que o homem que feri mortalmente, foi em legítima defesa. Todas as provas estavam contra mim e eu era inocente. Mas com a sua competência e persistência fez a verdade sair à luz. Nunca pude agradecer-lhe, ele não voltou ao escritório de advogado. Sofreu o acidente mortal. Hoje retribuo o seu esforço e dedicação pela minha causa. Obrigado, Willian Mac Millan).

Quando Jônatas entrou na redação foi aplaudido e, cada um dos redatores, repórteres e fotógrafos foi cumprimentá-lo. Mas o seu abraço com Vânia foi mais demorado. Porém, só na hora da saída a abordou.

– Vânia, quero agradecer o seu apoio. O delegado me contou das suas declarações às quais foram fundamentais para o juízo.

– Jônatas, eu estou muito envergonhada. Até a Zulmira me censurou. Eu não pude captar a dimensão da sua situação, não ofereci sequer a minha solidariedade, o deixei só.

– O que você fez foi o suficiente e eu estou reconhecido.

– Fiz só o justo, só disse a verdade. Quero que você saiba que todo esse tempo eu sofri por você e me recriminei sem poder me redimir. Você estava sentido comigo e eu compreendi. Queria me aproximar, mas você não me permitiu.

– Naturalmente que eu teria gostado que você estivesse ao meu lado. Porém, se me afastei não foi por outra coisa senão para não comprometê-la num caso judicial.

Vânia o abraçou comovida.

– Me desculpa Jônatas. Tenho que admitir que o ciúme me cegou.

– Também entendi.

E com um beijo ficou selado aquele mal entendido. Eles saíram dali e foram fazer hora para jantar passeando entre as árvores do parque.

– Eu não voltei ao meu apartamento. Ele me traz penosas recordações e as piores impressões. Vou vendê-lo e comprar outro maior para nós dois. – Jônatas disse a Vânia enquanto jantavam.

Ela o olhou indagando.

– Para nós dois?

– Acho que é tempo de nós oficializarmos nosso amor. Por isso gostaria que fôssemos escolher juntos onde vamos morar.

– Mas você ainda não me pediu em casamento.

Jônatas sorriu.

– Vânia, você quer se casar comigo? – Vânia também riu.

– É o que eu mais quero.

Foi pena que ali não tinha lua e, se tivesse, ela não seria fria. Os beijos foram ardentes. No cantinho que eles estavam, as luzes discretas, piscaram os olhos por entre as sombras das árvores. Elas não eram bisbilhoteiras como a lua, mas alcoviteiras eram.

Zulmira e Osvaldo também estavam jantando juntos. Falavam da possibilidade de passar um tempo na Europa.

– Se der tudo certo, nós nos casamos e vamos. – Osvaldo concluiu.

– E se não der? – Zulmira maliciou.

– Nos casamos e ficamos esperando outra oportunidade. – Osvaldo falou e ficou esperando a reação da namorada. Zulmira usou a telepatia para responder com as mesmas palavras da prima:

– Mas você não me pediu em casamento.

– Estou pedindo agora.

Zulmira não disse nada. Ficou esperando algo mais.

– Então, você aceita?

– Você não disse que me ama.

– Zulmira, eu amo você... adoro, venero, case comigo.

– Isso está muito exagerado, não estou acreditando.

– Mas eu posso provar.

E quando saíram da pizzaria, passaram pelo Lido e, protegidos pelas sombras das árvores, Osvaldo provou a Zulmira o quanto a amava. A lua tentava bisbilhotar entre as folhas. Porém se ocultou e os ocultou envergonhada. Ela quase se derreteu, respingou ardentes flocos de amor sobre eles. Para ela não havia dúvida do amor de Osvaldo e Zulmira.

Naquela noite as duas primas, que tudo faziam juntas, coincidiram em ficar noivas ao mesmo tempo. Quando no outro dia uma contou a outra, elas riram a beça. Combinaram com os noivos ir comemorar jantando num restaurante bem sofisticado. Como os pais delas estavam ausentes, fariam a festa entre eles.

À noite, cheios de pompas e circunstâncias estavam brindando com champanhe quando foi entrando no restaurante o Osmar com uma coroa. Ambos muito bem vestidos e tratados com muita consideração. Notava-se que eram clientes assíduos. Ele os viu e fez questão de passar bem próximo para esnobar.

(Ele me criticava porque Zulmira é apenas sete anos mais velha que eu. E ele pegou uma passa esticada que bem podia ser avó dele. Mas deve ser folheada a ouro). Pensava Osvaldo. Os outros apenas se entreolharam. Mas Zulmira logo cochichou com Osvaldo:

– Coitadinho, tão desprotegido nos perigos da noite.

A conversa do jantar girou em torno dos próximos casamentos. E a conclusão foi a mais natural. Por que não se casarem no mesmo dia? Economizariam uma festa. E a sugestão agradou. Como diria o velho George Mac Millan, o clã ia crescer. Elas ainda não sabiam do casamento de Ivan marcado para esta mesma época. E assim, os três solteirões da família iam desencalhar. E ainda os dois nascimentos que vinham por aí também para o fim do ano. Ia-se então, fechar o ano com altas novidades.

Um ano que começou tão triste, findaria com broche de ouro.

CAPÍTULO 36

Depois de desfrutarem uns dias de passeio conhecendo os encantos do Chile, Ana Carolina e Elias ajudavam a Maria Clara e Rogério a empacotar sua mudança para voltar definitivamente para o Rio.

Outros que estavam de mudança eram Maurício e Valquíria. O apartamento da Barra tinha sido entregue e Vânia e Zulmira estavam indo lá para ajudar na decoração. Valquíria estava meio pesada com a gravidez.

Tanto Vânia como Jônatas ficaram encantados com o novo estilo de vida e com os espaços abertos e verdes do bairro. Porém, não conseguiram apartamento naquele condomínio, mas estavam decididos, iam procurar a residência em outro. Osvaldo e Zulmira também gostaram, mas eles nem cogitaram em nova casa. No princípio do ano, tanto ele como ela, foram designados correspondentes na Europa. E os casamentos, só estavam esperando os pais das noivas chegarem para efetuarem-se. Ambos os casais tinham combinado que a boda seria apenas no civil e bem simples, só com a família.

Quando Robert soube do casamento das sobrinhas, convidou, como ia se fazendo costume, para a sua de mel na Escócia e, por lá mesmo ficariam para o casamento do Ivan, que eles desejavam que viesse toda a família. Este sim ia ser um casamento com pompas e circunstância segundo a tradição escocesa.

Valentina e Gerson voltaram ao continente para percorrer a China e depois o Japão. Esses não tinham previsão de volta. Em Tóquio, eles e o casal Mac Adam estavam hospedados no mesmo hotel. Mas como não se conheciam, apenas se topavam sem saber que, em breve, iam ser aparentados ainda que muito longe dali.

Ao chegarem ao Brasil, as novidades abrumaram tanto a Ana Carolina e Elias como a Maria Clara e Rogério. Os próximos casamentos das filhas ficaram apagados ante o tremendo baque que causou a fuga de Valentina e Gerson e a situação dos netos com o casal que se improvisou: Cristóvão e Cristina.

De imediato as avós decidiram conversar com o casal buscando a possibilidade de que os netos fossem devolvidos às famílias. Tanto Vânia como Zulmira aconselharam as mães que deixassem as coisas como estavam. O casal estava unido pelo amor e criando as crianças num lar equilibrado e harmonioso. Maurício e Valquíria, vizinhos e amigos do casal, foram mais longe.

– Eles estão melhores que antes. O relacionamento do Cristóvão e da Cristina é amoroso e os filhos absorvem este afeto e se sentem seguros e felizes. – Afirmou Valquíria.

– Eles formaram uma família, uma grande família onde os cuidados com as crianças primam e que todos vivem num ambiente de muito amor. Isso nos consta, estamos em contato permanente com eles, os vemos no clube, levando os filhos para as atividades esportivas, ou na praia, todos juntos brincando na areia, nas ondas, sempre atentos cuidando deles. – Maurício completou a apreciação de Valquíria.

– Vocês não podem intervir num lar assim. Nota-se que Cristóvão e Cristina estão felizes com os filhos e os filhos felizes com os pais. – Valquíria quis reforçar.

– Você lembra mãe? A Valentina nunca estava em casa e quem criava as filhas dela era a babá. – Foi Vânia que deu o seu parecer.

– E o Gerson, que parecia bom pai, simplesmente abandonou os filhos sem dar nenhuma satisfação. E, afinal a Cristina é a mãe, com quem, quase que em geral, a justiça deixa os filhos. – Zulmira terminou.

– De qualquer maneira temos que ir falar com eles. Saber a opinião deles, mostrar que estamos prontas a ajudar, ver os nossos netos… – Maria Clara tinha mudado o tom e as intenções.

– Não íamos obrigar a nada. Afinal sempre tivemos boas relações. Eu, pessoalmente, os estimo. Porém, considero uma obrigação dar-nos conta de todos os acontecimentos e de nos pormos a disposição. Somos avós, e foram os nossos filhos os que defraudaram. Pelo menos, temos que pedir desculpas por eles.

A razão apagou a fogueira onde ardiam as imposições. A compreensão ficou no lugar das brasas e a fumaça se esvaiu em forma de boa vontade.

Foi com esse astral que Ana Carolina e Maria Clara foram fazer uma visita ao lar Cris & Cris.

As crianças receberam as avós com alegria e afeto. E Cristóvão e Cristina, com cordialidade e simpatia. Foi, ademais, uma visita de muita prudência e ponderação. Não ouve uma só palavra atravessada. Tanto Ana Carolina como Maria Clara percebeu como os netos estavam bem e como eram tratados com carinho. O único pedido das avós foi prontamente atendido. Pediram que Cristóvão e Cristina permitissem que as crianças não perdessem o contato com a família. Aliás, eles enfatizaram que nem eles queriam perder, posto que tanto Cristóvão como Cristina estimava a toda a família. E esse foi um problema salvo.

As duas senhoras foram para casa com a moral na gangorra. Se por um lado estava em alta: os netos estavam bem, por outro estava no chão. Não havia dúvida do procedimento irresponsável dos filhos. No entanto, o fato estava consumado e não tinha mais nada o que fazer. E, se os filhos estavam perdidos malucando por aí, pelo menos os netos estavam protegidos e elas os tinham por perto.

O ex-genro e a ex-nora também ficaram aliviados com a visita das sogras. Sentiram receber um respaldo e isso solidificava mais o relacionamento deles. Ambos desejavam o divórcio para poderem se casar e oficializar aquela família que formaram. E agora iam precisar mais que nunca.

– Cris, eu tenho uma coisa para lhe falar, mas nem sei como fazê-lo.

– Algum problema, uma coisa grave?

– Acho que sim. – Cristina estava acanhada, não sabia como Cristóvão ia reagir.

– Então diz logo para solucioná-lo de uma vez.

– Você ouviu falar naquele filme "Os seus, os meus e os nossos"?

– Já vi tudo.

– É, eu acho que o nosso vem por aí.

Cristóvão começou a rir.

– Era de se esperar. Mas isso não é problema, é alegria. Eu desejava um filho com você. Ele vai selar o nosso amor para sempre. – Cristóvão a abraçou.

Comemoraram, contaram às crianças que eles iam ganhar um irmãozinho. A molecada gostou da novidade, gritaram de alegria. Mas:

– Desde que seja homem… nesta casa tem mulher demais. – Luciano deu seu palpite.

– Vai ser o que Deus quiser e nós vamos amá-lo do mesmo jeito. – Cristóvão o preparou.

– Um bebê é um prêmio que Deus nos dá. Temos que receber e agradecer a Sua bondade. – Cristina falou e se acredita que convenceu a todos.

Mas de noite, no quarto…

– Será que desta vez vou ter uma menina?

– E por que não um menino? Eu não tenho filho homem e assim íamos emparelhar… Convencemos as crianças e estamos com a mesma conversa?

– Que nada, que seja um homem igualzinho a você.

– Ou outra menininha, mas igual a mãe.

Eles riam se abraçaram e gozaram a feliz novidade.

– Veja só, viramos a casaca. – Cristina brincou.

– Será nosso filho, seja o que for. – Eles estenderam aquela felicidade por toda a noite.

Naquele fim de semana, Ana Carolina e Maria Clara foram à Mendes com os respectivos maridos. Encontraram a casa limpa e em ordem. Dora a cuidava com esmero. Mas se queixou da solidão em que se tornara o lugar. Isso ela nem precisava ter dito. Elas estavam sendo testemunhas daquele fato. Com a morte de Eugênia aquele sítio perdeu o sentido, morreu com ela. Não era mais aquele lar de aconchego, de amor, de vida. Era só uma casa vazia. Definitivamente Eugênia era o tronco que sustentava aquela família.

Foram dois dias tristes que passaram ali: recordações, lembranças, saudades… sofrimento. A mãe estava em tudo e, no entanto, não estava.

Mendes acabou para elas. Deixou de ser um lugar de alegria para ser um lugar de tristeza. Foram outras candidatas a condenar a casa dos Mac Millan ao abandono. E com isso Dora também se sentiu abandonada.

Os preparativos para os casamentos de Vânia e Jônatas e de Zulmira e Osvaldo estavam prontos. Mesmo porque não havia maiores reboliços. O trabalho estava sendo para o casal que ia permanecer no Rio.

Jônatas e Vânia tinham conseguido o apartamento num condomínio fechado na Barra como eles queriam. Estavam equipando, acondicionando e decorando embora Jônatas já estivesse morando lá. Eles estavam animados porque o apartamento era confortável e com uma vista espetacular para o mar e para a lagoa.

Zulmira e Osvaldo também estavam organizando sua vigem à Europa logo depois das festas do fim do ano. Ambos irão ficar sediados na agência do jornal em Paris, e ambos serão responsáveis pelas notícias e reportagens de toda a zona oeste da Europa. Eles estavam achando o máximo. Uma oportunidade espetacular tanto do ponto de vista profissional como de conhecimento e, porque não, de diversão. Inclusive Zulmira poderia visitar o Ivan e o tio Robert com certa facilidade.

Gracie e Ivan também teriam que preparar sua boda, mas isso ficava por conta dos pais dela. Antes disso, eles tinham que pensar: ela na formatura e ele na defesa de sua tese de doutorado. Porém, até agora, tudo ia andando bem. Sem tropeço, tudo tranquilo.

Bem, mais ou menos tranquilo. Porque na casa dos Mac Millan, se aproximava o dia do nascimento de Willian Mac Millan Sobrinho e isso era uma coisa séria.

Se para os Mac Millan era apenas uma coisa séria, dado o costume, para o casal de primeiro filho era um bicho de sete cabeças, algo do outro mundo. Dora veio de Mendes para ajudar e Maria Clara estava atenta para que tudo saísse bem. Maurício, tão acostumado com estas lidas, estava apreensivo. Por incrível que pareça, a mais calma era Valquíria.

E chegou o dia da correria lá e aqui. Na Escócia, tudo calmo, sem muito alvoroço, o bebê nasceu rápido apesar de ser um menino grande e forte. Os pais estavam felizes e a família toda contente.

No Brasil... No Brasil o nascimento foi uma espécie de tragicomédia. Entre os implicados se instalou uma espécie de pilha de nervos. Poderiam até abrir um concurso para ver qual seria o vencedor dos nervos em ponta. O bebê estava demorando para nascer e as entendidas no assunto, Dora e Maria Clara, opinavam e receitavam aos galenos. Maurício como médico, poderia imprimir a calma. Porém, apesar de seu saber e de sua experiência, esqueceu seus estudos e levantou o troféu de ganhador do campeonato de nervosismo.

Valquíria só sofreu. Mas sofreu com coragem. Quis que seu filho nascesse em parto natural e assim foi. Frésia Machado veio ao mundo sadia e cheia de vida. E, atendo-se ao comentário geral, era um bebê lindo como poucas vezes se vê. A opinião era só da família.

O importante era que as duas famílias estavam de parabéns. Willian e Frésia nasceram no mesmo dia e quase na mesma hora. Segundo o horóscopo, iam ter características bastante iguais e o destino, talvez, parecido. É, o menino nasceu com o compromisso de honrar o nome recebido e a menina, logo foi nomeando um tio, o tio Ivan e dois avós estreantes: Dora e Tuca. E estes dois estavam se babando de felicidade.

Bem, só resta desejar que os bebês também sejam felizes.

No livro bíblico, Eclesiastes o pregador dá a seguinte sentença: "Há tempo de nascer e tempo de morrer"...

Pois nesse mesmo tempo também houve o complemento do versículo, ou pelo menos o prenúncio dele.

Quando Tuca pegou o carro em Mendes para ir conhecer a neta, não se sentiu bem e foi toda a viagem passando mal.

E quando Valentina e Gerson chegaram a Honolulu, viram aquele casal que estava no lobby do mesmo hotel que eles em Tóquio. Ele estava sendo atendido por paramédicos. Era Mr. Mac Adam.

CAPÍTULO 37

Tuca deixou todos assustados quando chegou à casa de Maurício. Estava pálido e desfeito ainda se queixando de dores abdominais. Maurício o examinou, o medicou, mas disse que no dia seguinte ia levá-lo ao hospital onde trabalhava para ser examinado por um especialista e para fazer todos os exames pertinentes. O avô só se aliviou um pouco quando viu a netinha. A alegria deu um chute na dor e a felicidade levantou os ânimos caídos. Ou foram os remédios dados por Maurício?

Dora deixou um pouco a neta para cuidar do marido. Estava muito apreensiva. Desde que se casaram Tuca nunca tinha ficado doente, não teve sequer uma dor de cabeça, jamais tinha tomado um remédio. Era um homem são e de muito forte. Por isso ela temia uma enfermidade agora.

No Havaí, Mr. Mac Adam foi levado para o hospital. Ali ficou internado enquanto providenciavam um avião equipado para transladá-lo a Nova York onde tinham diagnosticado sua doença na última viagem que fez a negócios a essa cidade. Mrs. Mac Adam também estava aflita. O marido jamais tinha se queixado de doença, de dor, não tinha sequer lhe contado que tinha ido ao médico e que o diagnóstico tinha sido tão fatídico.

Para Valentina, Honolulu estava sendo um paraíso. Mas Gerson não pensava assim. Para ele aquele lugar paradisíaco, no final, se tornou um verdadeiro inferno. Ali teve lugar as maiores desavenças entre o casal.

Pela manhã e à tarde, eles foram fazer um tour pela ilha. Estavam gratificados com o que seus olhos viam. Do alto, compararam a sua beleza paisagística com a baía de Guanabara. À noite foram assistir ao festival de danças nativas. Outro aspecto para maravilhar-se. A guitarra havaiana é de uma sonoridade melódica de uma beleza que agrada e contagia. O que tem de suave e delicada os movimentos da dança feminina, tem de vigorosa a dos homens. O espetáculo combinou o encanto do folclore das ilhas com a grandiosidade da produção. A técnica de montagem, da iluminação, a sonoplastia moderna, era algo esplendoroso.

Enquanto Gerson apreciava tudo aquilo, Valentina se assanhava com um grupo de turistas e flertava abertamente com um deles. Acabada a apresentação, ele se sentiu à vontade para convidá-la para esticar a noite. Valentina ignorou a presença de Gerson e saiu com o cara. Para Gerson, que não estava suportando mais a Valentina nem o seu comportamento, foi a gota d'água. Sentiu-se um babaca. Ele para ela não passava de acompanhante chato. Enfeitou-se com um virtual nariz de palhaço e foi para o hotel.

Valentina só chegou ao amanhecer. Cheirava a bebida e estava toda molhada. Ela só tirou a roupa e se deitou. Para ela a noite de sono começava ali, justamente quando ele acordava. Gerson saiu, foi andar por Waikiki: praia, mar, sol, sombra, jardim, comércio, restaurante e turistas circulando. Aí, basicamente tinha de tudo temperado com fartura, conforto e beleza.

Gerson voltou ao hotel ao meio dia. Valentina estava se levantando.

– Onde você tinha se metido?

– Por aí.

– Isto não é resposta.

– Eu não quero saber onde você se meteu durante toda a noite nem a você interessa onde eu estive. Mas vai se interessar para onde eu vou. Não aguento mais você, vou-me embora.

– Eu não fiz nada de mais. Fomos a uma boate nos divertir. Quando saímos estava calor e entramos no mar. Não sou como você que não sabe aproveitar as ocasiões, não sabe se divertir, saborear a vida.

– É, por isso mesmo vou-me embora. Não gosto de depravação.

– Você não gosta de nada, é um chato de galocha. Como não se diverte não quer que os outros se divirtam?

– Não estou impedindo nada, só quero me livrar de você, de tudo isso. Me repugna, me enchi de você.

– Tudo bem, eu também me enchi. Passei toda a minha vida inventando o seu fetiche: paixão, sexo, prazer, amor, diversão, vida. Não podia imaginar que você é exatamente o inverso de tudo isto. Um morto vivo, resmungão, acusador... chato, chato, chato! ... –

Gritou. – Não vou permitir que você acabe de arruinar o meu passeio. Vai se lamentar nos infernos.

– Usou esse mesmo empenho para me afastar de minha família.

– Por acaso eu pus cabresto para puxar você? Não foi você que foi me pedir socorro? Eu apenas solucionei o seu problema.

– Problema que você me conduziu.

– Ora, vai lamber sabão. Deixe de se lamentar e culpar os outros pelas suas fraquezas. Você é uma criatura sem vontade própria que se deixa influenciar, conduzir? ...

– Foi exatamente o que fui. E me condeno por isso.

– E eu é que vou pagar o pato pela sua fragilidade, sua covardia? Você está tornando a minha vida um pesadelo. Essa viagem foi para me divertir e eu aqui me aborrecendo. Amanhã nós saímos para Los Angeles. De lá você vai para onde quiser desde que seja longe de mim.

Valentina entrou no banheiro e Gerson ficou pensando. Ele não tinha dinheiro, dependia dela e isso era o mais odioso. Seu orgulho não ia permitir semelhante humilhação de mendigar sua volta para o Brasil. Porém ele estava decidido. Não sabia como, mas ia voltar para o Brasil, para sua mulher, seus filhos, seu trabalho, sua vida.

Maurício levou seu pai ao hospital e, infelizmente, suas suspeitas foram comprovadas. Seu pai padecia de um tumor no colo. Benigno ou maligno, isso só se podia confirmar com a cirurgia. E lá ficou Tuca, internado para fazer todos os exames de laboratórios para operá-lo o mais breve possível.

Maurício estava muito apreensivo e quando contou à mãe que o pai tinha que ficar no hospital para operar-se o quanto antes, Dora desabou. Temeu pela saúde do marido. Mais que isso, temeu pela vida dele.

Dora sempre respeitou e foi grata a Tuca. Porém nunca pensou que pudesse amá-lo. Pelo menos como amou Willian. Agora ela descobriu que o amava, que o amava muito. Amava de maneira diferente, mas amava. Não era aquele amor excitante, cheio de paixão e desejo. Era um amor sereno, nascido da admiração, da gratidão. Não amava aquele homem belo, ardente, apaixonado.

Amava ao homem bom, companheiro, protetor, amigo. E agora que temia perdê-lo, se sentia imensamente só, desamparada, sem a sua presença constante, de todas as horas. Não, Dora amava Tuca. Amava com todo o seu coração, com toda a sua alma. E só descobria agora quando, fatalmente, ela sentia que ele poderia ir-se. Dora estava sofrendo enormemente. Daria a metade do que lhe restava de vida para passarem juntos a outra metade.

Dora foi para junto do marido e não saiu mais de lá. Dedicou-se exclusivamente a cuidá-lo, a confortá-lo, a demonstrar-lhe o seu amor por ele.

Mr. Mac Adam chegou ao hospital em Nova York e lá ficou internado sob os cuidados especializados dos médicos, enfermeiros e técnicos em saúde. Mrs. Adam parecia que tinha se petrificado. Não sabia o que fazer e como agir. Telefonou para Escócia e contou à filha o que estava acontecendo.

Gracie tomou as decisões. Comunicou a Ivan sua ida imediata para os Estados Unidos, mandou providenciar sua passagem e logo no dia seguinte partiu.

Ivan foi levá-la ao aeroporto. Ao voltar a casa recebeu a ligação do Maurício contando sobre o estado de saúde do pai. Ivan não conversou. Tomou a mesma atitude de Gracie. Embarcou o mais depressa que pôde para o Rio.

Só no avião Ivan pôde refletir sobre a tremenda coincidência trágica entre ele e Gracie. Ambos estavam sofrendo a mesma angústia temendo um fim fatal para seus pais.

Valentina e Gerson chegaram a Los Angeles.

– Tudo bem, Gerson. Eu vou para o hotel. Você pode tomar o rumo que quiser. Espero que você passe muito bem.

Gerson a olhava esperando que ela lhe desse o dinheiro das passagens para o Rio, ela sabia que ele não tinha nada de grana. Mas Valentina era vingativa, queria castigá-lo. Ela deu alguns passos e o deixou perplexo. Mais perplexo ficou quando um carro parou e ela o abordou. Passaram junto a ele, era o cara com quem ela tinha passado a noite em Honolulu. Gerson ficou enojado, Valentina não prestava. E ele, burro, caiu nas suas garras.

Mas logo ficou apreensivo, ele só tinha uns trocados no bolso. Daria apenas para não morrer de fome por alguns dias.

Gerson sentou-se num banco para pensar no que fazer. Resolveu tomar um ônibus para Miami, lá ele tinha conhecidos, talvez pudesse resolver seus problemas. E foi isso mesmo que fez. Não tinha dinheiro para pagar hotel. Comprou a passagem do ônibus e foi para Miami dormindo no coletivo, bem melhor acomodado que num banco de praça.

Gracie chegou à Nova York tarde da noite e foi para o hotel, para no outro dia ir cedo ao hospital.

Robert e Maria João também acusaram a coincidência das notícias da doença de Tuca e do agravamento do estado de saúde de Mr. Mac Adam. Ele tinha conhecimento desse segredo revelado muito sigilosamente. Sabia que isso poderia acontecer. Porém, sentiu um enorme peso sobre seus ombros, uma imensa responsabilidade. Por outro lado, sentia uma pena profunda de Ivan, ele era muito amigo do pai. Logicamente por Maurício também e por Dora. E, sobretudo por Tuca, sabidamente um homem bom, amigo de todo mundo.

Ivan fazia muita falta a Robert, ele era como um filho, um companheiro, um amigo. Porém, naquele momento, Robert estava muito encantado com seu bebê. O mesmo acontecia com Maria João. Depois de tanto tempo, era como se fosse o primeiro filho. Eles estavam desfrutando, assim como George e Eugênia netos, curtiam o irmãozinho.

Ivan chegou ao Rio. Maurício foi esperá-lo no aeroporto e o pôs a par do estado do pai. Tuca se alegrou ao vê-lo. E, naquele dia, não parecia tão mal. Perguntou a ele se tinha visto a sua netinha. E depois, orgulhoso segredou:

– Eu estou sendo muito bem tratado aqui. Também, o Dr. Maurício é um dos principais deste hospital.

Não era, realmente. Era muito estimado, isso sim. Porém Ivan compreendeu a exaltação vaidosa do pai.

A operação dele estava marcada para o dia seguinte. E, durante todo o dia Ivan não pôde descansar nem acompanhar o pai. Passou recebendo visitas das primais e das tias. Soube de todas as notícias da família. Da ousadia de Valentina e Gerson e de como Cristóvão e Cristina se juntaram e assumiram a criação dos filhos numa grande família. Dos dramas sofridos pelas primas Vânia e

Zulmira com os respectivos namorados. Soube da nomeação de Zulmira como correspondente na Europa e da aposentadoria de Rogério. Quer dizer, tudo o que rolou durante aquele ano de 1980. E, claro, Ivan também relatou as novidades da Escócia.

Ivan teria gostado de ficar mais tempo com o pai, embora soubesse que ele e a mãe ficavam de mãos dadas e não se largavam um minuto. Porém todas estas peripécias da família, até o tiraram um pouco das tensões.

Em Nova York, logo pela manhã Gracie se dirigiu ao hospital. O pai estava muito pálido na cama com os dois braços estirados: um recebendo soro e o outro uma transfusão de sangue. Gracie se impressionou. Mas o pai, apesar de sentir debilidade se fez de forte.

– Eu estou bem, minha filha. Não se preocupe, sua mãe é que é muito exagerada. Vou sair dessa para ir assistir a sua formatura e o seu casamento.

– Isso mesmo, pai. Não se entregue, eu vim para lhe dar ânimo. Você tem que me entregar ao meu noivo no casamento.

Na Escócia, a pedido de Ivan, Robert foi à universidade solicitar o adiamento da defesa de tese de Ivan. Robert recebeu com muito agrado os elogios feitos ao sobrinho. Porém, a festa de formatura de Gracie, se ela não chegasse a tempo, ia perder.

Naquela manhã, Ivan e Maurício saíram cedo de casa. A operação estava marcada para as oito. No hospital, Maurício pediu à mãe que fosse ficar com Valquíria para ajudá-la com o bebê. Mas tinha sido um pretexto para poupar Dora de mais desgaste. Ivan foi levá-la, voltou e ficou esperando na sala de espera.

Maurício apenas ia assistir a operação. Ele só queria acompanhar o pai. Antes de a anestesia fazer efeito, Tuca disse a ele:

– Meu filho, cuide da sua mãe. – E essas foram as suas últimas palavras.

Quando o cirurgião abriu o abdome, todos ali presente, inclusive Maurício, perceberam que o tumor apresentava uma invasão importante em toda a cavidade abdominal com comprometimento de outros órgãos. Foi então considerado inoperável. Iam proceder a fechar o corte quando o anestesista anunciou uma disfunção cardíaca. Imediatamente começaram os procedimentos emergenciais, porém sem resultado positivo. Ao fim, Tuca expirou.

Maurício se descontrolou, saiu da sala de cirurgia, foi buscar forças com o irmão. Logo que Ivan o viu, compreendeu o acontecido. Os dois irmãos se abraçaram fortemente expressando sua dor. Eram as lágrimas mais sentidas que rolaram naquele triste adeus.

CAPÍTULO 38

Mendes estremeceu com a notícia da morte de Tuca. E chorou acompanhando o seu sepultamento. Ele era uma figura popular, querida e permanente no arraial. Sempre sorridente, prestativo, pronto para ajudar a todos e a qualquer um. Era estimado por todos e a todos ia fazer muita falta.

Toda a família que estava no Brasil foi para Mendes prestar sua última homenagem àquele que não era da família, mas era considerado como tal. Só Robert não pôde comparecer porque estava à frente da empresa e Gerson e Valentina que estavam vagando pelo mundo. Os noivos de Vânia e de Zulmira estavam lá e Cristóvão e Cristina, que se tornaram vizinhos e amigos de Maurício e Valquíria, também foram. Os dois filhos amparavam a dor de Dora e Mendes em peso foi levar o seu pesar e as suas condolências ao amigo de todos: o Tuca. Ninguém sabia que o seu nome era Túlio Carlos Machado.

Apesar de Mr. Mac Adam ter solicitado aos médicos que não contasse a sua família sobre a sua doença, Gracie foi conversar com o chefe da equipe e, como era seu dever, ele revelou não só a doença e seus sintomas como o tratamento e os cuidados que o doente deveria ter. Mr. Mac Adam padecia de uma doença grave: a leucemia, por muitos considerada o câncer do sangue.

No hospital o paciente estava recebendo toda a terapia pertinente. Os médicos consideravam sua permanência e tratamento no hospital, fundamentais para a sua melhoria. Porém Mr. Mac Adam só falava de sua volta à Escócia, a sua ida para sua casa. Por isso, Gracie ia enrolando e tapeando o pai. Parece que os escoceses são cabeça dura, teimosos como uma mula. Mas a Gracie também era escocesa.

Ivan e Maurício decidiram que Dora ia morar no Rio com o filho. Nesse caso, Ana Carolina e Maria Clara, resolveram fechar a casa e deixarem o caseiro tomar conta de tudo.

Ivan não podia ficar mais tempo. Tinha que retomar seu trabalho e defender sua tese de doutorado. Precisava ainda falar com Gracie. Ele tinha notícias dela através de Robert. Ele contou que o pai dela tinha leucemia e Maurício lhe explicou que era uma doença grave e, no caso dele, incurável.

Quando Gerson chegou a Miami, foi nos lugares que ele frequentava. No entanto, tinha passado vários anos e os frequentadores eram outros. Ele andou por tudo aquilo e não encontrou uma alma conhecida. O dinheiro escasseava, ele estava se alimentando com um pão por dia. Estava passando fome. Dormia nos bancos das praças e, o mais desesperador, não tinha onde tomar banho.

Até que chegou a uma oficina mecânica com lava carro e encontrou um brasileiro trabalhando de mecânico. Eles conversaram, o rapaz o deixou tomar banho por lá e foram comer juntos. Por incrível que pareça, o moço era engenheiro mecânico. Levou Gerson para dormir no seu quarto de pensão e prometeu falar com o patrão para empregá-lo lá mesmo. Nessa noite Gerson dormiu bem: limpo, alimentado e numa cama.

No dia seguinte foi para o trabalho com o amigo e lá o empregaram como lavador de carro. Pelo menos ele ia ganhar para comer, dormir e se assear. No entanto, considerava que, com aquele salário, teria que ficar por ali bastante tempo enquanto juntava tostão por tostão para a sua volta.

Ele nunca mais soube da Valentina, claro. No entanto, a única coisa que lhe fazia falta dela era o conforto que ela proporcionava. E naqueles momentos ela estava esbanjando dinheiro em Las Vegas. Não era muito afim de jogos, mas estava se divertindo muito com o novo amor.

No hospital de Nova York, Mr. Mac Adam bateu pé que queria voltar para sua terra. Brigou, ameaçou e conseguiu sair do hospital sob sua própria responsabilidade e tomar o avião rumo a sua querida pátria. A esposa e a filha que estavam apreensivas, cheias de cuidados, temendo que o seu estado de saúde piorasse. Ele passou muito bem durante toda a viagem. Chegou a Edimburgo cheio de animação e, quando pôs os pés em casa, descansou. A verdade é que ele tinha medo de bater as botas fora do seu lugar.

No dia seguinte chegou Ivan. Ele logo foi procurar a Gracie e quando se viram se abraçaram comovidos.

– Pelo menos você veio com o seu pai vivo. Eu deixei o meu no cemitério.

– No entanto Ivan, o meu não vai durar muito. Vai ter que ficar sob estrito controle médico e o problema é que ele não aceita que está doente.

– Eu sei Gracie. Meu irmão médico me pôs a par da gravidade da leucemia.

Era muito reconfortante para ela ter o apoio e o suporte do noivo.

Robert queria saber todas as notícias da família. Lamentou profundamente a atitude de Valentina de Gerson e louvou a solução de Cristóvão e de Cristina. Sobretudo porque as primas tinham contado do amor que nasceu entre eles e da dedicação de ambos com os filhos. E essa união se solidificará ainda mais depois do nascimento do filho deles dois.

– É muita coragem deles. – Robert parou um pouco enquanto pensava. – Mas, se eu não tivesse começado tão tarde, gostaria de ter uma família assim, com muitos filhos.

– Você me deu uma boa ideia. Eu não vou começar tão jovem, mas poderia fazer um clã como o meu avô sempre quis.

– É só a Gracie querer também. Ela tem com que responder economicamente.

– É, tudo vai depender dela. Se ela quiser... – E Ivan ficou pensativo.

Gerson, depois de ter se estabilizado no emprego, compartilhou o quarto com o colega brasileiro. Ele também estava querendo voltar para o Brasil. Não tinha papéis e a vida do ilegal era duvidosa e de cuidado. E assim também estaria Gerson logo que seu visto de turista vencesse.

Gerson aproveitava seus dias de folga e ia até a universidade na qual estudou, onde morava e nos lugares que frequentava com Cristina. Tudo estava tão igual, só as pessoas eram diferentes. Ele se via ali com seus colegas e com a sua então namoradinha. Como eram felizes, cheios de sonhos, de planos para o futuro. E realizaram os sonhos que sonharam ali, onde ele estava pisando agora. Tudo conseguiram e foram felizes, formaram uma linda família, estavam progredindo... e ele jogou tudo fora.

Será que o sonho se esfumaçou? A sua empresa acabou? Sua casa, sua família, seus filhos, o seu verdadeiro amor, a Cristina, o que seria deles? E a saudade que ele sentia, a dúvida tornava temor, desespero de ter perdido tudo, de não encontrar mais o que deixou. Gerson sofria. Condenava-se por sua fraqueza e covardia. Só podia estar alucinado quando partiu com Valentina. Ele nunca a amou e agora se repugnava só em pensar nela, a causadora de todo o seu infortúnio.

E Valentina bem passeando. Estava percorrendo todos os Estados Unidos. Tinha deixado o cafajeste com quem andava, segundo ela o catalogava. Ele só queria explorá-la. Não queria saber de acompanhante fixo. Estava fazendo como os marinheiros que tinham um amor em cada porto. Ela buscava companhia masculina aonde ia. Agora sim, estava se divertindo como gostava: livre... livre. Sem ninguém para censurá-la para encher o saco.

No Brasil, numa cerimônia civil muito discreta e simples, se casaram Vânia e Jônatas e Zulmira e Osvaldo. Não foram passar a lua-de-mel na Escócia porque entenderam que o ambiente não estava propício. E afinal, Zulmira e Osvaldo, só estavam esperando passar as festas para embarcarem e cumprirem com o trabalho na Europa. E a viagem ia ser a lua-de-mel deles.

Vânia e Jônatas foram passar uma semana no hotel de Itaparica na Bahia. Depois foram para o apartamento deles na Barra para iniciar, com chave de ouro, sua vida de casado.

Ana Carolina e Maria Clara convidaram a toda a família, inclusive o Cristóvão e a Cristina com os netos delas para passarem as festas do fim de ano no sítio de Mendes. Todos compareceram e todos se esforçaram para fazer um ambiente festivo como sempre tinha sido. Porém, todos fracassaram. Mais que alegria, a saudade bateu no coração de todos.

Definitivamente, aquela casa só trazia recordações. E essas lembranças eram carregadas de saudades. Muitas saudades dos seres queridos que se foram. Da infância, da juventude passada ali, saudade de tudo o que foi e que não poderia mais ser, que acabou para sempre.

Era triste reconhecer, mas aquele era o fim do sítio em Mendes. Ele era só uma casa, um jardim, um pomar… uma ausência… luto.

Eles amavam o passado.

Cristóvão e Cristina, no entanto, queriam fazer o seu Natal em família. Por isso só tinham ido à Mendes depois da noite de Natal. Tinham que esperar o Papai Noel chegar na casa da família, queriam preservar a tradição no seu lar.

E a criançada abriu os presentes da árvore e gozaram com isso. E como gozaram! Que felicidade vê-los assim tão contentes. O casal Cris & Cris desfrutaram vendo a resposta dos esforços deles. Eles já formavam uma família, uma grande família, uma família feliz. À noite chegou Papai Noel, descarregou seu saco de brinquedos para dar mais alegria pela manhã seguinte. Só então eles viajaram para Mendes. A filharada estava atarefada demais com os brinquedos para que o ar nostálgico do sítio chegasse a penetrar neles.

Os Mac Millan estavam enfrentando o frio inverno da Escócia. Passaram o Natal e o Ano Novo em família. Ivan foi para a casa de Gracie. Robert era feliz com sua mulher e seus filhos. Mas sentia falta da família toda reunida no clima ameno de Mendes e no ambiente cálido da família. E, pela primeira vez, lhe pesou o compromisso que o impediria de voltar ao Brasil, não para montar o seu negócio, mas para desfrutar de sua pátria, de sua gente, de seus entes queridos. Aceitar aquele cargo, aquela responsabilidade, significava renunciar tudo aquilo, o seu maior desejo, satisfação e prazer. Tudo o que representava a sua própria vida, ou parte dela, seu passado, suas raízes. Seria como se tudo deixasse de existir, como se ele morresse para eles. A nostalgia tomou conta de Robert. Ele nunca tinha sentido tanto ter passado as festas de fim de ano fora da casa de Mendes. De repente ele se sentiu muito só. Lembrou-se do seu pai, da sua mãe de toda a família reunida, do seu irmão Willian. Como se todos eles virassem sonho, saudade… ele estava enterrando todos.

Naquele momento chegou a Maria João, o abraçou, o acariciou e, ainda com aquele sotaque dela, falou com tanta ternura que o confortou.

– As crianças dormiram. Eu estou aqui com você...

Robert a enlaçou, a abraçou longamente. Então pensou: (Esta é a minha outra metade, o meu amor maior, minha família é a minha realidade hoje, o meu futuro e eu amo esta mulher. Amo esta outra versão da minha vida. Amo os meus filho, o meu trabalho... eu sou feliz. Imensamente feliz). Robert acariciou e beijou a sua esposa.

– Tenho um champanhe na geladeira.

Eles brindaram e se amaram.

O pai de Gracie dormiu cedo. Embora ele insistisse animação, a debilidade o venceu, se sentia cansado. A esposa o acompanhou. Ivan e Gracie ficaram a sós. Não havia lua. Lá fora a neve caía cobrindo tudo de branco e de frio. Mas dentro da sala, o fogo da lareira aquecia o ambiente e as luzinhas do pinheirinho de Natal os namoravam com seus mil olhos piscando. Eles se namoravam também. Esqueceram por momentos a aflitiva realidade que açoitava as suas vidas e viveram aquela pausa de felicidade que se abriu no aconchego cálido propício para o amor.

E eles se amaram.

A neve também cobria as ruas de Nova York. Porém Valentina estava desfrutando de uma festa prá lá de animada onde o champanhe e a confraternização rolavam sem limite. Ela ria sem parar. Todos riam. Riam de quê? Da vida, da diversão, deles mesmos, do vazio de cada um. Eles só tinham aquele presente... Depois, o que ficaria? Mais diversão. Assim é a vida. E esse é um pensar bem brasileiro. Valentina vivia o agora. O depois era depois. Quando ele chegasse, ela pensaria no agora do depois. E o depois continuaria. O que importa o amanhã se hoje ela era feliz? "Eu chorarei amanhã, hoje eu não posso chorar", canta o samba.

Valentina se amava.

É, a vida é assim. Mas não para Gerson. Sozinho no meio da animação de todos, ele não vivia aquele presente. Estava longe vivendo uma saudade. Vivendo o que tinha perdido. Parecia que Gerson tinha comprado a nostalgia para ser sua companhia. Tornou-se um chato, como Valentina o rotulava.

Ali, ele não tinha a quem amar.

E o ano velho entregou àquele 1981 o livro e a pluma para que eles relatassem a continuidade daquelas histórias.

CAPÍTULO 39

Nesse ano de 1981, muitas águas irão rolar no riacho da vida dos nossos protagonistas. E uma enxurrada vai inundar os meandros de águas turvas nesse grande rio chamado Brasil.

Finalmente caiu "um longo e tenebroso inverno" ou o período de opressão armada. O país podia, novamente, respirar. "E o sol da liberdade em raios fúlgidos, brilhou no céu da pátria neste instante".

Vamos mergulhar nas águas do nosso riacho e pescar as vidas dos que rolam nele:

Logo nos primeiros dias do ano, Zulmira e Osvaldo embarcaram para Europa. Eles foram felizes em lua-de-mel e ansiosos com a responsabilidade do seu trabalho. Logo se acomodaram e estavam adorando o trabalho e as viagens de um país para o outro em busca de notícias. Eram tão perto e, no entanto, todos tão diferentes: línguas, costumes, idiossincrasia e até o tipo físico. Uma verdadeira fonte de conhecimento. Não é como nós que andamos quilômetros e mais quilômetros e tudo tem mais ou menos a mesma identidade, tudo é Brasil.

Havia uma coisa que Vânia e ela tinham se proposto muito antes do casamento: ter filhos logo que se casassem antes que a idade não permitisse mais. Porém, com tanta tribulação no serviço, ela estava achando que estava difícil de cumprir.

E falando em Vânia, era de quem Zulmira sentia mais falta. Foram criadas juntas e poucas vezes tinham se separado. Só quando Vânia foi morar na Colômbia e quando tiveram suas relações cortadas, naquele curto hiato de tempo no qual o tal garanhão desmoralizado armou aquela fofoca entre elas.

O mesmo sentimento de pesar abatia a prima. Vânia olhava a escrivaninha que era de Zulmira e a saudade apertava. Contudo, ela estava feliz no seu casamento. Ela sim, ia poder realizar o sonho de ter filho rapidinho. O patrão não falava mais que nisso. Jônatas sempre desejou um filho. Se o patrão também queria, qual era o problema? Eles dois também estavam muito satisfeitos no trabalho. Varreram com a censura. "É proibido proibir", diziam. Sobretudo Jônatas que sofreu em carne própria o peso dela, estava aliviado em poder expressar seu pensamento com veracidade. Cortar a liberdade de expressão a um jornalista é como arrancar a pluma da verdade de sua mão, tapar os olhos dos leitores.

Também, nesse princípio de ano, Ivan defendeu sua tese. Gracie perdeu a festa de formatura, mas ele não perdeu a oportunidade de tornar-se especialista, doutor em engenharia como o seu tio Robert e o seu avô George Mac Millan. Isso para ele era um orgulho, aqueles eram os dois homens que ele mais admirava. E orgulhoso estava Robert com os louvores e os elogios recebidos pelo excelente trabalho apresentado pelo seu sobrinho. No seu íntimo, ele pensou no seu irmão Willian. Como ele também ficaria orgulhoso de ver o filho brilhar…

Gracie também estava orgulhosa. Mr. Mac Adam o felicitou contente no jantar que Robert ofereceu em sua casa em homenagem a Ivan. O senhor, franco, sem cerimônia e direto, foi logo combinando o casamento de Ivan e Gracie.

– Já é tempo de se casarem. Quero, antes de morrer, conhecer meus netos.

Se fosse em outras circunstâncias, seria ridícula e abusiva aquela forma de decisão sem preâmbulo e aviso prévio. Porém todos entenderam, aprovaram e se alegraram. Mrs. Mac Adam pediu dois meses para os preparativos.

– Que dois meses? Dentro de um mês estaremos festejando o casamento.

Quem mais gostou da ordem foram Ivan e Gracie. E mal falaram em casamento Ivan veio com tal conversa:

– Gracie, você gosta de família grande? Quer dizer, gostaria de ter muitos filhos?

– Sempre desejei isso. Talvez por ser filha única, sei o que é a solidão da criança que não tem com quem brincar, brigar, compartilhar… E você, gosta?

– O tio Robert gostaria de ter tido mais filhos e eu gostei da ideia.

Gracie riu e se enlaçou a ele.

– Então vamos encher aquela casa de molequinhos: risos, gritos, choros, alegria, vida. Você já pensou a casa solene e silenciosa cheia de barulho?

Eles riram, se abraçaram, se beijaram, saborearam mais que o presente, o futuro colorido que os esperava.

Depois ele e Robert começaram a fazer planos para o casamento. A Zulmira e o Osvaldo estavam garantidos, estavam a dois passos. Mas o resto da família tinha que se organizar com tempo. (Gostaria que minha mãe ficasse ao meu lado no altar. E ver a cara sorridente do meu irmão... das primas, tios... meu pai não estará). Pensou Ivan. E mãos à obra, começaram as ligações telefônicas convidando, combinando, planejando.

Ivan e Gracie tinham combinado passar a lua-de-mel no Rio. Assim, quem não pudesse ir à boda, poderia felicitá-los pessoalmente. Também prometeu a Gracie levá-la a Mendes, onde ele nasceu e no sítio do clã Mac Millan do seu avô.

– Tio. – Segredou Ivan depois de feita toda a logística do casamento. – A Gracie quer ter muitos filhos.

– Então se prepara, malando: amendoim, ostra, ovo de codorna...

E eles começaram a rir.

Dora, apesar da tristeza que a abateu com a morte inesperada de Tuca, estava contente na casa de Maurício cuidando da netinha Frésia. Sua ida para a casa do filho foi providencial para ambos. Dora não estava tão sozinha e, como Valquíria ainda estava estudando, deixava a filha tranquila com a avó. Portanto, eles estavam adorando a presença de Dora.

Dora se dava muito bem com a nora, como ela tinha todo o jeito da avó Eugênia... Aquela era uma família feliz.

Valentina continuava malucando pelo mundo. Tinha percorrido os Estados Unidos e o Canadá. Agora ia até Miami para fazer um cruzeiro pelo Caribe. Estava com tudo, vivendo a vida que escolheu.

E Gerson vivendo a vida que Valentina empurrou para ele. Comendo o pão que o diabo amassou, juntando tostão por tostão para voltar para o Brasil.

Cristina cuidando de sua barriguinha e Cristóvão cuidando dela. Ele e a criançada que esperavam o irmãozinho com alegria. Aquela também era uma família feliz.

Ana Carolina e Elias e Maria Clara e Rogério se sentiam muito sozinhos. As filhas se casaram, foram embora e a casa ficou solitária. Sobretudo para Rogério, que sempre foi tão ativo. Aquela aposentadoria o estava matando. Não encontrava o que fazer em casa.

Os dois casais se reuniam bastante, as duas irmãs eram muito unidas. Conversavam sobre o tédio a falta do que fazer e Elias deu uma sugestão: ir pescar no Pantanal, estava chegando a temporada e até a Ana Carolina tinha gostado.

Mal combinaram, atenderam a ligação de Ivan fazendo convite para o seu casamento. Eles não iam perder aquele passeio e a pescaria ficou adiada.

Esse convite alvoroçou a toda a família, todo mundo queria ir. Dora tinha que ir, é claro, porém não estava fácil para Maurício e Valquíria deixarem o trabalho e o estudo respectivamente. O irmão lamentou tanto que foi mover os seus pauzinhos para ver se dava aquele famoso jeitinho brasileiro. Afinal, Ivan era o seu único irmão.

A mesma coisa ia acontecer com Vânia e Jônatas. Mas o patrão deu o jeitinho para que ela pudesse ir. Porém ele teria que permanecer no batente.

Na Escócia, os preparativos para a boda estavam a todo o vapor. Gracie mandou confeccionar um lindo vestido de noiva e Ivan um kilt do clã Mac Millan.

– Tio, você já pensou se o pessoal de Mendes nos visse de sainha com outros marmanjos? – E eles começaram a rir.

– E com esses quepes com penduricalho...

– Pior seriam aquelas boinas de pompom... Que gracinha!– Mais riso.

– Só falta o *bearskin hat*. (Grande chapéu preto felpudo que usam, sobretudo, os gaiteiros).

– Isso seria demais. – As gargalhadas foram interrompidas:

– Ivan, a Gracie no telefone. – Maria João chamou lá de dentro.

Ivan foi atender e voltou assustado:

– Mr. Mac Adam teve uma recaída. Vou para lá. – Falou Ivan para o tio.

– Eu o acompanho.

Tio e sobrinho saíram às pressas para a casa de Gracie. Ela estava insistindo para que o pai fosse para o hospital e ele resistia. Estava prostrado, mas firme na sua decisão. Era estranho, ele sofria uma anemia intensa e estava com as gengivas sangrando.

Ivan e Robert se prontificaram em chamar a ambulância, mas:

– Ambulância coisa nenhuma, não vou sair daqui. Estou bem.

– Chamei o médico, ele teve uma tonteira, quase caiu...

– Não sei para que, já disse que estou bem. Não vou recebê-lo.

– Mas pai...

– Não adianta. Esta casa é minha, eu mando aqui e aqui se faz o que eu quero.

Ivan e Robert assistiam a irracional veemência e teimosia do doente. Ele era um homem voluntarioso e autoritário. Talvez por isso a atitude da esposa fosse de coadjuvante ou de figurante sem fala. E o médico chegou e ele não o recebeu. Levava aquela obstinação a tal ponto que preferia arriscar passar mal que ceder a sua vontade. Por sorte, melhorou.

– Ainda bem que vocês estão aqui. Quero providenciar esse casamento de uma vez. Outra turica dessas e eu bato as botas. Não quero morrer sem ver a minha filha casada. Assim, nomeio vocês dois para agilizarem essas bodas o mais depressa possível.

Os quatro ali presentes se olharam confusos. Ainda faltavam quinze dias do prazo estreito que ele tinha estipulado. Quando seria o mais breve possível?

– Pai, mas não vai dar tempo para os preparativos...

– Quem não tem tempo sou eu. Façam o que eu estou mandando.

E a confusão e a correria reinaram desde então. Cada um saiu para o seu canto para solucionar todos os problemas pertinentes. Gracie e Ivan telefonaram à casa de banquetes, igreja, padres, músicos, gaiteiros e, enquanto Gracie foi à costureira apresar o vestido de noiva, Ivan foi para a empresa mandar a secretária ligar para cada um dos convidados, avisando da antecipação do casamento. Robert foi ligar para todo o pessoal do Brasil.

Logicamente que lá foi como um banho de água fria. Com essa pressa ninguém ia poder viajar. Robert tinha marcado para o sábado próximo e era quarta-feira. Maurício ainda foi ver se conseguia passagem ao menos para Dora poder ir. Porém o seu passaporte não estava pronto. Nem mesmo a Zulmira poderia ir. Não a encontraram no escritório, ela tinha viajado para a Turquia. Assim, ninguém da família do noivo ia comparecer ao casamento.

Um matrimônio assim às presas até assusta, se teme que as coisas não fiquem prontas, que não vão dar certo. Mas parece que tudo correu bem.

Maria João ficou no altar com Ivan. Robert entrou com Mrs. Mac Adam e Gracie entrou servindo de bengala para o pai. Porque o velho teimoso e vaidoso não admitiu nenhum artifício para sustentá-lo. Mas ele conseguiu chegar até o altar e se sentou durante a cerimônia. E sentado ficou durante toda a recepção.

A lua-de-mel no Brasil também gorou. Gracie teve medo de deixar o pai nas condições de saúde em que se encontrava. E o velho turrão aí não protestou. Ele também tinha medo da ausência da filha. Sentia que seus dias estavam contados.

Esse foi outro motivo de lamentações de parte da família no Brasil, ainda que eles estivessem a par e compreendiam as razões da desistência.

Os nubentes também sentiam não poder viajar. Apesar de que eles não precisavam de um lugar especial para se amar. A lua-de-mel está no espírito. O lugar, claro que ajuda, é o cenário dos acontecimentos, uma recordação que se guarda para o resta da vida. Porém, nem por isso eles iam se sentir frustrados. Quando há amor de verdade, ele se manifesta em qualquer lugar, basta estarem juntos. Com lua ou sem lua, Ivan e Gracie foram felizes, estavam cobertos de mel.

CAPÍTULO 40

O velho Mac Adam tinha razão. Era mesmo necessário apressar a boda. A partir do casamento ele foi se desgastando. A debilidade o prostrou na cama, a falta de apetite o levou a perda de peso. Apesar das permanentes transfusões de sangue, a sua deterioração era visível.

Um homem forte, independente, aguerrido, não tinha forças para levantar a colher à boca para se alimentar. A esposa permanecia ao lado dele, mas era Gracie quem tomava todas as providências. Ele ainda durou assim seis meses. Foi se acabando aos poucos. Ao cabo desse tempo a debilidade o parou. É incrível como em poucos meses uma pessoa acaba.

Gracie ficou inconsolável. Mrs. Mac Adam acompanhou todo o drama como sempre se mostrava: impávida, insensível. Será que sentia e chorava por dentro? Ninguém viu rolar uma só lágrima dela.

Quando chegou do enterro se trancou no quarto. Até a filha estava achando estranha a reação nela. Só saiu do quarto no dia seguinte toda arrumada e com as malas feitas. Tomou o café da manhã e logo falou com Ivan e com Gracie:

– Eu já cumpri com o meu dever. Agora vou viver a minha vida como eu sempre desejei.

– Mas o que é isso, mãe, aonde você vai?

– Vou voltar para o meu povoado.

– Mas... mas o que você vai fazer lá?

– Viver.

– Não pode viver aqui com a gente?

– Como o seu pai, eu também não posso perder tempo. – E foi saindo.

– Não mãe, espere. Você não vai assim sem dizer o que está acontecendo.

– Minha filha, você está feliz com o seu marido. Deixe-me ir buscar a minha felicidade.

– Não estou entendendo você. Explique-se melhor. Preciso entender a sua atitude. Afinal esta é a sua casa, eu sou a sua única filha, não há problemas entre nós.

– Não minha filha, não há problema e eu a amo muito. Vivi trinta anos com o seu pai, não foram fáceis, mas eu aguentei por você. Ele se foi e você se casou. Chegou a minha vez.

– De que, mãe?

– De ser feliz também.

– Como, onde, porque, com quem? Você tem que se abrir comigo, eu mereço suas satisfações. Está tudo muito estranho.

– Você praticamente está me pedindo que eu lhe conte a minha história.

– Estou sim, quero saber de tudo. Deve ser algo muito sério para você tomar uma decisão tão drástica.

– E é, minha filha. E eu esperei todos estes anos sem saber se podia realizar esse meu desejo ou não. Chegou a hora.

Ivan, que estava ali de ouvinte, foi puxado por Gracie para sentar-se no sofá e ouvir o que a mãe ia contar. A senhora vacilou um pouco, mas enfim, começou sua narrativa.

– Eu tinha um pretendente e nos amávamos com toda a alma, quando seu pai apareceu no meu povoado e se tornou amigo do meu pai. Ele me viu e se engraçou por mim. Meu pai também ficou encantado, ele era um homem rico, um bom partido. Não lhes importou os meus sentimentos, quando voltou para Edimburgo me levou como esposa. Meu noivo e eu quase morremos de paixão. Fui obrigada a me casar com um homem que mal conhecia. Os anos se passaram e eu nunca consegui amar o seu pai. Ele me ordenou, me obrigou e me mandou calar a boca. Fechei-me em mim mesma vivendo uma vida solitária de sonhos, para poder suportar o gênio forte e autoritário daquele marido quase sempre ausente. Só no fim ele se apegou a mim, me necessitava. Se não fosse por você, filha...

– E o seu noivo?

– Depois de um tempo ele se casou, teve filhos e a esposa morreu no parto da última filha. Isso faz uns vinte anos. Deste então ele está viúvo. A última vez que o vi foi no enterro de minha mãe. Ele estava lá. Então vimos que o nosso amor persistia. Mas eu tinha você e o seu pai. Agora nós podemos realizar o nosso amor que ficou tanto tempo sepultado à espera do que poderia acontecer. Aconteceu. Enfim vou ficar com o homem que amo. Vou me dar esse direito.

– Está bem, mãe. Eu não quero tirar esse direito, nem impedir que você realize o seu sonho de tantos anos. Eu quero mais é que você seja feliz. Mas porque em vez de você ir, ele não vem morar aqui? Esta casa é sua…

– O dinheiro nunca me fez feliz. Vou voltar para a vida simples e plácida na minha terra, é outro desejo meu. Mas viremos vê-los com frequencia e esperamos a visita de vocês também.

Elas ainda falaram algumas coisas enquanto Ivan pensava que a sua mãe também teve um amor da alma: o seu verdadeiro pai, Willian Mac Millan. Porém, no final demonstrou muito afeto ao marido, o seu pai de criação, o Tuca.

A senhora se despediu. Estava bem e parecia que realmente não sentia falta do marido. Claro, ela não o amava, apenas o tolerou a vida inteira. Na verdade se livrou do jugo impositivo dele. Gracie estava perplexa.

– Ivan, eu jamais poderia imaginar uma história dessas com a minha mãe. Nunca suspeitei de nada. Casal indiferente, sem carinho, ela e o meu pai eram mesmo. Mas eu achava que era o jeito deles.

– Eu fico pensando o quanto ela teria sofrido tendo um amor e ser obrigada a se casar com outro. Passar tantos anos nessa agonia. Que vida sofrida levou. É justo que ela agora seja feliz.

– Eu desejo, do fundo do meu coração que assim seja. Mas vai me fazer muita falta. Fiquei sem pai e sem mãe.

– Eu também sinto muita falta da minha família, mas agora eu tenho você.

– Eu também tenho você.

– Então, meu amor…

– Ivan, me abraça, diz que me ama, que nunca vai me deixar, eu só tenho você neste mundo. – Gracie se enroscava em Ivan como em busca de segurança.

– Gracie, Gracie, eu amo você, jamais a deixarei. Quero ficar com você para o resto da minha vida. Além disso, nós não vamos encher esta casa de molequinhos como combinamos?

Gracie, mais confortada, sorriu:

– Depois da nossa lua-de-mel no Brasil.

– Fechado.

Quando Ivan comentou com Robert o caso da mãe de Gracie, eles ficaram pensativos.

– Eu bem que notava que aquela senhora era esquisita. Era insegura, vacilante, não se manifestava, quase não falava. Tinha comentado isso com Maria João, mas ela não concordou a achava normal. Talvez ela fosse assim perto do marido.

– Efetivamente, ela raramente se pronunciava. No entanto, foi sempre muito cordial conosco. Sem dúvida, o problema dela era a imponência do marido.

– Guardava uma grande mágoa, uma imensa tristeza... talvez temor. Mr. Mac Adam era, de fato, um homem duro, sobretudo com ela. Ela sofria calada. Enfim, se libertou.

– E foi ser feliz ao lado do seu verdadeiro amor... The end... Final feliz.

– Que ambos encontrem a felicidade que lhes roubaram.

– Amém.

– Eu falo sério.

– Ora, tio, e eu também, sinceramente.

– Com esse jeito debochado... e ambos riram.

– Patrão, a Gracie quer fazer a viagem ao Brasil. Seria a nossa lua-de-mel postergada.

– Você agora é o patrão.

– Nunca. A Gracie é a dona e você o manda chuva geral. Eu continuo empregado.

– Neste momento você está sendo promovido a subgerente.

Ivan riu enquanto Robert sacudia a cabeça sorrindo.

– Não brinca.

– Não estou brincando. Quem seria mais indicado que um doutor tão brilhante?

Ivan o abraçou.

– Tio, você é demais.

– Você é que é. Foi através de você que cheguei nesse posto... e que perdemos a chance de voltar a nossa terra.

– Desculpe tio, eu também sinto isto. Mas não me sinto culpado. Foi o destino que se impôs ante nós.

– É bom ter um ente a quem jogar as nossas culpas. – Robert estava de zombaria.

– Que culpa? Não há culpados. Somos afortunados. Eu estou feliz aqui com a mulher que eu amo.

– E eu com a minha. E, afinal, nada me impede de deixar você a frente da empresa que você também é dono e voltar para o Brasil. Porém não o deixaria só com tamanha responsabilidade. Quem sabe o estou preparando para isto? Ninguém sabe o que nos reserva o futuro.

– Nem fale uma coisa dessas. Você é o meu guia, meu mestre... meu pai.

Robert o abraçou comovido.

– Um pai não abandonaria o filho. É verdade, não me sinto capaz disso.

Ambos estavam emocionados. Disfarçaram e foram trabalhar.

No Brasil, todos os acontecimentos da Escócia ainda era motivo para comentários. Dora e Maurício tinham lamentado profundamente não ter estado presente no casamento do filho e do irmão respectivamente. Porém, como os demais, estavam esperando os recém-casados finalmente virem passar a tão adiada lua-de-mel para felicitá-los.

Zulmira e Osvaldo apareceram em Edimburgo logo que puderam para felicitar a Ivan e a Gracie e visitar o querido tio Robert. Ficaram admirados com a riqueza de Ivan e a simplicidade de Gracie. Por sua vez Gracie adorou o jeito descomplicado da prima. Ela e Ivan eram muito amigos e Osvaldo entrou com facilidade na corriola. Eles estiveram hospedados na casa de Robert e o tio pode ficar por dentro de todos os acontecimentos da família. A única coisa que não agradou foi saber do que aconteceu no fim do ano no sítio em Mendes. Intuiu que ele ia ficar esquecido, por amor.

Foram apenas dois dias, eles tinham que trabalhar, mas muito agradáveis. Prometeram voltar sempre que tivessem uma folguinha.

Elias, Ana Carolina, Maria Clara e Rogério, conseguiram ir pescar no Pantanal. Ana Carolina sabia que o programa era bom. Porém, o outro casal compreendeu porque Elias se ausentava tanto de casa. Iam ficar fregueses do passeio. E, nos intervalos, aprenderam a cartear para entender também o vício de Ana Carolina. Viciaram-se também e o dois casais passavam as tardes jogando, se divertindo e chutando o tédio de suas vidas. O escritor francês Alphonse Allais escreveu: “Falamos de matar o tempo como se, infelizmente, não fosse o tempo que nos matasse”.

– Ivan, antes de viajar, eu gostaria de ver a minha mãe. Matar um pouco as saudades, ver como ela está.

– Claro, eu a acompanho.

A senhora morava numa casinha pobre no estilo do campo na Escócia. Era tão simples como acolhedora. Ela e o seu amor estavam bem felizes, logo se notava. Ele era o tipo do homem bom, sereno e amoroso. Diferente do outro marido. E como a mãe estava mudada, alegre risonha, falante, amorosa, parecia até rejuvenescida. Gracie nunca tinha visto a mãe assim. Nem ela nem o Ivan. Ela parecia outra pessoa.

Eles ficaram contentes com a visita e Gracie saiu de lá descansada. Descansada e satisfeita. Não se preocuparia mais com a mãe. Agora é que ela estava vivendo uma vida plena. O casal da terceira idade parecia dois pombinhos adolescentes. Esbanjavam felicidade.

CAPÍTULO 41

Finalmente chegou o dia da viagem de lua-de-mel de Ivan e Gracie. Bastante atrasada, mas com o astral na lua e o sabor do mel.

A família toda estava esperando por eles e, embora todo mundo oferecesse as casas para eles se hospedarem porque eram mais amplas, eles ficaram na casa de Maurício. Ivan queria ficar perto da mãe e do irmão.

Porém todos eles os cobriram de atenções. Toda a família ficou encantada pela Gracie, embora nem todos a entendiam, Dora por exemplo. Nem ela falava inglês nem Gracie o português. No entanto, houve uma simpatia mútua entre elas que as uniu no carinho. Valquíria com aquele jeitinho meigo, logo se entendeu com Gracie, que também era igual. E Maurício não sabia que mais fazer para agradar seu irmão e sempre ídolo.

E Gracie adorou aquela família tão grande, tão unida e tão alegre. Ela se encantou com Frésia, outra que não a entendia, mas que gostou da tia. Gracie tinha jeito com criança. Ficou admirada também quando foram à casa de Cristóvão e Cristina, ali perto, para cumprir o convite para jantar. Tanto Ivan como Gracie se surpreenderam com a ordem e a boa educação daquela filharada heterogenia, mas irmanada pelo afeto que havia entre eles. Solidificaram o propósito deles de ter uma família assim.

Vânia também estava feliz de ver o primo e amigo. Ela e Jônatas também lhe deram muitas atenções e o mesmo fizeram as tias. Elas os convidaram para passar um fim de semana em Mendes com toda a família. Todos desejavam reviver dias felizes passados juntos no sítio. Porém, Ivan notou que os ânimos deles não eram os mesmos, faltava algo e a ele também.

Ivan mostrou o sítio todo de sua infância e juventude. E mostrou Mendes. Porém Mendes também não era a mesma. Tinha perdido sua poesia de cidade veraneia campestre. Tinham calçado o jardinzinho, pelado os tamarineiros, substituído as plantas e flores por mesas e cadeiras de bar, trocado o encanto bucólico pela frieza do cimento. Ivan sentiu certa decepção e Gracie não disse nada, mas não achou nenhuma graça naquele povoado, muito pelo contrário.

O que, verdadeiramente a fascinou foi o potencial paisagístico do Rio de Janeiro. Ela ficou estática olhando aquele visual colorido e as curvas sensuais da baía de Guanabara. Nunca tinha visto algo tão deslumbrante. Eles foram a todos os lugares turísticos do Rio e seus arredores. Gracie estava absolutamente encantada.

E, com o pesar de todos, as férias acabaram e Ivan e Gracie voltaram para Escócia, reconfortados com tudo o que viram e sentiram. E Robert queria saber de tudo.

– Foi tudo tão maravilhoso, tio. A Gracie gostou de todos e todos gostaram dela. Essa nossa família é única e a minha mulher, só mandada fazer à medida para mim, você não acha?

– Acho.

Ivan ficou sorridente pensando em quem sabe o que…

– Mas conta sobre todos.

E Ivan contou sobre todos e cada um. E…

– Eles todos disseram que vêm nos fazer uma visita. Sabe, tio, nós fomos à casa de Cristóvão e de Cristina. E, agora sim, estamos certos que queremos uma família grande assim. As crianças são educadas, só vendo.

– Isto me conforta. Se eles estão bem…

– A única coisa que lamentei foi o estado do sítio de Mendes. Ele não é o mesmo. Está descuidado, ninguém mais vai lá. Eles só foram para nos acompanhar, eu queria mostrá-lo a Gracie. Até eu me senti estranho lá.

– Mas por quê?

– Elas disseram e eu também achei, a vó faz muita falta… de fato dá uma saudade de tudo que aquilo foi…

– Eu compreendo. Tinha ouvido isto e me preocupa. Vão deixar nosso passado morrer.

Não era momento para pesares. Por isso Ivan retomou o assunto anterior.

– A Vânia está muito feliz no casamento. O Jônatas é um grande cara. Virão nos visitar nas primeiras férias que tiverem.

– Do Gerson e da Valentina, não sabem nada?

– Nada. Parece que foram abduzidos da terra.

– Isso é o que me preocupa, a falta de notícias.

– Tio, é como dizem as tias que são as mães, se não se fazem sentir é porque tudo está bem. Se estivessem com problemas, já teriam pedido socorro.

Se eles soubessem a vida que Gerson estava levando...

Seu visto de turista tinha vencido há tempos e ele temia que os agentes de imigração o pegassem. E por mais economia que fizesse, o dinheiro que juntava ainda não dava para a passagem. É que nos Estados Unidos se ganha bem, porém os gastos são proporcionais, também se gasta bastante. E por aí ia ele. Jamais na sua vida tinha passado por semelhante aperto, semelhante necessidade e semelhante ódio...

Um belo dia, ele estava lavando um carro e Valentina passou de carro pela rua a escassos metros dele. Porém um não viu o outro. Ainda bem. Ele ia se sentir humilhado e ela ufanada. Valentina tinha chegado do cruzeiro que fez ao Caribe e emendou com outro ao Alasca quando passou pela oficina mecânica. Ia para o aeroporto tomar o avião para o México. Depois de um giro por lá, ia para Colômbia fazer um giro até chegar a Medellin para visitar alguns amigos.

Gracie iniciou um plano de reforma na sua mansão. Estava decorando, mudando coisas, fazendo-a mais alegre e acolhedora. Para isso estudou Arte Decorativa. Ivan estava admirado com o bom gosto da sua mulher. Realmente o imóvel não parecia o mesmo. Mais claro, sem tanto enfeite, elegante, confortável e aconchegante.

– Tio, não foi necessário todas aquelas comidas afrodisíacas que você me receitou. Aí vem o primeiro membro da grande família.

– O quê, você vai me fazer avô? – Tio e sobrinho se abraçaram transbordando de satisfação.

– Como diria o meu avô, o clã vai aumentar.

E aumentou mesmo. O bebê de Cristina era o mais novo da família. Só tem uma coisa: as filhas de Cristóvão tinham o sangue dos Mac Millan e os filhos de Cristina também. Mas o bebê de ambos, por nenhuma parte.. Por tanto Lucas de Alcântara não tinha sangue dos Mac Millan ainda que estava sendo considerado como tal. Mas Cris & Cris nem pensavam nisso, eles nem cogitavam tal possibilidade, nem mesmo com seus filhos do clã. Essa preocupação foi da família e estava sendo esquecida.

Bem, não demorou muito e Vânia encomendou o seu bebê. Outro casal aumentando a família. Esse bebê, sim, seria Mac Millan, mas só uma quarta parte. Essa notícia chegou ao estrangeiro para alegrar tio e sobrinho e, sobretudo, a Zulmira. Ela ficou morrendo de inveja. Como dizem por aí, no bom sentido. Ela, porém, tinha que guardar a vontade. Agora o seu trabalho impedia totalmente uma gravidez. Por isso se cuidavam tanto. Porém, uma pequena infração e… outra quarta parte de Mac Millan bateu na porta de Zulmira e Osvaldo.

A preocupação caiu por água abaixo dando lugar à satisfação. Eles esqueceram que não podiam ter filhos por enquanto e viveram aquela surpresa com todo o seu esplendor. Eles tinham tentado, mas o destino se interpôs. Fazer o quê? Outros que jogavam suas culpas para o destino. Mas que culpa? Aquilo era mais uma alegria para a família.

Vânia adorou. Achava que elas sempre fizeram tudo juntas. Por que uma podia ter filho e a outra não? Convenceu ao patrão, ele concordou. Então, cadê o problema?

Valentina chegou à Colômbia. Antes de ir a Medellin, percorreu o país, pelo menos as suas cidades principais. Bogotá, claro, a capital, aonde ela chegou e depois foi a Cali, Barranquilla e Cartagena que, aliás, ela conhecia muito bem, mas não tão moderna como a encontrou. Ela se admirou muito com Bogotá, que também conhecia, mas não era aquela grande metrópole como estava agora. Finalmente desembarcou em Medellin. Mas não era mais aquela cidade provinciana na qual ela tinha morado. Parecia outra cidade que ela nem conhecia. Moderna, cheia de arranha-céus, de ruas largas, de centros comerciais… Até o Poblado, bairro onde ela viveu numa mansão semi campestre como eram todas ali, agora os arranha-céus subiam o morro. Valentina ficou perplexa com o progresso de Medellin.

Hospedou-se no Hotel Intercontinental porque, era o hotel mais luxuoso no seu tempo. Mas a cidade oferecia muitas outras opções igualmente luxuosas.

Valentina foi visitar alguns amigos. Porém foi recebida com a cordialidade que corresponde às visitas. Ela nunca foi muito bem quista e as atenções que recebia se deviam pelas boas lembranças de sua mãe. Ela sim, recordavam com afeto.

Visitou também a sua ex-sogra. Bastante idosa, mas ainda lhe guardava uma amarga recordação pelo muito que fez o filho sofrer com a separação.

Aliás, Gonsalo estava casado e muito bem casado. Tinha vários filhos e ficou no lugar do pai nos negócios da família. Gerenciava tudo com a maior competência, multiplicou a fortuna da família. Hoje ele poderia se considerar um dos homens mais ricos de Medellin.

E a inveja cobriu a Valentina. E essa não era no bom sentido. Era no sentido genuíno da palavra. Ela tinha subestimado o ex-marido. Poderia agora ser a dona daqueles milhões. Ela que achava uma pequena fortuna o que recebia de pensão do seu divórcio, agora via que aquilo não era nada, apenas uma merreca comparado ao que ele tinha. Ela pensava como o comediante brasileiro dizia: "O dinheiro não é tudo, mas é 100%".

Valentina sentiu desejo de ir cumprimentá-lo, se mostrar, talvez negociar um aumento nas suas receitas. Ela tinha charme e poder de sedução para isso e ele era apaixonado por ela. Chegou a ir até o portão da sua exuberante mansão. Porém, naquele momento, o portão se abriu para dar passo a um carrão Mercedes Bens de luxo guiado por um motorista uniformizado até com luvas brancas. Atrás uma linda mulher, jovem, muito bem vestida e exalando um perfume fino que esvaía pela janela do carro antes de ela subir o vidro. Ela era a imagem da opulência e da satisfação. Sorria. Sorria de tudo, de nada, de sua própria condição, da vida que levava. O carro foi desaparecendo na distância, deixando o despeito para Valentina se sentir diminuída. Olhou para dentro da casa através do portão de grade de ferro com pontas douradas. Viu pelo menos três crianças brincando. O porteiro se aproximou:

– A senhora deseja alguma coisa?

Ele a despertou do seu pensamento ambicioso.

– Não, obrigada, queria falar com a senhora, porém vi que ela saiu.

Valentina também saiu. Foi para hotel, subiu ao quarto, se olhou no espelho do banheiro e se desatinou. Viu-se envelhecida, pobre, vulgar ante aquela mulher jovem, bela, distinta, rica, rindo-se da vida. Valentina se desbaratou. Chorou, odiou, invejou. (Ela tomou o meu lugar, eu é que devia estar naquele carro, com aquela roupa, saindo daquela mansão. Tudo poderia ser meu... e eu joguei fora. Burra... burra... burra...) Valentina batia na bancada da pia em frente do espelho. Tornou a se encarar e novamente se desesperou. No entanto, não poderia ter a juventude e a beleza da outra. (O meu tempo passou. Eu fui assim. No entanto, isso também perdi e ambas as coisas jamais recuperarei).

Valentina chorou muito. Lembrou-se de Gonsalo, de como ele a amava. Recordou-se da sua filha, da tragédia que viveu naquela cidade. Abandonou tudo, queria voltar para o Brasil, pensava no primo Gerson... Sua vida foi um verdadeiro rosário de erros. Só desejava o que não podia ser. Armou um fetiche ao redor do Gerson como se ele congregasse tudo o que significava felicidade. Foi seu grande erro, a maior decepção. (Quanta razão a minha avó tinha. Ele só foi paixão enquanto proibido. Um sonho que se desvaneceu quando se apresentou a realidade. Deixei tudo o que poderia ter hoje por aquela ilusão. Hoje recolho a desilusão). Pensou também em Cristóvão, em suas filhas. Mas eles também não enchiam o vazio que morava no seu coração. Valentina chorou, sofreu, porque nem ela sabia com o que poderia cobrir a solidão que jazia no seu ser. Nada a satisfazia, não se encontrava, não sabia o que queria, se sentia imensamente só, desgastada, infeliz.

Não saiu mais do quarto de hotel. Chorou, chorou muito, só dormiu quando o dia estava amanhecendo. Entretanto aquela catarse lhe valeu. Limpou a sua alma. Porém ela não se aceitou. Não queria ser o que era. Disfarçou a sua realidade. Caprichou no seu arranjo pessoal. Olhou-se no espelho, se viu bonita, charmosa, atraente, ela se rendia ao narcisismo. (Ah! Como dizia Guimarães Rosa: "Infelicidade é uma questão de prefixo"). Disse ao espelho.

Saiu, mandou pegar as suas malas e chamar um táxi. Foi pagar o hotel, ia para o aeroporto. Quando estava saindo para pegar o carro, viu o Mercedes de luxo da esposa de Gonsalo. Ele e ela saíram com outro casal igualmente proeminente.

Valentina até estremeceu quando viu Gonsalo. Ele estava um homem bem tratado, bem vestido, elegante, importante, passou ao lado dela e nem a olhou, se via orgulhoso com a sua bela mulher. Ainda bem que ele não a viu. Novamente Valentina se recolheu a sua realidade e seus ânimos decaíram. Mas só até chegar ao aeroporto. Coquete, se endereçou, saiu do carro fazendo caras e poses, rebolando, e logo encontrou com quem flertar. Não, ela ainda tinha muito charme para exibir. Entrou no avião com o ego lá no alto. Ia iniciar sua gira pela América do Sul.

E outra vez, como dizia Guimarães Rosa: “Viver é etcetera”.

CAPÍTULO 42

A mãe de Gracie foi visitá-la e ao genro, com o marido. Chegaram contentes porque sabiam da novidade do netinho que ela ia ganhar. Ele tinha vários netos, mas dela seria o primeiro. Foram recebidos com o mesmo carinho que eles demonstravam. Gracie estava feliz.

Quando entraram em casa, a mãe ficou admirada com a nova decoração.

– Minha filha, por que você não arrumou assim antes?

– A casa era sua, achei que deveria respeitar o seu gosto.

– Ah! Mas eu não tenho gosto, ademais nunca me interessei, não gosto de opulência. O que o seu pai comprava ele mesmo punha onde achava que deveria estar e aí ficava. Ele não me dava espaço para opinar. – E sorriu ainda conservando certa mágoa.

Entretanto, o marido se admirava de toda aquela riqueza que sua esposa renunciou por ele. E, em silêncio, soube reconhecer o seu desprendimento e agradecer a sua dedicação.

Eles passaram uns dias na casa. Porém o senhor estava preocupado para regressar ao seu povoado. Ele tinha um pequeno negócio de ferrajaria e, praticamente, o funcionamento dependia dele.

Conversando em particular com a mãe, Gracie insistiu para que ela tomasse posse da sua fortuna.

– Não, filha. Nós estamos vivendo tão felizes assim… Meu marido é muito orgulhoso, ele não aceitaria viver se não fosse com o fruto do seu trabalho. Não se preocupe, se algum dia precisarmos, lançaremos mão do que for necessário. Mas, por enquanto, não. Estamos bem, não precisamos de muito para sermos felizes. Estou fazendo umas pecinhas de tricô para o meu neto. Vou sair para comprar mais lãs. Isso sim, me dá muito prazer.

– Como é bom ver a mãe animada, contente. – Gracie comentou com Ivan quando eles foram embora.

– Ele também está muito feliz, me disse. Passou toda a vida esperando esta felicidade que tem agora.

– Ela não quer os bens dela porque ele é orgulhoso. Quer viver do trabalho dele.

– Então, como dizemos no Brasil, não se mexe no time que está ganhando.

Gracie riu.

– Vocês gostam mesmo de futebol.

– É a paixão nacional.

Eles riram.

Robert estava sentindo o peso pesado das suas responsabilidades. Tinha que dar conta daquela empresa gigante. Dividia com Ivan a parte logística. Preferia ir pessoalmente, pelo menos por enquanto, fazer as viagens de negócio. E, virava e mexia, estava andando por toda Europa. Inclusive foi a Nova York. Chegou até pensar em dar um pulinho no Rio. Mas o seu tempo era sempre muito apertado.

Se ele soubesse o que estava acontecendo com o seu sobrinho Gerson ali para o sul, em Miami, com certeza abriria espaço para socorrê-lo. Porém...

Os agentes de imigração pegaram Gerson. Chegaram à oficina que ele trabalhava e, algemado, o enjaularam com outros ilegais como se fossem delinquentes. Lá ficaram até que tivesse meios para serem deportados.

Era só o que faltava a Gerson: ir para a prisão. Que vexame, que humilhação, estar arrestado como qualquer criminoso comum. Entretanto, ele ia elucidando a sua situação. Chegou à conclusão de que talvez o que estava acontecendo não fosse tão ruim. Era preferível passar por tudo aquilo por uns dias e ser mandado para a sua terra, que ficar se matando de trabalhar, comendo pouco e ficar se escondendo das autoridades, quem sabe por quanto tempo? O dinheiro que ele juntou, não era muito, mas dava para cumprir com alguma eventualidade que, por ventura, se apresentasse.

Foi assim que Gerson conseguiu voltar ao Brasil. Quando viu o Cristo Redentor do Corcovado aparecer à distância, se emocionou: chorou... rezou... Deu graças a Deus por estar de volta.

Chegou ao Galeão e foi entregue às autoridades competentes. Teve que prestar declarações, responder a questionários, ser tratado como um infrator. Mas talvez por ter a ficha limpa, ao fim o soltaram.

Gerson chegou ao saguão e estava confuso, não sabia para onde ir. Tinha medo de chegar a casa, não sabia como ia ser recebido. Para a casa dos pais, pior, não estava disposto a ouvir sermões. Resolveu ir ao seu escritório. Encontrou-o ocupado por outra empresa. Informou-se de que o imóvel estava alugado. (O que teria acontecido? Cristina fecharia a firma, estava trabalhando em casa ou...). Não queria pensar em outra possibilidade. Não teve alternativa senão ir ao seu apartamento, ainda que suas pernas tremessem quando chegou. De emoção? Para a sua maior preocupação, Cristina não morava mais lá. O apartamento também estava alugado. Mas então onde estava Cristina com os seus filhos? Coisas terríveis passaram pela sua cabeça. Será que Valentina teria razão? Cristina estaria com Cristóvão? Nós lhes abrimos todas as portas... Nesse momento Gerson sentiu uma nuvem de temor e indignação se apossar de sua mente. Tinha que esclarecer tudo aquilo. Foi para o apartamento de Valentina e Cristóvão, ele era grande, poderia abrigar as duas famílias: alugado.

Gerson tinha que ir à casa dos pais. Eles teriam que saber o paradeiro de sua mulher e de seus filhos.

– Meu Deus! Meu filho. – Elias o abraçou. – Mas onde você estava? Nos deixou sem notícias.

– Como está desfeito, mal ajambrado, o que lhe aconteceu? Estávamos aflitos sem notícias. – Ana Carolina também foi abraçá-lo.

– Não tenho nada, estou bem, estava viajando. – Respondeu Gerson com frialdade.

– E a Valentina?

– Eu sei lá de Valentina.

– Não foram juntos?

– Ela me deixou por aí sem passagem e sem dinheiro.

– Mas o que aconteceu? Como você se arranjou?

– Não quero falar disso agora. Ela é uma louca. Não sei nem quero saber daquela cretina.

– Mas você volta assim, depois de tanto tempo, depois de abandonar mulher e filhos e ainda quer se dar ao direito de não querer nos dar satisfações? – Ana Carolina estava custando em deixar aflorar seu geniozinho.

– Onde estão eles? Para onde foram? Isso é o que me interessa neste momento.

– Estão bem, não se preocupe. – Elias tentava acalmar os ânimos que Ana Carolina acabava de atiçar fogo.

– Mas aonde? Eles foram embora da casa.

– O que você queria, os deixou só. Cristina arrumou a sua vida e a dos filhos como achou mais conveniente. – A mãe não compreendia que não era hora de cobranças.

– Onde? Com quem?

– Escute Gerson, você não tem direito de fazer reclamações. Para ir passear, não se lembrou de dar satisfações, não é? Você foi muito irresponsável e maldoso. A Cristina não merecia nem os seus filhos tampouco. Os abandonou ao léu da sorte, dê graças a Deus de eles estarem amparados. – Ana Carolina continuou com o pito.

– Como amparados... Pombas! Desembuchem de uma vez.

– Num lar decente com pai e mãe presentes.

Gerson deu um murro na mesa.

– Com o Cristóvão… Onde eles estão?

– Calma, meu filho. Reconheça que você não tem moral para reclamar nada. – Elias tentava apaziguar os ânimos.

– São meus filhos, minha mulher…

– Boa hora de se lembrar. – Ana Carolina não deixava.

– Não é só agora que estou lembrando. Cometi um erro, assumo. Não pude vir antes. Entretanto, não tenho que me explicar a vocês. Vou dar satisfações a minha mulher, pedir perdão.

– Ela não precisa nem vai querer, está em outra e bem feliz. – Ana Carolina era implacável.

– O que você está falando?

– O que você já sabe: que há outro no seu lugar. E isso aconteceu por sua culpa. Deixou a família e foi malucar por ai…

– Vocês não têm moral para me pregar isso na cara. Tanto um como o outro foram dois ausentes. Zulmira e eu nos criamos sozinhos. O pai sempre pescando e você jogando cartas. Esse foi o exemplo que nos deram. Assim, engulam o esporro e tenham uma indigestão. Ele lhes pertence. – Gerson estava exaltado. Descarregou sua indignação, sua culpa, sua dor.

– Malcriado! Vocês sabiam onde eu estava e todos sabíamos onde estava o Elias. Nunca lhes faltou nada nesta casa.

– Nada, só a companhia.

– O mesmo que você negou a sua família. Com o agravante de que saiu para uma aventura sem avisar. Ninguém sabia onde estava, por quanto tempo se ausentaria e se voltaria ou não.

– Nada disso é da conta de vocês. Eu só quero que vocês me digam o paradeiro da minha mulher e dos meus filhos. – Gerson estava desatinado. Notava-se o seu descontrole.

Elias notou que ele precisava de amparo. Foi para junto dele e o abraçou.

– Calma meu filho.

– Calma como, com tudo o que está me acontecendo?

– Esse mesmo desgaste teve Cristina. Cristóvão a amparou. Ofereceu uma solução para ela e para os filhos. Você os vai julgar por isso?

– Não me julguem tão idiota nem ele tão "bonzinho". Eles flertavam antes da minha ida. Não estou me desculpando, reconheço que fui um canalha, mas eles não são uns santos.

– Mesmo assim você não se importou, se arriscou. Eles aproveitaram a chance que você ofereceu. E, enquanto você se espairecia, eles construíram uma nova e grande família. Responsabilizaram-se por todas as crianças, as estão cuidando, educando e prescindem de ajuda. É possível que se quisessem desde antes, sim, porque agora se amam. Porém, não foram infiéis no casamento. Foram rejeitados e as circunstâncias os uniram. Sinto dizê-lo, mas acho que você dançou, só lhe resta conformar-se. – Ana Carolina poderia estar sendo dura, porém ela queria que o filho tomasse consciência da realidade.

Gerson estava no extremo de suas forças. Entregou-se. Abaixou a cabeça e segurou sua emoção com as mãos.

– Meu filho, descanse um pouco. Tome um banho, se alimente. Você está exausto, estressado, suportando muita comoção. Não convém tomar providências nesse estado. Assimile bem toda a situação para poder atuar com cabeça fria, com serenidade, compreensão e justiça. Não se pode voltar atrás no tempo. O que está feito não está por fazer. – Elias abraçou o filho com afeto. – Você vacilou, se precipitou, errou, perdeu a sua vez. Reconheça esse fato, aceite as consequencias de sua imprudência e tome suas decisões a partir daí. Mas agora, antes de tudo, você tem que cuidar é de você. Vamos filho.

Elias levou Gerson para o banheiro enquanto Ana Carolina foi preparar algo de comer para ele e arrumar a cama para ele descansar.

– Tome um banho de imersão bem demorado, vai lhe fazer bem. Refresca, espanta a energia negativa e acalme-se. Depois põe roupas limpas, vem se alimentar e se deitar. Despertará outro. Aí sim, estará apto para poder decidir, tomar providências.

Gerson fez tudo como o pai disse. Na verdade, ele sentia que era realmente o que precisava. E, aquele gesto de cuidado e de carinho do pai, o confortou, lhe fez muito bem. Há tempos não ouvia uma palavra amiga. Gerson foi se deitar. Também fazia tempo que não se deitava numa cama macia, limpa e fresca. Enquanto seu pai foi fechar as cortinas para escurecer o quarto, sua mãe se aproximou da cama, o cobriu, beijou a sua testa e saíram os dois calados.

Gerson se comoveu até as lágrimas. Seus pais o amavam e ele não sabia. E, apesar do peso da angústia que transtornava, ele pode afastá-lo de sua mente para saborear a satisfação de ser amado. Gerson dormiu profundamente.

CAPÍTULO 43

-Você foi muito dura com o nosso filho.

– Ele precisava de um puxão de orelha. Precisava pisar na realidade e agir segundo ela.

– O momento não era o mais propício. Talvez ele precisasse mais de demonstração de satisfação pela sua volta.

– Ele estava agressivo... Queria descontar suas contrariedades conosco. Viu como nos acusou? O que pensa de nós dois?

– Ouvi sim e ele tem razão. Nós fomos dois ausentes, dois egoístas. Nós também temos que assumir as nossas culpas. Eu assumo e me arrependo, embora para que? É tarde para isso, não podemos remediar.

– Mas também não vamos desculpá-lo, ele errou e pronto.

Ana Carolina pegou o telefone e ligou para a irmã:

– Ele veio só, parece que se desentenderam no caminho.

– E a Valentina, onde ficou? Como está? Quando vem?

– Ele não sabe.

– Que irresponsáveis. Quero falar com ele.

– Só amanhã, acho que hoje não se levanta mais. Chegou exausto, em estado deplorável. Vou avisar ao Cristóvão e à Cristina para ele estarem preparados. Fatalmente o Gerson vai dar com o paradeiro deles.

– Faça isso.

Cristina agradeceu o aviso da ex-sogra.

– Cris, o Gerson apareceu. – Cristina estava nervosa, foi se abrigar no companheiro.

– Fique tranquilo, ele não pode nos fazer nada. Lembre, nós fomos as vítimas.

– Eu estou com medo sim. E nós também carregamos nossas culpas. Eu era casada e me apaixonei por você.

– Eu também, mas não ousamos ser infiéis.

– Em pensamento sim. Ah! Cris, e se ele quiser levar os filhos?

– Eu não vou permitir.

– Mas são filhos dele... será que por lei...

– Não há lei que os tire de você, depois do abandono dele. Cristina, você agora é minha mulher, esta é a nossa casa, eu vou defender nossos direitos. Fique tranquila. Deixa que eu me entendo com ele. Confie em mim, não vai acontecer nada com você nem com as crianças nem com ninguém.

– Pelo amor de Deus, Cris, não vão brigar, você é lutador, mais forte e...

– Por isso mesmo, não sou homem de briga. Não resolvo meus assuntos no braço, mas com a palavra. Você também conhece o Gerson, é um homem pacífico, fomos amigos e só precisamos conversar. Preciso da boa vontade dele para o caso da separação de vocês.

– Ele deve estar furioso.

– Ele não tem razão. Mas, nesse caso, devemos ser mais prudentes, mais serenos e mais sensatos ainda. Cris sossegue. Vem cá.

Cristóvão a abraçou, a acariciou e:

– Fique calma. Amanhã eu vou ficar em casa esperando por ele. Não vou deixá-la só. Eu também preciso falar com ele. Vou negociar você com o Gerson. Nós precisamos nos casar.

– Você fala como se eu fosse uma mercadoria.

Cristóvão riu.

– A mercadoria mais preciosa. Tenho que lutar por ela. – Ele a beijou. – Ela é minha.

Ele riu, a apertou contra si e ela se aconchegou. Estava se acalmando.

Ana Carolina avisou também à Vânia e à Valquíria da chegada de Gerson. Elas se alegraram, perguntaram pela irmã Valentina. Logo que souberam dos ânimos de Gerson, se puseram de sobre aviso. Especialmente Valquíria que era vizinha. Porém, nenhuma das duas pensou que ele pudesse ter uma reação violenta. Ambas sabiam que ele estaria sofrendo, ele amava os filhos e, sempre demonstrou amar a Cristina também.

Gerson dormiu a noite inteira e acordou um pouco mais tarde. Estava descansado e visivelmente mais assentado. A mãe lhe preparou um café da manhã com tudo de que ele gostava. Quando ele saiu do quarto, Ana Carolina foi abraçá-lo carinhosa:

– Descansou bastante, meu filho? Vou cuidar de você. Está abatido, emagreceu. Vai tomar o café com o seu pai.

O pai também o tratou com agrado. Gerson ficou até envergonhado de tê-los tratado tão mal na véspera. Ainda estavam na mesa quando Maria Clara e Rogério chegaram.

– Gerson, por favor, não nos deixe tão agoniados, diga-nos alguma coisa sobre a Valentina. Compreenda, ela é nossa filha, estamos preocupados.

– Pois não se preocupem mais, tia. Ela está melhor que todos. Continua viajando, se divertindo, disse que vai conhecer o mundo inteiro, fui eu o que desertei. Não quis mais, queria voltar. Na verdade eu nem queria ir. Deixei-me levar, foi como se estivesse encantado pelo canto da sereia. Eu mesmo não me explico como tive coragem. Não quero me desculpar, assumo minha culpa. Mas, muitas vezes pedi a Valentina que voltássemos e por isso me taxou de chato. Ela queria se divertir e eu só pensava em voltar. Só me soltou quando encontrou outro acompanhante e este não deveria ser chato. Foi embora com ele e me deixou sem passagem e sem um tostão. Passei até fome. Trabalhei como uma mula para me sustentar e juntar dinheiro para voltar. Até que a imigração me pegou com o visto vencido. Fui preso e deportado. Assim cheguei até aqui. Paguei pelo que fiz e aprendi a lição.

Todos estavam perplexos. Elias e Ana Carolina pensavam no quanto o filho tinha sofrido. Maria Clara pensava na filha:

– Meu Deus! Essa menina sempre foi um problema…

– Uma descabeçada, sem vergonha.

– Não fale assim, Rogério. Pelo menos até que ela chegue aqui sã e salva. Enquanto isso, não sabemos o que pode acontecer com ela. Não vamos antecipar algum arrependimento posterior. Olha o que ouvimos de Gerson, o julgamos precipitadamente.

Gerson se levantou. Vocês vão me dar licença. Preciso ver a Cristina e os meus filhos. Preciso pedir perdão. Eu refleti, pai. Você tem razão: perdi meus direitos sobre eles, tenho que me conformar. Quero vê-los, eu os amo e o amor eu não posso arrancar do meu peito.

– Nós vamos com você. – Se prontificou Ana Carolina.

– Não, eu tenho que enfrentar a situação sozinho.

– Eu avisei à Cristina e ao Cristóvão. Eles moram na Barra, são vizinhos da Valquíria e moram perto da Vânia. Elas sabem que você chegou.

– E a Zulmira?

– A Zulmira e o Osvaldo estão trabalhando na Europa. Ela está esperando bebê. – Contou Ana Carolina contente.

– E a Vânia também. Vão ser três os bebês que nascerão na família, o Ivan também encomendou o dele.

– Ele se casou?

– Meu filho, a Cristina e o Cristóvão também tiveram um filho. – Gerson levou um choque. Não pôde esconder a dor que a notícia lhe causou. – Sinto muito ter que dar essa notícia impactante e dolorosa, mas acho que você deve ir preparado para não deixar transparecer os seus sentimentos.

– Foi bom sim, mãe, e eu agradeço. – Gerson se recolheu por um instante para uma reflexão, se recompôs e falou sorrindo: – Bem, a quem mais você pôs de prontidão, mãe? Temeu que eu fosse usar de violência?

– Não me consta que você seja irracional.

– E não sou. Eu jamais faria danos a Cristina. Nem penso resolver meus problemas na "ignorância". Só quero estar a par de tudo. Nós temos muito o que falar e isso eu vou fazer.

Gerson pediu o endereço, Elias emprestou o carro, e ele se dispôs a sair.

– Fiquem tranquilos, eu vou por bem. – Abriu a porta e deu de cara com Vânia e Valquíria prestes a tocar a campainha.

Eles se abraçaram e, logicamente, voltaram para dentro de casa. Não foram trabalhar e estudar naquela manhã, estavam preocupadas, queriam sondar os ânimos de Gerson. Estavam dispostas a defender o lar Cris & Cris. Quando viu que tudo estava bem, perguntaram:

– E a nossa irmã Valentina, não veio? Onde ficou?

– Não estávamos juntos ultimamente. A sua mãe contará sobre ela depois.

Valentina estava no Peru: Cuzco, Machu Pichu e, ao passar pela a Bolívia, foi ao lago Titicaca, o mais alto e salgado do planeta. Foi também a Tiahuanaco, viu a Porta do Sol, um dos monumentos mais antigos do mundo, talvez da época das pirâmides do Egito. Quando a civilização inca chegou lá, ela já era antiga. Valentina estava assombrada com tantos mistérios, ela sentiu a energia, o magnetismo do enorme portal. Mais admirada ficou quando viu as linhas de Nasca. Outro mistério que só se vê do alto. As linhas formam figuras de animais, humanas e geométricas. Não se sabe quem as construiu, como nem para que. Valentina levou aquela incógnita com ela como fazem todos os visitantes. Dirigia-se agora para o sul: Chile, Argentina e Uruguai...

Os primos conversavam animadamente. Gerson pensava o quanto elas eram diferentes de Valentina. Vânia tão profissional e Valquíria tão meiga, tão parecida com a vó Eugênia.

– Meninas, eu estava de saída para ir lá perto de vocês segundo me informaram aqui.

– Na casa de Cristóvão e Cristina? Nós levamos você, eu moro perto e Valquíria no mesmo prédio deles.

– É uma linda e grande família. Depois você vai a minha casa conhecer minha filhinha. Pode almoçar conosco.

– Não, avisa ao Maurício e eu aviso ao Jônatas e almoçamos todos na cidade, temos que comemorar a sua chegada.

– Aceito. Porém não sei quanto vou demorar.

– Combinado. – Vânia abriu o carro e eles entraram.

Gerson percebeu que, pelo menos as primas e talvez toda a família, se relacionavam com o casal e o apoiavam.

Mal eles saíram, Ana Carolina ligou para Cristina, para que o casal estivesse preparado para a visita. Cristóvão estava tranquilo, mas Cristina tornou a ficar tensa.

– Meu amor, fique calma, afinal o que pode acontecer? Nada. – Cristóvão lhe infundia coragem. Ela mesma não entendia porque estava tão amedrontada.

O carro atravessou Copacabana, Ipanema, Leblon, foi pela Niemeyer e Gerson só olhando tudo.

– Que saudade eu tive de tudo isso. Até parece mentira tudo que eu passei. Oxalá não tivera acontecido nada.

O carro chegou a São Conrado atravessou o bairro e, de repente o pôster: “Sorria, você está na Barra.”

– É incrível como este bairro está crescendo. – Gerson comentava coisas para disfarçar seu nervosismo.

Elas foram pela Avenida das Américas e, à medida que andavam pelo bairro, Gerson temeu que suas pernas o iam denunciar, elas estavam tremendo. Entraram num condomínio.

– Chegamos. – Disse Vânia parando em frente a um edifício.

Eles apearam, era visível o nervosismo de Gerson.

– Vamos subir com você para mostrar o meu apartamento. Vamos esperar você lá. Beleza?

– Beleza.

Gerson tocou a campainha. Seu coração parecia que ia explodir. Ele esperava enquanto lá dentro o coração de Cristina quase saía pela boca.

Cristóvão abriu a porta.

CAPÍTULO 44

A porta se abre e os dois homens se vêm frente a frente. Gerson está tenso, Cristóvão tenta um sorriso.

– Entra Gerson, estávamos lhe esperando.

Ele entrou meio sem jeito. Olhou a Cristina, ela abaixou a cabeça. Ele foi cumprimentá-la de mão.

– Sente-se. – Ela conseguiu falar e se sentou.

Ele e Cristóvão se sentaram. O ambiente estava tenso. Foi Cristóvão quem quebrou o silêncio incômodo.

– É um prazer recebê-lo, Gerson. Nós precisávamos conversar.

– Gostaria de ver meus filhos.

– Estão na escola, mas vêm almoçar em casa. – Falou Cristina. Voltou o silêncio para fazer o lugar mais encolhido.

– Cristina, eu preciso pedir perdão a você a aos meus filhos pela minha atitude canalha. – Novamente ninguém falou e ele continuou. – Eu não estava no meu juízo. Mas quero que você saiba que, apesar de tudo, eu os amo com todo o meu coração. Reconheço minha culpa, paguei por ela, me arrependo e sofro imensamente por isso.

Os olhos de Gerson estavam aguados e os de Cristina também. Cristóvão abraçou a Cristina.

– Essas são águas passadas. Temos que nos ater aos fatos a partir de agora. Cristina e eu ficamos sozinhos, nos apegamos nas nossas circunstâncias, nos apaixonamos e resolvemos nos unir e criar nossos filhos como uma família. Estamos logrando. Só precisamos oficializar o nosso relacionamento. Quero falar sobre isso com você.

Aquelas palavras concisas de Cristóvão não combinavam com a amargura que elas produziam no âmago de Gerson. Ele não tinha defesa. Nem as lágrimas que ele viu nos olhos de Cristina lhe serviam de apoio. Ele ouvia tudo como um autômato, como o menino recebendo o castigo do pai, como o réu recebendo a sentença do juiz. Gerson estava condenado e vivia essa condenação na profundeza da sua dor. Perdeu tudo o que tinha, tudo o que tinha construído, tudo o que amava por um pecado que não queria ter cometido.

Nesse momento chegou a empregada com a criançada e o carrinho com o bebê. Gerson se levantou, queria abraçar os filhos. Mas eles estavam esquivos. Só Luciano manifestou alguma emoção. Anselmo foi para junto de Cristóvão e Luciano foi com o irmão para o interior da casa. As meninas foram até mais efusivas. Cumprimentaram o tio, mas também se retiraram. Gerson olhou o bebê, mas não disse nada. Cristina entrou com o carrinho e se ouviu ela dizer:

– Lavem as mãos para almoçar. – Conversas, risos, bater de talheres... vida familiar.

Gerson ficou novamente só com Cristóvão.

– Você a amava antes...

– Desde que a vi. E você amava a Valentina desde meninos.

– Nunca a amei. Cristina foi o único amor na minha vida.

– Eu digo o mesmo. Cristina é a mulher da minha vida. E eu quero fazê-la minha esposa.

Cada palavra de Cristóvão apunhalava o coração de Gerson. Porém ele concordou. Prometeu assinar os papéis de divórcio. Ele compreendeu que não tinha mais lugar na vida da mulher e dos filhos.

Ao despedir-se, Gerson apertou a mão de Cristina e olhou os seus olhos querendo extrair seus sentimentos. Mas ela abaixou a cabeça. Eles combinaram que Gerson poderia sair com os filhos quantas vezes desejasse.

Só que ele não soube do que os filhos disseram a Cristina e a Cristóvão quando ele foi embora:

– Eu não quero ir com ele. – Luciano disse e foi para junto de Cristóvão. Anselmo imitou o irmão:

– Nem eu.

Quando a porta se fechou atrás de Gerson, ele levava o coração nas mãos. Naquele momento queria estar só para poder extravasar a sua dor. Mas as primas o estavam esperando. Nem a alegria de todos e o agrado deles, pôde resgatar o ânimo de Gerson. Seu riso era postiço e sua alegria artificial. Mas valeu a intenção. Eles queriam tentar tirar o peso da perda de cima do primo.

Não obstante, o que Gerson mais queria era estar só, pensar na vida, organizá-la, seguir adiante. Foi para Mendes, era o lugar ideal.

No entanto, logo que chegou ao sítio, mais que solidão, encontrou desolação. A casa estava abandonada, caída. Foi outra dor para acumular no seu coração.

Gerson percorreu todos aqueles recantos saudosos da sua infância e juventude. Nem por um momento pensou na Valentina, no canto do pecado... no sexo que aprendeu ali. Não podia, ela não existia mais no lado bom do seu pensar. Ele chorou pela Cristina, pelos seus filhos, pela família que Valentina roubou dele.

O estranho foi que, naquela noite, ele teve uma experiência que o surpreendeu, assustou e que não pôde explicar: estava na varanda olhando o céu estrelado quando viu uma luz se mover. No princípio pensou que era uma estrela fugaz, mas descartou essa suposição, muito menos era um avião, balão nem nada conhecido. A luz se deslocava de jeito absolutamente impossível para qualquer fenômeno já visto. Desviava de direção de maneira abrupta para todos os lados, para cima e para baixo, aparecia e desaparecia no mesmo lugar ou fora dele. Além disso, o aparelho, porque sem dúvida, obedecia a um comando, mudava de cor e de tamanho. Gerson estava perplexo observando, quando o objeto se aproximou tanto que ficou do tamanho da lua. Aí ele se amedrontou, se levantou, ia se proteger. Porém a coisa voltou, tomou altura e desapareceu numa velocidade espantosa. Gerson, ainda abismado, deduziu que só podia ser os ditos discos voadores de que tanto falavam, dos quais ele nunca se interessou dedicar-lhe tempo pensando. Era isso, os objetos voadores não identificados, os ovnis ou ufos.

No outro dia ele voltou para o Rio. Tinha que reorganizar sua empresa, sua vida. Mas levou aquela impressão impregnada na sua mente. Entre outras coisas foi até bom, desviou um pouco sua fixação pela sua situação emocional. Não contou a sua tenebrosa experiência a ninguém. Mas contou à mãe do abandono do sítio.

– Claro, ninguém mais vai lá. Maria Clara e eu fomos, trouxemos as coisas de valor, dividimos entre os quatro herdeiros. Robert disse que ficássemos com tudo para nós duas e Ivan pediu que déssemos a parte dele para Valquíria e para Maurício. Assim fizemos. Mas parece que agora estão saqueando portas e janelas. Então achamos melhor vender a propriedade. Ninguém está disposto a cuidá-la. Comuniquei-me com Robert, estou esperando a resposta.

Efetivamente, Robert e Ivan discerniam sobre o assunto. Ambos estavam chocados. Doía-lhes vender o sítio. Era como apagar o passado, a história deles. No entanto, os argumentos de Ana Carolina e Maria Clara eram válidos. Elas eram as que estavam lá, as que estavam a par de tudo, eles não podiam exigir que elas se dedicassem, que cuidassem, que conservassem. E eles optaram por apoiá-las ainda que isto lhes partisse o coração.

O sítio foi vendido. Adeus recordações, adeus Mendes.

Gerson assinou os papéis do divórcio e combinou com Cristóvão dar a metade do valor do escritório e do apartamento dele e da Cristina. Cristóvão concordou. Então só faltava Valentina aparecer para fazer o mesmo.

E Valentina chegou depois de desfrutar de sua longa temporada pelo sul, inclusive pelo Brasil.

Foi logo se dirigindo ao seu apartamento. Será que esperava encontrar tudo igual, como se nada tivesse acontecido? Parece que sim, porque ficou furiosa quando viu que ele estava alugado. Então foi para a casa da mãe. Aí o tempo fechou. Não aceitou o afeto dos pais ao vê-la e muito menos as reprovações. Estava indignada, ia tomar satisfações com Cristóvão pelo abuso de alugar seu apartamento. Nem quis saber das filhas e da vida do marido. Exigiu o endereço dele e foi para lá.

Maria Clara avisou a Cristina. Por sorte Cristóvão já estava em casa. Avisou também a Vânia e a Valquíria. Outra vez elas combinaram uma estratégia em defesa do casal Cris & Cris. Novamente Cristina ficou apreensiva, mas Cristóvão foi incisivo:

– Esta contenda é comigo. Gostaria de responder com os mesmos ímpetos. Mas tenho que ponderar, precisamos que ela assine o divórcio e não pleiteie as meninas.

Valentina chegou com sete pedras na mão.

– Cretino, quer me fazer de boba? Como se atreve a alugar o meu apartamento? Eu quero a metade que é minha. – Falou sem preâmbulo.

– E eu quero que você assine o nosso divórcio e ficaremos quites.

– Só assino porque não quero mesmo ter nenhum vínculo com você. Mas registre isto: vocês nunca me enganaram. Nem você e nem essa santa de pau oco com quem você está. Vocês com aqueles olhares de peixe morto se denunciavam. A diferença entre nós é que eu fazia tudo à vista. Mostrava o que sou e vocês fingiam. Tão sérios, tão corretos... hipócritas.

– Aceito a sua apreciação. Registre isto: eu também faço apreciações de você. Porém, não vou revelar. Agora, se você já despejou a sua raiva, tenha a bondade de se retirar. Eu vou agilizar todos os papéis e documentos pertinentes tanto do divórcio como da casa.

– Eu gosto do apartamento, fico com a sua metade. À vista.

– Beleza. Quando tudo estiver pronto, comunicarei.

– Não precisa me mandar embora outra vez. Estou vendo a porta.

– Não quer ver as meninas? Elas não devem demorar.

Valentina travou os ímpetos. Parou, respirou fundo e:

– Para quê? Elas não gostam de mim. – Novamente respirou para retirar a resposta que a sua mente mandou. – Para que vamos coçar a ferida, para sair a casca? Não, não. Quer saber? Outro dia. Agora não estou com espírito para gracinhas com Hello Kittys. – Se empinou e se dirigiu à porta.

Será que seu coração pensava como a sua mente? Porque, embora ela quisesse se fazer de indiferente, as suas reações mostravam o contrário. Ela balançou.

Valentina saiu antes de Vânia e Valquíria terem acertado o tempo de permanência dela com Cristóvão. Elas não viram a irmã. Valentina foi para o hotel. Tinha se aborrecido demais para um dia. Ademais, queria tomar um banho, jantar e descansar. Amanhã seria outro dia.

Chegou a época de a cegonha fazer a sua festa. Primeiro bateu na porta de Ivan com um belo menino. Vincent Machado ou Mac llado como os escoceses persistiam em falar. A mãe escolheu o nome. Depois Vânia teve a Isabela Godoi. Por fim nasceu Lígia Dutra, a filhinha de Zulmira. E crescia o clã Mac Millan. Clã Mac Millan?

Gerson estava com certa dificuldade para abrir o escritório. Tinha perdido todos os clientes. Estava morando com os pais e se sentia incomodado por isso. Os papéis do divórcio estavam prontos e Gerson foi ao apartamento de Cris & Cris para Cristina assinar. Depois convidou os filhos para sair, fazer um programa juntos se eles quisessem. Mas eles não quiseram ir. Gerson não insistiu, mas doeu.

Como as crianças esquecem fácil. Apagaram o pai de suas mentes. Ele não era mais nada.

Cristóvão deu andamento aos papéis do divórcio e quando tinha tudo pronto foi ao apartamento de Valentina para ela assinar e ele receber o dinheiro do apartamento. Valentina renunciou sem questionar a guarda das filhas. E Cristóvão recebeu o dinheiro sem contar.

– Você confia em mim?

– Nem um pouco.

– Não contou o dinheiro.

– Ele não lhe faz falta, portanto não iria tirar de suas filhas.

– Não quer fazer a despedida completa? Recordar os velhos tempos? – Valentina foi se chegando, se insinuando.

– Pare, Valentina. Você não me atrai. Aliás, nunca a amei.

– Que novidade, nem eu a você.

– Também nisso estamos quites. Adeus, Valentina.

– Vai a merda, poltrão.

– Ao contrário, me limpei dela. – Cristóvão sorriu e foi para casa contente.

– Cris, podemos marcar o nosso casamento, estamos livres.

Valentina não queria nenhum contato com a família, não procurou as irmãs nem atendeu suas ligações. Então a deixaram para lá. Ela não gostava de dar satisfações de sua vida. Vivia de butique em butique, de bar em bar, de companheiro em companheiro, de viagem em viagem, era uma mulher livre, maior de idade, vacinada, gastava o que era dela e ninguém tinha nada com isso.

Finalmente Robert pôde abrir uma brecha no seu tempo e dar o tal pulinho no Brasil. Teve que ser breve, mas deu para matar as saudades da família e resolver alguns problemas. O primeiro foi, depois de certificar-se da situação laboral de Gerson, oferecer-lhe um trabalho. Resolveu montar um escritório de representações no Rio para Gerson gerenciar. Começaria com os produtos da empresa que dirigia, porém Gerson iria ampliando o negócio que, na realidade, era para ajudar o sobrinho.

Toda a família lhe fez muita festa. Até Cristina e Cristóvão. Ela era grata a ele pelas suas atenções na sua lua-de-mel na casa dele. A única que não se manifestou foi Valentina. Mas Robert foi procurá-la.

Valentina levou um susto quando o viu. Sempre sentiu muito respeito pelo tio.

– Valentina, minha querida sobrinha. Não podia voltar sem vê-la. – E a abraçou.

Valentina se pegou a ele chorando.

– Ah! Tio, que bom que você veio. Pensei que você não quisesse me ver.

Ele notou que ela estava ávida de carinho, de amor.

– O que é isso, meu bem? Em que posso ajudá-la, eu quero ver você feliz... esse é o meu desejo.

– Eu sou feliz, tio. Saboreio a vida até o bagaço.

– No fim vai ficar só o caroço.

– Ainda tenho muito suco para tirar.

– Cada um tem o seu jeito de ser feliz. Mas, se algum dia você se sentir só, lembre-se que tem um tio que a ama e que quer o seu bem.

– Essas palavras me confortam. Eu agradeço tio, e nunca vou me esquecer disso.

Robert voltou para Escócia levando uma surpresa para Ivan: Dora.

CAPÍTULO 45

Depois de Dora, toda a família iria, periodicamente, visitar Robert e Ivan e suas respectivas famílias, para compensação e satisfação deles, já que e eles estavam presos às suas obrigações.

Robert e Ivan conseguiram ampliar ainda mais a empresa, agora da família Mac Hado, como inventaram os escoceses. E a família estava ficando grande como Gracie e Ivan queriam, imitando o casal Cris & Cris. E eles felizes da vida com o seu casarão ocupado pela alegria.

Certa vez, Gerson viu a Cristina e o Cristóvão passeando no calçadão da Barra com seus seis filhos. Cristina empurrava um carrinho com um sétimo bebê. Gerson ficou perdido olhando aquela família tão numerosa, tão diferente da vida solitária que ele levava.

Gerson estava dedicado ao trabalho com bastante êxito e levando uma vida de solteiro, morando num apart-hotel, se distraindo jogando futebol na praia e à noite frequentando os bares da vida com os amigos. Fingia ser feliz, livre, bem sucedido... mas nunca se conformou com a família que perdera. Ao voltar ao apartamento, sentia-o vazio, frio, silencioso como a sua alma.

Valentina também, um dia, viu o que ela chamou de "a família ripinica": pai, mãe e filharada saindo da praia. Sua reação foi muito diferente da de Gerson: (Mas que vida divertida!) Ela pensou e riu. (Burguesa, estressante, fatigante, chata... chata. Será que era mesmo isto que eles queriam? É, há gosto para tudo nessa vida, até para adornar-se com rótulos de babacas). Valentina caçoava sinceramente. O conceito de vida boa para ela era muito diferente. Ela, porém, não fez como o Gerson que se escondeu para ficar olhando de longe. Ela se aproximou:

– Mas que maravilha de passeio familiar. Estou gostando de ver. – Falou alto e olhou a garotada por igual como se não tivesse ali três filhas. Em compensação, as meninas mal a conheceram. Talvez Aline lembrasse algo, quem sabe Suely também. Porém se esquivaram. Eram adolescentes bonitas, educadas e alegres. Não prestaram maior atenção nela. Junto com Luciano e Anselmo, se afastaram um pouco.

– Então, como vocês estão? Contentes com esse time?

– Muito, Valentina. E você, como está, é um prazer vê-la. – Disse Cristina sorrindo.

Marlene estava agarrada na mão do pai e Lucas pediu o colo dele.

– Mas que pai tão abnegado. – Valentina falou com ar zombeteiro.

– E sou. Amo os meus filhos.

– Vou convidá-los para um sorvete. – E chamou o sorveteiro que passava. Comprou sorvete para todos, inclusive para os adultos.

– Bem, queridos, que sigam cumprindo o mandamento de Deus: procriando, multiplicando, povoando o mundo. Aliás, vocês não têm TV no quarto? – Começou a rir e se foi.

– Quem é essa escandalosa? – Observou Luciano.

– Pai, é quem eu estou pensando? – Perguntou Aline.

– É.

– É uma antiga amiga da família, não é pai? – Ela respondeu ao irmão.

– É isso mesmo. – Respondeu Cristóvão limpando a boca do Lucas.

Ele e Cristina se olharam sorrindo.

Impressionante, o recado da mente da Valentina dominou o coração. Ela leiloou as filhas ao melhor lance com certo alívio. E às meninas... o que lhes importava?

Entretanto, a casa de tijolo de amor estava toda construída. Dentro o aconchego passeava de canto em canto e a felicidade permeava de ser em ser. O casal estava realizado. A grande família Cris & Cris estava vencendo e o amor de Cristina e de Cristóvão estava sempre em alta.

Na vida mundana da Valentina não houve o ontem e o futuro não lhe interessa. O hoje, o agora era para curtir, desfrutar.

Para Gerson o passado era para lamentar a perda, o futuro não tinha projeção, as coisas dependiam de como chegassem, ele não pensava nisso e o seu presente era fingir desfrute e sofrer solidão. Valentina tinha razão, ele era um chato.

E ela, seria sempre uma gozadora? Se ninguém sabe do futuro, menos ainda eles, que não viviam lá.

Certo dia Valentina entrou no bar que Gerson frequentava. Estava só e foi para o balcão. Pediu um trago e se virou para as mesas. Viu Gerson e seus amigos e se dirigiu a ele:

– Oi, primo, que prazer em vê-lo. – Os rapazes se levantaram, inclusive Gerson. Mas ele não gostou da intromissão, apenas disse :

– Oi.

– Não vai me apresentar aos amigos?

– Não Valentina, cai fora daqui. – Falou baixinho só para ela ouvir.

– Por favor, sentem-se, eu os acompanharei um pouco. Sou Valentina de Souza, prima do Gerson. – E se sentou interrompendo o papo deles.

Os rapazes, amáveis, fizeram de conta que ela era bem-vinda. Mas Gerson sabia que eles estavam a fim de garotas e não de coroa esticada pelas operações plásticas. Valentina não era mais nem sombra do que foi um dia. Estava envelhecida, esquelética e com toneladas de maquilagem tapando a pele pálida que a roupa preta roubava ainda mais a cor. Só no sorriso lembrava a moça bonita que foi. Os cabelos estavam pintados de ruivo para esconder o grisalho e usava um perfume forte e ácido. O vestido apertado era decotado e provocante. Aquela figura, aquele jeito dela a revelavam. A companhia não estava agradando e Gerson se levantou e a convidou para ir à outra mesa.

– Se manda daqui, sua bruxa. Ninguém aqui está interessado no que você oferece.

– Não estou oferecendo nada, só queria falar com você.

– Eu me interesso menos ainda. Não tenho nada que falar com você. Não percebe que você me enoja, me dá fastio, que eu a odeio?

– Quanto rancor, que horror! Como você pode aguentar a vida carregando tanta energia negativa comandando o seu ser?

– Porque você fez de mim um desgraçado, um infeliz, me tirou tudo o que eu amava. Mas não quero papo, desapareça da minha vida.

– Estou num lugar público, os incomodados que se mudem.

– Pois vou mesmo. Nós dois não cabemos no mesmo ambiente.

– Ora, deixe de drama. Vai para a sua mesa que eu vou voltar para o balcão. Eu não estou interessada em você. Só queria melhorar as relações. Afinal somos primos e em outras ocasiões nos encontraremos. Não sou pessoa de guardar ódios e rancores. E não é meu feitio jogar minhas culpas nas costas dos demais. Afinal eu lhe ofereci um luxuoso passeio para solucionar seus problemas. Você que não soube aproveitar.

– Problemas que você me criou... Ah! Basta, basta, some da minha frente.

Valentina saiu sorridente, passou pela mesa dos rapazes, lhes jogou beijinhos e se sentou no balcão. Ao lado havia um rapaz com quem ela logo iniciou conversação e depois saíram juntos. O nome dele era Osmar.

Aquele canalha fez com a Valentina o que fazia com as mulheres: explorar. Foi Zulmira que, quando soube, foi avisar à prima. Porém levou uma corrida da casa de Valentina. Ela não acreditou. Se não fosse porque Osvaldo ameaçou o irmão de que se ele não a deixasse ia denunciá-lo na polícia, ele ia continuar roubando a Valentina. Aí ele foi embora, não antes de esvaziar o cofre com as joias e o dinheiro que tinha.

Valentina chorou, sofreu, sentiu... tinha se apaixonado pelo malandro. E, a essa altura, não era fácil encontrar um homem como ele. Porém, o maior dano que Osmar lhe fez, foi deixá-la em estado de depressão, de desânimo, de tristeza, de cansaço da vida. E isto estava acabando com ela. Valentina não saía de casa, se sentia derrotada, infinitamente só.

Saiu de viagem rumo à Escócia. Foi buscar consolo com o tio Robert. E encontrou. Robert a recebeu com carinho, ouviu as suas mágoas e:

– O que é isso, meu bem? Você está inventando essas queixas em sua cabeça. Seus pais a amam, todos a querem bem. Você que não se deixa querer, se afastou de todos.

– Tio, eu estou feia, acabada, me desprezam, me exploram, acho que você tem razão eu é que virei bagaço. Você é o único que me conforta.

– Nada disso é verdade. Vai procurar o seu pai e a sua mãe, faz as pazes com eles. Eles a amam, sofrem com o seu abandono.

Suas irmãs e sua prima são tão amigas, estou certo de que a receberiam de braços abertos.

– Minhas filhas nem me olham, o Gerson me odeia... estou cansada desta vida.

– Não diga isso, minha querida. Não foi você que, há pouco tempo, me disse que ainda tinha muito suco? Então, que desânimo é esse? Talvez você precise de uma mudança. Se você mudar de atitude com relação aos outros, com a vida, com você mesma, quem sabe tudo e todos mudam também.

– Você me aceitou como eu sou.

– Porque você me aceitou.

– Ah! Tio, me abraça, diz que me ama.

Robert a abraçou carinhoso e...

– Agora volte para o Brasil. Vai à casa dos seus pais e diga a eles o que está dizendo a mim. E verá como o coração deles vai transbordar de amor.

E Valentina foi. No avião sentou-se ao lado de um senhor conferencista médico. Eles conversaram o tempo todo. E, quando chegaram, combinaram se encontrar outra vez. Ele era todo o contrário dos homens com quem Valentina se relacionava. Era um coroa sério, centrado, bem resolvido, viúvo, viajava muito e era carente de companhia como ela. Valentina se sentia bem com ele: protegida, em paz. Assim como com o tio Robert.

Valentina o apresentou aos pais. Ao cabo de alguns meses se casaram e, como nos contos de fada: ... viveram muito felizes.

E o Gerson? Gerson nem se casava e nem amava mais. Não encontrava nenhuma mulher que preenchesse os seus objetivos. Como todo solteirão, estava ficando cheio de manhas e exigências. Não existia a mulher ideal que cobrisse as suas condições. Só não se tornou um amargado porque, se de um lado se entregou ao trabalho e foi bem-sucedido, de outro se dedicou a um hobby, até então, inaudito para ele:

Uma madrugada, regressando a casa pela orla, novamente viu um ovni e novamente caiu no espanto. Então levou a coisa mais a sério e começou a se informar, investigar e aí se prendeu: leituras, palestras, congressos, tudo o relacionado com o intrigante tema, aí estava Gerson. Interessava-se, desfrutava disso. Era mais que distração, se tornou paixão. E nisso encontrou um meio de esquecer suas mágoas e até roubar tempo útil do trabalho para o seu passatempo. Deixou de fingir felicidade, encontrou um modo de preencher a sua vida.

Estava acomodado com a sua sorte e com as suas circunstâncias. Tinha desistido de encontrar um amor para compartilhar a vida. Até que, outra vez voltando a casa à noite pelo calçadão de Ipanema, avistou uma luz se deslocando no céu. Sem dúvida que era um óvni. Ele ficou estático, não tirou os olhos dele, precisava vê-lo melhor. Um pouco adiante estava uma pessoa com binóculos enfocando-o. Gerson nem pensou, arrebatou-o das mãos do observador para olhar.

Logicamente houve protesto e quando ele olhou a moça estava chocada reclamando.

E logicamente também ele ficou envergonhado e pediu mil desculpas. Mas admirou a charmosa mulher que, por coincidência, compartilhava seu mesmo interesse.

– Por favor, me desculpa. É que eu sou aficionado nesse fenômeno.

– Eu também sou apaixonada. Mais do que isso, sou fanática. Mas nem por isso cometo esse tipo de abuso. Saí do meu apartamento para apreciá-lo melhor e...

... E o papo se iniciou e se prolongou. Cada um tinha mais o que contar sobre seus conhecimentos de ufologia. Ao cabo de um tempo compartilhavam não só seu hobby, compartilhavam também as suas vidas.

Gerson novamente encontrou a felicidade com a sua Juju. Num casamento sem festa, discreto, mas cheio de companheirismo, interesses comuns e... amor. Fechou o ciclo de paz e felicidade para todas as famílias e cada um dos membros do famigerado clã dos Mac Millan.

Porém...

CAPÍTULO 46

Soube-se que no Município de Mendes, o comprador do sítio dos Mac Millan, depois de ter a casa com portas e janelas saqueadas, resolveu demoli-la para construir ali casas populares.

A artilharia pesada entrou em ação: máquinas rompedoras, equipamentos demolidores, tratores etc., para demolir a casa... e a sua história.

A infantaria, armada de motosserra, foice, picareta e enxada vieram em seguida para empreender a guerra contra a natureza.

Em menos de dois dias, destruíram aquele cenário que levou anos a ser erguido e que foi tão lindo e romântico: a casa de estilo vitoriano que um apaixonado escocês fez para o seu amor brasileiro. O palco da vida inteira de várias gerações de uma família... Fim do sítio do clã Mac Millan... Fim do sonho de George Mac Millan. Não ficou nem vestígio do que ele construiu, amou, viveu e morreu. E morreu o seu amor também e, ao fim, tudo acabou.

Se foram capazes de demolir a casa de fim de semana que Oscar Niemeyer planejou, construiu e morou em Mendes, seriam capazes de qualquer coisa. A ignorância é audaz e ingênua, não percebe nem prevê valores. Hoje em dia qual seria o preço e, sobretudo, a honra para Mendes de ter uma obra do internacionalmente famoso arquiteto? Será que alguma vez cogitaram sobre isso?

Não. Se tiveram coragem de derrubar jequitibás milenários da região e outros exemplares centenários de arvores em extinção da Mata Atlântica por motivo ínfimo ou sem motivo, onde poderiam chegar?

Para que tanta devastação? O projeto de construção das casas populares, por exemplo, não passou de propaganda política, nunca saiu do papel. O mesmo acontecia com Mendes que, apesar de não ter se estancado, porque tinha um bom comércio em expansão, se atravancou e enfeou. Perdeu o charme, virou um conglomerado onde prima o mau gosto e a improvisação. Aleijaram os tamarineiros da praça com podas severas e acabaram com o jardim onde outrora as famílias se reuniam, as comadres fofocavam, os moços namoravam e as crianças brincavam num cenário aprazível e bucólico. Tornaram-no um espaço feio apenas de passagem. Só nos domingos ele recobra algo de seu encanto quando ao som dos violões, cavaquinho, pandeiro e percussão, os chorinhos irrompem no ar trazendo a lembrança de que o alimento ao espírito ainda não foi aniquilado.

Não obstante, não é só em Mendes. Os políticos, na nação inteira, conseguem tapear o eleitor para angariar votos e depois abandonam o barco. Deixam a água correr, assorear-se, poluir, apodrecer com o esgoto sujo da corrupção. E aquela enxurrada de esperança do grande rio chamado Brasil, fica para depois. Este é o eterno país do futuro. No entanto, faz tempos que dizem que o futuro aqui é hoje. Cadê? Os anos iam transcorrendo e doía ver que a esperança rolava rio abaixo para perder-se no mar. Nosso potencial estava aí, só faltava um dirigente capaz para tocar para frente nossas riquezas, legisladores honestos para acabar com o abuso dos bens públicos e juízes competentes para abolir a impunidade. Talvez se Diógenes nos emprestar sua lanterna. Chegará o nosso dia?

Enfim... voltemos àquele nosso riacho onde rolam a vida dos nossos protagonistas. Como se supõe, levaram o tempo com eles. É que o tempo vai passando e a vida mudando. Segundo a dialética heraclitiana: "Todas as coisas estão sujeitas ao tempo e a sua relativa transformação". Os jovens cresceram, os adultos madureceram, e o branco pinta a cabeça dos idosos. Nem os lugares e as circunstâncias são as mesmas. No entanto, eram os mesmos personagens que se removiam no rio do destino. O tempo não para, nada é estático. "Tudo flui como o rio". É outro aforismo de Heráclito. E mais: "... no mesmo rio estamos e não estamos, somos e não somos". "A essência das coisas é o devir". E o devir é a expectativa do futuro, pertence ao destino de cada um.

No Brasil a vida continuava sua marcha com o pelotão Mac Millan crescendo, mas também se desfalecendo. Nem tudo eram só flores. Depois de um período tranquilo, novamente a dor interrompeu a sua paz.

Desta vez a afetada foi a Valentina. Justamente agora que ela estava tão mudada, se sentia segura, respeitada, integrada com a sua família e amada por um marido que a puxou daquele mundo de desequilibrio e a colocou no meio do mundo da harmonia. Quer dizer: a pôs nos eixos.

Valentina não era a mesma, nem na sua maneira de ser nem no seu comportamento. Tornou-se uma senhora ponderada e distinta. Ela não só amava o marido, o respeitava, o admirava. Ele era um personagem de renome, um cientista muito considerado. Essas mesmas condições o obrigavam a estar permanentemente viajando.

Nem sempre Valentina o acompanhava. Algumas eram viagens rápidas, mas longas e cansativas. Ela ficava em casa contando os dias e ia esperá-lo no aeroporto. Porém, naquele dia, ele não saiu ao saguão. Ela estava estranhando, tinha certeza de que ele viria naquele voo, ele ligou do aeroporto antes de abordar. Alguns minutos depois a chamaram pelo microfone solicitando sua presença na informação. Lá a estavam esperando e a levaram até perto do avião. Ela ainda viu o marido sair na maca. Quase desfaleceu. Uma ambulância o estava esperando, porém foi tarde demais. O marido passou mal no voo. Mas, quando o avião aterrissou, ele já havia falecido. Tinha tido um infarto fulminante. Com isso aquele mundo de harmonia se despedaçou sobre Valentina. Sua felicidade virou cacos.

Ela que se tornou leitora assídua de Guimarães Rosa, discordou dele: "O que lembro, tenho". Não, ela não tinha mais, acabou, só ficou a saudade. Então retomou o autor: "Saudade é ser, depois de ter". Porém, é difícil ser depois do que se teve e perdeu. Não, nunca mais ela foi a mesma.

Esta foi outra virada na sua vida: a Valentina taciturna, triste, a existência perdeu o sabor para ela. E a família a acompanhou na sua dor.

A vida continuava e com ela o paradigma do clã Mac Millan. Esse não podia acabar jamais.

Não obstante, estava mesmo em tempo de fechar o ciclo dos descendentes de George e Eugênia Mac Millan. Embora meio disperso e talvez algo desbotado, algo conservava da essência do que foi no recôndito dos atores mais antigos. É, para eles estava tudo bem…

Finalmente estavam todos juntos como eles gostavam. Robert e Ivan e suas respectivas famílias vieram para comemorar mais uma efemérides do clã Mac Millan. Porém não tinham onde se reunirem. Faltava aquele núcleo costumeiro que fazia parte daquela vivência. Aquele sabor de natureza, aquele sentir de aconchego, aquele motivo de orgulho. Aquele cenário pleno de suas histórias, de suas vidas, de suas lembranças: o sítio de Mendes, a residência da família Mac Millan. Ele sucumbiu. Deixou para todos um adeus e muitas... muitas saudades.

No entanto, nem por isso a família deixou de se reunir unida e festiva. Só à Valentina faltava o brilho que sempre ostentou. Ela ficou num canto, olhava todos aqueles seres querido, não obstante, se sentia muito só. Meditava e recordava: quanta razão tinha sua querida vozinha Eugênia, pensava olhando o Gerson com sua esposa. Ele não foi mais que um fetiche de juventude, uma ilusão que ela esculpiu na sua mente: o amor proibido. Ao tê-lo o encanto se desfez, a paixão acabou. Olhou a Cristina com a filharada, as três filhas dela já moças. Nisso chegou Cristóvão atrasado porque estava numa cerimônia na Marinha. Por isso estava uniformizado. Como era elegante e charmoso e como estava orgulhoso com a esposa e a numerosa prole. E ela desdenhou aquele monumento de homem. Pensou no seu primeiro marido e na sua filhinha morta de maneira tão apavorante. Ela o menosprezou também. O dinheiro não a fez feliz, nem o atrativo físico e tampouco a paixão exacerbada. Repassou rapidamente pelos cafajestes que circularam por sua vida para explorá-la. Canalhas... Sentiu repugnância por eles e por aquela vida. Nada disso encheu a sua alma. Só o amor que lhe deu suporte ela amou... e perdeu. Eugênia Mac Millan tinha razão: só o amor verdadeiro perdura. E perdura além da morte.

Do outro lado Robert conversava com Ivan:

– Como estaria orgulhoso o velho George Mac Millan com seu clã tão numeroso. Eu os contei. A árvore genealógica cresceu. A partir do tronco de George e Eugênia são os 3 filhos vivos e seus consorte, contando com a Dora, mãe de um Mac Millan, são 7.

Netos e esposos e esposas somam 15. E os bisnetos são: 4 da Carol, 8 da Maria Clara, eu não tenho e os seus são 4. Portanto são 16.

– Pode acrescentar mais um. A Gracie já encomendou outro. – Ele riram e:

– Vocês vão se encarregar de romper todas as expectativas.

– Pois é, estamos cumprindo. Ela até já sugeriu que escolhêssemos o tartan, quer dizer, um padrão da lã para o kilt do clã Mac Hardo. Isso para eles é fundamental. É como juramentar o sobrenome. Agora vê o Machado do quitandeiro de Mendes virar clã escocês.

Eles caíram na gargalhada. Mas ela tinha falado em sério.

– Muito bem, Mr. Mac Hado, mas você ainda é Mac Milan e, portanto em total somos 39 e só estamos começando. O clã Mac Millan não vai acabar jamais.

No entanto ninguém percebia que daquele clã ficou só o sonho. Na verdade, não existia mais ninguém com aquele sobrenome no Brasil. Mac Millan eram só o Robert e seus filhos. Porque Ivan que deveria ter o sobrenome do pai verdadeiro, preferiu conservar o nome do Tuca: Machado, que na Escócia virou definitivamente Mac Hado. E assim, aqui não havia mais um só Mac Millan. O clã Mac Millan desapareceu, voltou para a sua origem: a Escócia.

Ali naquela reunião se cumpria o desejo do velho escocês: ver a família reunida, mas não o seu sonho. O clã Mac Millan não existia mais. Acabou.

Este foi o fim de um sonho.

EPÍLOGO

A saudade levou Robert e Ivan à Mendes. Se Mendes não era a mesma, o sítio então…

Tio e sobrinho pararam em frente ao portão de ferro forjado e ficaram olhando a decadência, o abandono, a desolação… o nada que restou.

Era uma casa linda, com jardins floridos, cheia de gente, de vida, de história, de amor. Hoje, demolida, não existe mais. Nem ela, nem o milenar jequitibá que poderia durar mais de um milenio além. Nem ele nem nenhuma árvore, plantas, flores… condenaram também a natureza.

Os dois homens ali, estáticos, viam passar em suas mentes o filme de suas vidas: Seus entes queridos circulando pela estância. George e Eugênia Mac Millan, seus filhos, os netos, eles mesmos ali, andando, correndo, falando, rindo, vivendo com a alegria e a felicidade como companhia.

Hoje tudo acabou. Foi só um sonho que um escocês erigiu para a mulher amada, para a família que constituíram, para o seu orgulho: o clã Mac Millan.

Robert e Ivan acordaram daquele sonho e tudo o que sonharam se esfumaçou. Foi só uma lembrança e… a saudade que ficou.

Eles foram embora. Entregaram tudo aquilo aos tempos idos, ao esquecimento dos demais. Eles guardaram as recordações e levaram a dor profunda de tudo aquilo que foi e que não voltaria jamais.

Como o que diz o versinho popular:

"Tudo muda, tudo passa
Neste mundo de ilusão.
Vai para o céu a fumaça,
Fica na terra o carvão".

É… o tempo passa pela vida das pessoas levando a mocidade e acumulando lembranças. Cada etapa tem seus encantos e os seus desencantos, que nos preparam para a fase seguinte. Uma geração entrega o tempo para a outra... e a outra... a outra e o infinito pertence a eternidade.

O passado vira saudade, o futuro é incógnito e o homem vai girando no carrossel do tempo: percorrendo na carruagem do destino, cavalgando no corcel da vida, levado na urna do adeus.

FIM

A PRIMEIRA PÉTALA DA ROSA

Antes de exibir a coleção As 11 Pétalas da Rosa, devo apresentar a primeira pétala.
Um dia, lá pelos anos 70, as Musas começaram a cochichar nos meus ouvidos. Enviaram desde o Parnaso folhas de papel em branco e uma pluma. Os cochichos foram virando a virtude que as distingue: a inspiração. E assim nasceu o meu primeiro livro de ficção:

O PARASITA
É o valor espiritual que sobrepuja a força física e o poder intelectual. O amor converge força, poder e valor.

Depois de um recesso de anos, de ter cursado uma Faculdade de Filosofia e Letras e de um torvelinho ter envolvido a minha vida e me jogado em outras estâncias, caí no lugar onde as Musas me esperavam para eu cumprir o meu destino. Dei, então, início a

Coleção AS 11 PÉTALAS DA ROSA

CERAKENA I PYÁ (Glória e coração)
Conquistou a glória com suor e lágrima. Perdeu o coração com lágrima e sangue.

QUEM É O HOMEM?
O homem escava as profundezas da terra, mergulha nos abismos oceânicos, invade os espaços cósmicos, penetra na intimidade subatômica e até sonda aquele absoluto que É. Quem é o homem?

A FURNA DO MONTE PASMADO
As Moiras fiam, tecem e cortam o fio do destino. O homem pinta e borda na tela da vida.

VERSUS

A aparência do sagrado se assemelha

X

a dureza do profano. Ambas disfarçam. Porém

X

ambas têm essência.

PARÊNTESE

Quando a vida defronta a morte, o ser entra em depuração. Encontra a sua verdade e muda os seus conceitos e a sua visão do mundo.

TEMPO DE VIVER

Ao longo do caminho da vida, há um portão que se abre para conduzir à felicidade. O difícil é chegar a ele.

A SAUDADE QUE FICOU DO NADA QUE RESTOU

O passado é saudade, o futuro é incógnita. E o homem vai girando no carrossel do tempo: percorrendo na carruagem do destino, cavalgando no corcel da vida, levado na urna do adeus.

F.I.G.A.

Aquele que navega nas águas turvas do mal, se afoga nas lágrimas amargas do infortúnio.

HISTÓRIAS EM DOIS TEMPOS

As ondas nascem no mar, despencam para rolar vivências e vão morrer na areia... Eternamente.

O QUE NARCISO NÃO VIU – OS ESPELHOS DA VALÉRIA

O espelho reflete a sua imagem. No oculto do seu adentro, guarda a sua alma.

O PONTO DA DECISÃO

Há um momento na vida no qual o nosso caminho se bifurca. O rumo escolhido marcará nosso destino.

A ÚLTIMA PÉTALA DA ROSA

A última pétala da Rosa se desprende. Vai caindo oscilante com a brisa serena e silenciosa da incerteza. Perde o viço... murcha... se parte em duas...acaba. É a pétala do adeus.

FIM
O tempo vai passando e as histórias se emendando numa sequencia sem fim.

FIM do FIM
O fim não tem fim. Ele passeia pelo infinito eterno.

Made in the USA
Las Vegas, NV
14 October 2021

32370476R00171